FRANÇOIS TISSARD & JÉROME ALÉANDRE

LE SECOND SÉJOUR D'ALÉANDRE EN FRANCE

Ernest JOVY

Professeur au Collège de Vitry-le-François
Correspondant du Ministère de l'Instruction publique

FRANÇOIS TISSARD & JÉROME ALÉANDRE

CONTRIBUTION A L'HISTOIRE DES ÉTUDES GRECQUES EN FRANCE

(TROISIÈME ET DERNIER FASCICULE)

LE SECOND SÉJOUR D'ALÉANDRE

EN FRANCE

(19 JUIN 1511 — 29 NOVEMBRE 1514)

VITRY-LE-FRANÇOIS

MAURICE TAVERNIER, LIBRAIRE-ÉDITEUR

12, Rue de Vaux, 12

—

1913

A M. HENRI BRÉMOND,

l'auteur du *Charme d'Athènes,*
l'aimable biographe du *Bienheureux Thomas More*
que connut Aléandre,

A M. FRANÇOIS CAREZ,

le critique littéraire si apprécié de la *Gazette de Liège,*

A M. ALPHONSE ROERSCH,

Professeur à l'Université de Gand,
le savant historien de l'humanisme en Belgique,

TRÈS CORDIAL HOMMAGE.

E. J.

FRANÇOIS TISSARD

et

JÉROME ALÉANDRE

CONTRIBUTION A L'HISTOIRE DES ORIGINES
DES ÉTUDES GRECQUES EN FRANCE

Troisième et dernier fascicule (1)

III

Aléandre, après son séjour à Orléans, s'installa, le 19 juin 1511, au Collège de la Marche (2), à condition que le principal lui donnerait le logement, trente écus d'or pour lui-même et seize pour l'entretien de son valet de

(1) La première et la deuxième partie de ce travail ont paru dans le t. XIX, p. 317, et la seconde dans le t. XXI, p. 1, des *Mémoires de la Société des Sciences et Arts de Vitry-le-François*.

(2) Le collège de la Marche, situé à peu près sur l'emplacement de la maison qui porte aujourd'hui le numéro 37 de la rue Montagne-Sainte-Geneviève, était l'un des collèges les plus florissants et les plus réputés de Paris. Sur le collège de la Marche, consulter aux Arch. Nat., M. 171-173 (titres de fondation), MM. 455, 458, 459 (recueils de titres et de transcriptions d'actes), MM. 456-457 (état des anciennes acquisitions) ; S. 6181-6182, 6491-6498 (titres de propriété). Le collège de la Marche remontait à 1420 et reconnaissait deux fondateurs, Beuve de Winville qui l'établit dans une maison achetée aux religieux de Senlis, et, avant lui, Guillaume de la Marche qui lui avait laissé, en mourant, toute sa fortune. Cette double fondation prit le nom de la Marche-Winville. On y recevait surtout comme boursiers des sujets originaires du pays des fondateurs, c'est-

chambre, de son « famulus »: « 1511, 19 Junii ingressus sum collegium Marchiae, Parisiis, ea conditione ut Primarius mihi det cubicula, expensas aureorum XXX et famulo aureorum XVI », disent les notes autographes d'Udine.

Quel était ce *famulus* ? Nous l'ignorons. Disons toutefois qu'à cette époque le « famulus » était souvent un jeune homme studieux qui, selon les idées d'alors, ne se trouvait pas plus humilié de remplir auprès d'un maître célèbre ce rôle de serviteur que le page ne croyait s'abaisser en servant son seigneur. C'est ainsi que Gangolphus Steinmetz, dit *Lapicida*, de Lutzelstein, avait été d'abord le « famulus » de Pierre Schott, puis de Geiler de Kaysersberg auquel il lisait, pendant les repas, soit des classiques latins, soit des traités de Pic de la Mirandole, de Marsile Ficin, de Bebel. On

à-dire du village de la Marche et de Rosières-aux-Salines, en Lorraine, de Winville et de Buxières et Buxerulles, au bailliage de Saint-Mihiel. Plus tard d'autres fondateurs portèrent à vingt-deux le nombre des bourses, toutes à la collation de l'archevêque qui en était le proviseur. Ce collège fut florissant jusqu'à la Révolution. Les professeurs en étaient fort peu rétribués au commencement du XVIIIe siècle. Dans une supplique adressée au cardinal de Noailles, archevêque de Paris, que nous avons rencontrée dans nos recherches, le principal, les deux chapelains et le procureur du collège demandaient une augmentation de traitement, « pour les aider à subsister, attendu que leur condition est pire que celle des domestiques du collège » (Arch. Nat., M. 173). Nous avons rencontré aussi une pétition d'un avocat parisien, ancien secrétaire de Mirabeau, qui demandait instamment le principalat de la Marche pendant la période révolutionnaire ; tous les établissements de l'ancienne Université étaient alors bouleversés. Cette pétition (Arch. Nat., S. 6494) mériterait d'être publiée dans quelque recueil à l'usage des curieux.

Nous indiquons ici les documents des Archives Nationales d'après les cotes qu'ils portaient en 1886-87.

n'avait pas honte d'avoir été le « famulus » d'un homme
illustre. Ce même Gangolphus Steinmetz, devenu maître ès arts à Paris en 1490, communiqua à Beatus
Rhenanus de nombreux renseignements pour sa biographie de Geiler : « *Adjuvit nos in hac re partim
Gangolyphus Lucelsteinus, religionis sacerdos, qui viro
huic multis annis fideliter ministrauit* » (1).

Le principal du collège de la Marche était, au moment
où Aléandre vint y professer, Richard de Wassebourg
qui devint par la suite archidiacre de l'église de Verdun
et publia les *Antiquitez de la Gaule Belgique*. Depuis
longtemps déjà il était attaché à ce collège : « Audict
college j'ay vescu de ma jeunesse, tant boursier, procureur, regent que Principal enuiron trente ans »
(*Antiquitez de la Gaule Belgique*, p. 470) (2). Il avait
été l'élève de « maistre Nicolle Warin, principal du
College, homme reuerend, seuere correcteur des vices,
modeste et prudent, auec lequel par sa grâce et singulière affection qu'il auoit à moy, j'ay faict ma conti-
nuelle existence à Paris depuis ma venue à Paris
iusques à sa mort. Durant lequel temps souuent me

(1) Cf. Ch. Schmidt, *Histoire littéraire d'Alsace*, I, 371 : Ristelhuber, *Heidelberg et Strasbourg, recherches biographiques
et littéraires*, Paris, Leroux, 1888, p. 86.

(2) Cf.: « Premier volume des Antiquitez de la Gaule Belgicque,
Royaulme de France, Auztrasie et Lorraine, par M. Richard de
Wassebourg, archidiacre en l'église de Verdun, 1549. A la fin :
Imprimé à Paris par Françoys Girault, Imprimeur, pour vénéra-
ble et discrete personne M. Richard de Wassebourg, autheur de
ceste présente chronique et archidiacre en l'église de Verdun ».
— Un Pierre de Wassebourg est élevé au rectorat de l'université
de Paris le 16 décembre 1530.

sollicitoit et exhortoit en amour et craincte de Dieu aux vertus et aux lettres » (p. 642). « A cestuy Warin (ou Wary) succéda à l'office de la principalité dudict collège de la Marche un très bon homme et de saincte vie, doulx et pitoyable aux escolliers, nommé maistre Michel Barroti (1), natif de la Marche en Barroys, qui estoit pour lors procureur du collège et fut mon premier régent en grammaire, et en cette mesme année, le lendemain de la Sainct Jehan, ie fus esleu procureur par ceux du collège. Ce que ie reffusay pour cestefoys à raison que i'estoie en mon cours d'artz et ne fus gradué qu'au pasques suiuans qu'on disoit 1502. Ledict Barroty ne tinct la dicte principalité que *ix* ans. Car il mourut en septembre 1510, dont Dieu ayt l'âme. Et ie succeday audict office que j'eus assez longuement (grâce à Dieu).... (p. 643) ».

Richard de Wassebourg, ce principal qui nous donne si complaisamment tous ces détails sur sa personne, dit (p. 646) qu'il devait laisser « aucuns memoriaulx ». Peut-être, s'ils existent, ces mémoires renferment-ils d'intéressants détails sur la vie au Collège de la Marche, au moment même du passage d'Aléandre dans cet établissement.

(1) Une pièce du 9 novembre 1507 mentionne le nom de Michel Bourotte (?), « bachelier en la faculté de théologie en l'université de Paris et principal du Collège de la Marche ». (Arch. Nat., titres servant à renseigner sur la propriété d'un demi-arpent demi-quartier de terre sis à Arcueil, S. 6494 ; voir aussi Collège de la Marche, rentes, MM. 457, folio 51, recto). Des pièces de 1513 mentionnent Richard de Wassebourg commé principal du collège (voir Arch. Nat., MM. 457, f° 8, verso ; folio 47, recto) ; une pièce du 2 septembre 1514 (S. 6494) et un aveu d'une terre au seigneur de Chevreuse en date du 25 mars 1516 (S. 6497) le nomment aussi avec ce même titre.

Aléandre nous apprend dans ses notes autographes conservées à Udine, que c'était le dominicain Aragonais Cyprien Benet qui avait négocié la venue d'Aléandre au Collège de la Marche et qu'« Antoine Robin » avait apporté la nouvelle du consentement du principal à Aléandre, encore à Orléans. Aléandre avait obtenu autant de chambres qu'il voudrait dans le collège pour les élèves qu'on lui recommandait. Il les présentait au principal qui se chargeait de les nourrir. Aléandre amena d'abord quatre, puis bientôt six, sept pensionnaires, *portionistae*. Il remarque avec fierté, dans ses fragments autobiographiques, qu'à cause de lui le nombre des pensionnaires de la Marche passa rapidement de 25 à 140, et il devait aller jusqu'à 400 et plus, s'il avait pu y continuer son enseignement. « Il avait, tout le monde le savait, rétabli, avec l'aide de Dieu, ce collège dévasté par la peste ».

****

Au bout de quelque temps l'enseignement d'Aléandre reprit au Collège de la Marche ce même extraordinaire éclat qu'il avait eu pendant les premières années de son séjour à Paris.

Cet Italien spirituel, doué d'une imperturbable mémoire que tous les contemporains ont louée, de cette absolue sûreté d'érudition que ses ennemis les plus acharnés, Erasme aussi bien que Luther, lui reconnurent toujours, et de cette universalité encyclopédique qu'avait préconisée Alde Manuce en tête de son édition de l'*Iliade*, prompt, plein d'ardeur, infatigable, excitait un universel enthousiasme parmi ces innombrables étudiants venus de toutes parts à Paris comme vers le plus important des centres littéraires, — *ad amplissimum literarum emporium*. En 1514 Josse Bade attestera, dans un document que nous traduirons et reproduirons plus loin, — l'épitre dédicatoire d'un Plutarque latin qu'il plaça sous le patronage d'Aléandre, — la vogue extrême qu'avaient eue les cours d'Aléandre : « Tu as fait venir au pied de ta chaire des hommes d'un grand nom, d'une grande dignité et de toute profession avec une gloire et un bonheur qui rappellent Orphée et Amphion et, bien qu'elle soit fort nombreuse, tu as tenue suspendue à tes lèvres l'Université de Paris tout entière ». — « Tu magni nominis et magnae dignationis et cuiuslibet professionis viros innumero numero ad subsellia tua Orpheia quadam et Amphionica felicitate ac gloria devocasti totamque fere, quamvis populosissimam, Parisinam Academiam ex tuo narrantis ore suspensam tenuisti ».

On venait d'Angleterre, d'Allemagne, d'Espagne, pour l'entendre. L'helléniste anglais Crocus, se trouvant chez un chanoine de Gotha, le fameux Conrad Muth (1)

(1) Conrad Muth avait été en Italie où il était devenu un adepte ardent du néoplatonisme. Il fut l'un des préparateurs de la Réforme. Voy. sur Mutianus J. Dollinger, *Die Reformation, ihre innere Entwicklung und ihre Wirkungen*, etc., Regensbourg, 1846-1848 ; Melior Adamus, *Vitae Germanorum clarorum*, p. 107, 115, 145 ; surtout Tentzel, *Supplementum historiae Gothanae, primum Conradi Mutiani Rufi epistolas complectens*, Ienae, 1701 (Bibl. Nat., Inv. 5458) ; Janssen, *L'Allemagne et la Réforme*, trad. franç.,

(Mutianus Rufus), qui fut l'un des savants qui, à la première heure, cherchèrent à répandre l'humanisme en Allemagne, rappelait avec orgueil qu'il avait eu pour maîtres Grocinus et Aléandre (1) : « Nuper Crocus Britannus (qualem ipse se facit, quanquam ob linguae nobilitatem et mores graecanicos videatur esse Graeculus, nam Theocritum iucundissime legit et cum gratia balbutit), cum apud me quiesceret et Grocynum et Aleandrum et nescio quos magistros laudaret, deesse sibi dixit hebraicam sapientiam quam omni via prosequi vellet, » écrivait Conrad Muth à Jean Reuchlin dans une lettre de 1516 ou de 1517.

Une lettre, récemment publiée, de l'helléniste Nicolas Clénard (2) nous apprend qu'il se disait l'élève médiat

t. II, p. 28-36 et *passim*, Paris, Plon, 1889 ; Iulianus Schück, *Aldus Manutius und seine Zeitgenossen in Italien und Deutschland*, Berlin, 1862, in-8° ; P. de Nolhac, *Les Correspondants d'Alde Manuce*, Introduction, p. 5, note 2. Muth a connu Faust. « En effet Mutianus Rufus ou Conrad Muth écrit le 3 octobre 1513 à son ami Urbain, du couvent de Georgenthal : « Il y a huit jours vint à Erfurt un chiromancien du nom de *Georgius Faustus Homitheus Heidelbergensis*, tout simplement un vantard et un fripon. » (Ep. 120 dans Tentzel : *Supplementum historiae Gothanae* » ; Ristelhuber, *Faust dans l'histoire et dans la légende*, Strasbourg, Berger-Levrault, 1863).

(1) William Grocyn, helléniste anglais, alla étudier en Italie avec Linacer ; il apprit le grec à Florence sous Démétrius Chalcondyle; il fut aussi l'élève de Victorelli et de Politien. (Voy. Gaston Feugère, *Erasme*, Paris, 1874, p. 32). Revenu en Angleterre, il professa le grec à Oxford. On trouve en tête de la traduction de la *Sphère* de Proclus, due à Thomas Linacer et éditée par Alde Manuce en 1499, une lettre de William Grocyn à Alde ; cf. Maittaire, *Annales typographici*, t. IV, p. 90 ; P. de Nolhac, *Les Correspondants d'Alde Manuce*, introduction, p. 9.

(2) Cf. Victor Chauvin et Alphonse Roersch, *Une lettre inédite de Nicolas Clénard*, Louvain, Peeters, 1902 ; Alphonse Roersch, *L'humanisme belge à l'époque de la Renaissance*, Bruxelles,

d'Aléandre, parce que son maître, Rutger Rescius, qui fut le premier maître de grec au Collège des Trois-Langues de Louvain, qu'Erasme appelait son fils; et qu'on appelait récemment « un bon ouvrier de la Renaissance », avait été l'élève d'Aléandre (1).

Au collège même de la Marche les élèves qui avaient été confiés à Aléandre par d'illustres familles devaient être assez nombreux. Les notes autographes d'Udine nous font connaître les noms de quelques-uns d'entre eux. En 1511, le 19 juin, *Robertus de Magnavilla*, Robert de Magneville[?], vint habiter avec Aléandre au prix de 30 écus d'or pour son entretien et d'un écu d'or par mois pour son instruction : « Dominus Robertus de Magnavilla venit mecum ad habitandum in collegio Marchiae in portione aureorum XXX et pro mercede institutionis aurei unius in mense ». Puis ce furent Jean Robin, Nicolas Grossier, d'Orléans, Charles Brachet, un ancien auditeur d'Aléandre à Orléans, et Jean Brachet, son frère, Claude de Brilhac, neveu de l'évêque d'Orléans dont nous avons déjà parlé et que nous retrouverons, Etienne Julien, M⁰ Michel Boudry, François Framberge (2), Raoul et Jacques Spifame, Jean et Gilles de

G. Van Oest, 1910, chap. I : *Un bon ouvrier de la Renaissance, Rescius,* p. 37.

(1) « Rogerius Restius, diœcesis Leodiensis » fut reçu bachelier ès-arts entre le 20 septembre 1513 et le 19 mars 1514. Voir « Liber Receptoris nationis Alamaniae », à Paris, Bibliothèque de la Sorbonne, registres de l'Université, nᵒ 85, fol. 140 (A. Roersch, *L'humanisme belge à l'époque de la Renaissance,* p. 38).

(2) M. Omont (*Journal autobiographique du cardinal Jérôme Aléandre*, Paris, Imprimerie Nationale, 1895), imprime à tort : *Franciscus Scambergus* (p. 22).

la Haye. En 1512, Louis et Gaillard Ruzé, en 1513, Guy Breslay furent aussi ses élèves.

*

Aléandre a inscrit, dans ses notes, ce que lui avaient dû et sans doute payé ces divers élèves. A côté de leurs comptes, il y a parfois quelques mots qui révèlent les sentiments du professeur de grec pour ses élèves, de ses élèves pour leur maître, et aussi quelques traits de la vie collégiale.

C'est ainsi que nous apprenons qu'Aléandre avait fourni à Nicolas Grossier(1), pour 7 sols, des exemplaires d'*Ausone* et des *Quaestiones Camaldulenses*, probablement l'*Ausone* de Josse Bade et les *Camaldulenses disputationes* de Jean Petit, qu'il ne recevait rien de cet étudiant si ce n'est ce que ses frères ou ses parents voulaient bien lui donner, et qu'il en agissait ainsi à cause de Gédouin, secrétaire du roi, qui, par la suite, lui rendit des services à la cour. En une ligne désolée, Aléandre fait l'oraison funèbre de son élève: « Ce pauvre jeune homme se noya à Orléans en se baignant dans la Loire, et son corps ne fut jamais retrouvé ».

Aléandre vit à son grand regret son élève préféré, Charles Brachet, le quitter pour entreprendre l'étude du droit. Il le regrettait, non pas seulement pour le gain très réel qu'il retirait de cette direction d'études,

(1) Ce nom se retrouve aussi, encore aujourd'hui, dans l'Orléanais, sous la forme : *Groussier*.

mais parce que Charles Brachet était d'une conduite parfaite et d'une grande culture, littéraire, et qu'il lui faisait le plus grand honneur. Charles Brachet était sans doute retourné à Orléans, et Aléandre lui envoyait la traduction mot à mot, avec des notes, du troisième chant de l'*Iliade*, afin que ce disciple aimé pût faire des progrès, même loin de son maître.

Etienne Julien quitta Aléandre le 6 juin 1513. C'était un jeune homme d'une remarquable intelligence qui profitait assez ; mais c'était le plus indiscipliné des mortels, « un second Catilina », dans l'instruction duquel Aléandre avait rencontré beaucoup d'ennuis et qu'il aurait dû congédier — *utinam ejecissem !* — ainsi qu'il en avait souvent pris la résolution.

Jean et Gilles de la Haie quittent aussi Aléandre, en 1513, au moment où il était recteur — *me rectore !* — par suite des délations, des faux rapports de leur « coquin de gouverneur ».

Aléandre a exposé à Louis et Gaillard Ruzé, les éléments du grec, sans doute, et peut-être du latin, pendant tout un hiver, « presque jusqu'après Pâques », et il les a examinés très souvent, même presque tous les jours, pendant l'hiver et souvent l'été.

Qu'étaient ces jeunes gens et que devinrent-ils ?

Ils étaient tous de familles distinguées, et quelques-uns d'entre eux brillèrent par la suite dans les lettres, ou se firent un nom dans la politique.

Jean et Gilles de la Haie étaient les fils d'un doyen des maîtres des requêtes.

Etienne Julien était le fils d'un avocat au Parlement de Paris. François Framberge appartenait à une noble famille dont nous trouvons un représentant au fameux siège d'Orléans de 1429.

Jacques-Paul Spifame était né à Paris d'une famille noble originaire de Naples. C'était sans doute cette origine italienne qui avait amené Jacques-Paul Spifame, comme son frère Raoul, auprès de la chaire d'Aléandre. Il eut une destinée singulière : d'abord régent au collège du Cardinal-Lemoine, recteur (1), chancelier de l'Université, puis conseiller au Parlement, président aux enquêtes, maître des requêtes, conseiller d'État, il remplit une troisième carrière dans l'Église et fut chanoine de Paris, abbé de Saint-Paul-sur-Vannes, grand vicaire de Reims sous le cardinal Charles de Lorraine, enfin, évêque de Nevers. Ce prélat quitta plus tard sa religion, son évêché et quarante mille livres de rente pour une femme avec laquelle il vivait, alla chercher un asile à Genève où il fut accueilli par Calvin et se fit recevoir ministre pour avoir entrée dans les Conseils. Il finit par avoir la tête tranchée à Genève le 23 mars 1566, sans que la cause de sa mort soit parfaitement éclaircie.

Jacques Spifame paraît s'être souvenu de l'enseignement d'Aléandre et avoir favorisé à son tour les études grecques. En 1547 Christian Wechel édita ou plutôt réimprima une traduction latine du *Tableau de*

(1) Recteur de l'Université le 10 octobre 1522.

Cébès. Elle contient une dédicace à Jacques Spifame :
« Clarissimo doctissimoque viro D. Jacobo Spifamio,
Academiae Parisiensis cancellario et ad Diui Pauli
fanum in Senonensi agro abbati Regioque consiliario,
Domino et patrono suo longe reuerendissimo, Theodo-
ricus Adamaeus Suallembergus salutem plurimam
impertit » (Bibl. Nat., Invent. X. 25530). L'auteur de
cette dédicace s'exprime ainsi au sujet de la famille
des Spifame : « Generosa Spifamorum familia......
quae cum in hac urbe semper floruerit, maleuolorum
hominum perfidia non tam inclinata quam illustrata
perpetuo fuit. » Cette préface est datée de Paris,
collège de Cambrai, 1539.

Raoul Spifame (1) s'est acquis une certaine réputation par ses originalités politiques, ses utopies et son
livre *Dicaearchiae Henrici II, regis christianissimi,
progymnasmata*, 1556, in-8°, où il imaginait 309 arrêts
supposés rendus par Henri II.

Louis Ruzé avait été reçu conseiller au parlement de
Paris en 1511. Par la suite Louis Ruzé plut tellement au
roi François Ier que, pendant qu'il vécut, il fut lieute-
nant-civil de Paris : « Lutetiae ciuitatis praesidis vices,
regis iussu, quoad vixit, exercuit », dit Probus, l'éditeur des œuvres d'Arnoul Ruzé. Louis Ruzé était en
correspondance avec Budé qui, en 1519, lui écrivait
trois lettres : « Ludouico Ruzaeo, suppraefecto Parisiensi », la première et la quatorzième du premier livre

(1) Voy. sur R. Spifame un article de la *Revue des provinces*
de 1865.

et la quatorzième du second livre des *Epistolae Gulielmi Budaei*. En 1519, Louis Ruzé fut envoyé à Liège par le roi François Ier. Il écrivit à Erasme dont il était l'ami dès 1516, pour l'inviter à venir en France, dans une lettre qui, « malgré la rapidité de sa composition, ne laissait pas d'être très polie et très bien écrite » (1).

Gaillard Ruzé devint conseiller clerc au Parlement de Paris et archidiacre de Langres. C'est à lui qu'en 1562 Guillaume Budé dédiait son édition de la lettre de Saint Basile *sur la vie dans la solitude* (2).

L'électeur de Bavière lui envoya son frère Wolfgang qui fut pendant deux ans son auditeur assidu, ainsi que le précepteur de ce prince, Jacques Simler. Le souvenir de l'enseignement qu'il avait donné à ce jeune homme ne fut pas inutile à Aléandre dans le cours de la carrière diplomatique qu'il devait parcourir plus tard et lui servit en quelque sorte de recommandation auprès de la famille ducale de Bavière où il retrouva Wolfgang (3). Au cours de ses ambassades en

(1) Dom Liron, *Singularités historiques et littéraires*, Paris, 1734, t. 1, p. 339 et suiv.

(2) Basilii Magni epistola *de uita per solitudinem transigenda*, e Graeco in Latinum per Gulielmum Budaeum, regium Secretarium, uersa, Guil. Morel, 1562, in-8°. Au feuillet A 2 r° : « Guilielmus Budaeus grauissimo uiro Gallardo Rusaeo, Parlamenti consiliario, Archidiaconoque Lingonensi, S.P.D. » Cf. L. Delaruelle, *Guillaume Budé*, Paris, Champion, 1907, p. 89.

(3) Th. Brieger, *Quellen und Forschungen zur Geschichte der Reformation. I. Aleander und Luther*, 1521, Gotha, Perthes, 1884, p. 25, lettre d'Aléandre *an den Vizekanzler Medici* de décembre 1520 : « El Palatino è grande amico del Saxone, tutta volta ancora et del Moguntino, et spero bene di lui, si per meggio del Duca

Allemagne, Aléandre rencontra souvent d'anciens auditeurs et des amis avec lesquels il était entré en relations
à Paris. A Bruxelles, pour en citer quelques-uns, il rencontra Jean de Quintana (1), confesseur de Charles-Quint,
qui fut attaché à la Sorbonne au moins de 1508 à 1511 ;
à Ratisbonne, un professeur de théologie de l'université
d'Ingolstadt, *altre volte mio scholare in Pariggi* (2).

Les grands succès qu'il a remportés, le public nombreux qui vient l'écouter malgré une accablante chaleur,
l'interprétation publique qu'il a entreprise, d'Ausone,
l'obligation où il est de faire le matin, son cours de
grec au Collège de la Marche et, le soir, ses leçons de
latin au Collège de Cambrai, — c'est Aléandre qui nous

Federico suo fratello, el qual e stato con Cesare in Hispagnia, et
judicio omnium e il piu gentile Segnore et prudente et bon, che
sia non solum in Alemagne, ma ancora altrove, et a me fa grande
carezze. Giovarà ancora el Duca Volfgango, fratello di sopradetti,
el qual e stato due anni continui mio auditore a Paris, et non
mancarano li suoi altri fratelli, quorum duo sunt episcopi (de Ratisbonne et de Spire), unus Prepositus Aquensis. »

(1) Voy. Hugo Laemmer. *Monumenta Vaticana*, Fribourg en
Brisgau, 1861. C'est dans une lettre écrite à Sanga, en décembre
1531, qu'Aléandre parle de Jean de Quintana, confesseur de Sa Majesté, « Spagnolo mio cognito quando io stava in Pariggi » (Laemmer, p. 84). D'après les miscellanées d'Hémeré sur la Sorbonne
(Mss. de l'Arsenal, 1228. 6), Jean de Quintana était attaché à la
Sorbonne en 1508 (folio 351) ; il y était encore en 1511 (même manuscrit, f° 28, v°).

(2) Lettre à Sanga écrite de Ratisbonne le 28 février 1532 : « .... et
peculiarmente da un Dottor theologo seculare nativo di detta terra
qual, altre volte mio scholare in Pariggi, al presente fuggito della
patria per questa heresia, legge la ordinaria di Theologia in la
Universita di Ingolstadio (Laemmer, *libr. cit.*, p. 100).

apprend tous ces détails dans une lettre qu'il écrit à son cher Michel Hummelberger, reparti pour Ravensbourg, sa patrie, avant le retour d'Aléandre à Paris. Aléandre y laisse entrevoir son persistant désir d'aller en Allemagne, malgré tous ces récents triomphes parisiens :

Jérôme Aléandre à Michel Hummelberger, salut.

Depuis que tu m'as quitté, rien ne m'a fait plus de plaisir que ta lettre. Tu ne peux rien faire qui me soit plus agréable que de m'écrire plus souvent. De mon côté je le ferai quand mes loisirs me le permettront. Depuis que j'ai commencé à enseigner, je suis très occupé, plus même que je ne le voudrais. Et cela par ces jours de canicule. Mais il faut que je te donne quelques nouvelles à mon sujet et, comme d'autres ne te les donneront pas aussi facilement, apprends-les en peu de mots. J'ai commencé à expliquer Ausone le troisième mercredi des calendes d'août devant une telle foule (tu sais combien grande avait été l'attente) que ni le porche, ni les deux cours du collège ne pouvaient contenir les auditeurs. Et quels auditeurs ! Tous de la première marque : des conseillers au parlement, des avocats du roi, des receveurs généraux, d'assez nombreux anciens recteurs, des théologiens, des juristes, des principaux, des régents de tous les ordres d'enseignement, — si bien que les curieux estiment que mes auditeurs étaient au nombre de deux mille. En vérité je n'ai jamais vu ni en Italie, ni en France, une plus noble et plus nombreuse assistance d'hommes savants. J'en avais comme le pressentiment. J'avais composé un discours qui n'était pas trop mauvais. On peut le croire d'après ceci : il a duré deux heures et demi, il avait vingt-quatre pages ; si ma langue, très rapide, comme tu le sais, ne m'avait porté secours, j'aurais pu à peine le débiter en quatre heures. Cependant il n'y a eu personne, par cette grande chaleur, très forte alors et à cause du temps et à cause de l'affluence,

qui ait manifesté de l'impatience par le plus petit signe de
tête. Bien mieux, lorsque j'eus fini, mes auditeurs attendaient encore bouche béante je ne sais quoi. J'avais craint
avant de me mettre à parler, que ma voix, devenue plus
rauque par le débit, ne m'abandonnât au beau milieu. Au
contraire elle se maintint si bien, je gardai si bien le même
ton que tu aurais pu à peine me comparer Trachallus (1).
Pour tout ce bonheur je rends à Dieu les plus grandes
grâces ; j'en rendrais de plus grandes encore, s'il m'avait
accordé pour un moment que mon cher Hummelberger par-
ticipât aux honneurs qu'on me rendait. Mais je m'aperçois
que j'ai oublié un détail qui, je le sais, te réjouira beaucoup.
J'ai, dans mon discours, inséré de nombreuses citations tirées
de la langue grecque et de la langue hébraïque. Je devais
défendre la cause de la poésie et je savais qu'il y aurait là
beaucoup de gens très versés en grec, quelques-uns même
versés en hébreu, que j'ai connus après ton départ, et je n'ai
pas voulu que mon discours fut dépourvu d'exemples pris
chez les poètes grecs et chez les poètes hébraïques. Maintenant tout le monde absolument me demande ce discours,
ce qui m'engagera peut-être à le confier à l'impression. Si
je le fais, je te l'enverrai tout d'abord. Mais je reviens à
mon sujet. Voici quel fut le dénouement de mon action ora-
toire : tout ruisselant de sueur, je restai dans ma chambre
toute la fin de la journée. Le lendemain, bien qu'il y eut
une sorbonique, j'eus encore de nombreux auditeurs, moins
pourtant que la veille. Je déclamai par la plus grande chaleur. A la troisième leçon, à peine était-il onze heures que
déjà tous les sièges étaient occupés, et pourtant je ne devais
faire ma leçon qu'à une heure. En voyant qu'il en allait
ainsi, j'ai pris soin aujourd'hui de faire publier que désor-
mais je ferai mon cours de latin au collège de Cambrai et,
le matin, mon cours de grec au collège de La Marche. Je

(1) Orateur du temps de Domitien.

t'en dis peut-être plus sur moi qu'il ne faudrait. Quant à tes affaires, je ferai tout mon possible pour qu'elles tournent toutes à ton avantage. Ecris-moi plus fréquemment, et de très longues lettres. Dis-moi en outre quelles espérances me sont offertes d'aller visiter l'Allemagne, car, à moins que tu ne reviennes toi-même ici, je ne puis plus me passer de ton commerce. J'ai appris par un Alsacien et par tes lettres je ne sais quoi de sinistre sur notre cher Joachim (1). Si vraiment ce malheur est arrivé, pourquoi voudrions-nous vivre plus longtemps en ce siècle ? O sort misérable des hommes, ò crime, ò impiété de la fortune ! Mais il faut concevoir de bonnes espérances. Informe-moi, je te prie, de tout ce qui arrivera. Salue Jean Reuchlin et Bebel, nos amis, embrasse ton père et tes frères. Adieu, mon cher ami. Ce que je t'ai écrit sur mon discours, dis-le à quelques-uns, mais non d'après mes seules paroles, afin qu'en le racontant, tu ne suspectes pas ce qui est plus vrai que la vérité. Encore adieu. La veille des nones d'août 1511.

ALÉANDRE.

*_**

Un élève d'Aléandre, Jean Kierher, confirmait les dires d'Aléandre sur ses succès, non sans reprocher à l'interprète applaudi d'Ausone sa lenteur à s'occuper de l'enseignement du grec :

Jean Kierher à Michel Hummelberger, salut.

Je ne sais, mon cher ami, ce que je dois t'écrire en premier ou en dernier lieu. Certes, si je confiais à ma lettre

---

(1) Il s'agit de Joachim Egellius, de Ravensburg, comme Michel Hummelberger. Cf. A. Horawitz, *Michael Hummelberger*, Berlin, Calvary, 1875, p. 9, 27, 31, 34, et Paquier, *libr. cit*, p. 91.

toute la douleur que ton départ, mon cher Michel, m'a causée, la journée elle-même et mon papier seraient insuffisants. Pourtant, c'est surtout après ton départ que j'ai éprouvé du chagrin, et plus que je ne l'aurais cru. La nature a voulu, je crois, que nous sentions nos pertes, surtout lorsque nous les avons éprouvées. En outre, si je t'écris comment, sur ces entrefaites, la fortune ou Dieu lui-même s'est joué de nous, il n'y a rien là qui puisse être agréable. Rien de ces ennuis n'est digne d'être écrit, et l'on cherche plutôt à les oublier qu'à les perpétuer dans nos écrits. Je ne te tairai pourtant pas tout, car je sais que tu souffres de ce qui fait souffrir tes amis. A dater de ton départ j'ai souffert d'une assez longue maladie. J'ai été en proie à des humeurs si noires que rien ne pouvait plus m'égayer. Je ne suis pas encore revenu à ma santé d'autrefois ; mais je vais tous les jours de mieux en mieux. En voilà assez sur ces tristesses. Notre cher Jérôme Aléandre, pendant tout le mois de juillet, a remis à plus tard son enseignement et il n'a rien expliqué, ni grec, ni latin. Pourquoi a-t il agi ainsi ? On ne le sait. Nous croyons qu'il n'a pas besoin d'argent et qu'il a tiré de sa fortune je ne sais quelle superbe. Enfin, et à grand'peine en vérité, il a commencé à expliquer Ausone avec une telle approbation et un applaudissement si général que je ne saurais le décrire. En effet tant d'auditeurs, et des plus illustres, s'étaient réunis qu'il n'y avait dans le collège aucun endroit qui pût contenir une telle affluence. Aléandre fut forcé de gagner le porche du collège de Cambrai. J'aurais voulu que tu visses cette foule dont tu aurais dit qu'elle était toute semblable à une nombreuse armée. En un mot on croit qu'Aléandre est descendu du ciel, et on lui crie comme à Faustus(1) : « Vivat ! Vivat ! » Il lui

(1) *Faustus*, c'est-à-dire Fausto Andrelini, de Forli, poète, professeur de belles-lettres en l'Université de Paris. Cf. Ph. Renouard, *Bibliographie des impressions et des œuvres de Josse Badius Ascensius*, Paris 1908, *passim*.

a été joliment utile de revenir d'Orléans ! Il n'a rien commencé en grec. Il commencera pourtant au premier jour. Tu auras, prochainement, de ses lettres, ce que j'ai facilement obtenu. Je suis allé trouver Badius qui a promis d'écrire aussi, et qui te donnera les livres que tu demandes. Aléandre aspire au rectorat où l'on regrette de ne pas t'avoir vu élevé. Le fameux *Caecus de Ponte* s'est marié ; au sujet de son mariage tu vas lire un épithalame que j'ai en secret dérobé à Aléandre. Tu riras, j'en suis sûr, de la sottise de ce *Petrus Brugensis* et à bon droit, en vérité. Assez sur ce sujet. Je me réjouis que tu aies été si honorablement reçu à Strasbourg, ce que je te souhaitais surtout à ton départ. Je voudrais savoir ce que tu as fait de l'Helvétien, et comment Sapidus (1) t'a paru s'acquitter de sa mission. Avant tout je souhaite et je te prie de me dire le sort de Joachim, car je suis affligé d'une incroyable douleur. *Dii melius*. Je voudrais, mon cher ami, que tu sois bien sûr que je me préoccuperai toujours, et le plus diligemment possible, de ce qui te concerne. Il n'y a rien de nouveau parmi nous. S'il arrive quelque chose, je t'en ferai part. Bonne santé. De Paris, la veille des nones d'Août. Gœler te salue bien. 1511.

Avec sa lettre Jean Kierher faisait parvenir l'épithalame (2) satirique composé par Aléandre contre cet infortuné *Petrus Pontanus* ou *de Ponte*, qu'on avait surnommé « l'aveugle de Bruges », *Caecus Brugensis*. Nous en avons parlé précédemment à propos du juge-

(1) Joannes Sapidus, de Schlestadt, compatriote et élève de Beatus Rhenanus, à Schlestadt et à Paris, *ludi magister*, d'abord, à Schlestadt, puis recteur du gymnase de Strasbourg où il mourut. Cf. Melior Adamus, *Vitae Germanorum literis clarorum*, Francofurti, 1615, p. 205 ; Horawitz, *libr. cit.*, p. 9 et 31.

(2) On trouvera cette pièce à l'appendice.

ment sévère que portait Aléandre sur les productions poétiques de ce latiniste (1). Il est assez pénible de voir Aléandre s'acharner ainsi après lui.

***

Une autre lettre de Jean Kierher à Michel Hummelberger nous apprend qu'au mois de novembre 1511, Aléandre s'était mis à expliquer les *Idylles* de Théocrite. Kierher remarque que Théocrite est sans doute intéressant, qu'il est le maître du genre pastoral, mais enfin Aléandre aurait pu prendre un autre auteur, d'une grécité plus pure :

Jean Kierher à Michel Hummelberger, salut.

Salut, mon bien cher Michel. Au moment de t'écrire, à toi qui es si bon, j'hésite presque à te raconter la suite et les hasards de ma vie après ton départ. Ma fortune a été si variée et si contraire que je pense qu'il vaut mieux me taire que de chagriner mes amis de mes chagrins. Pourtant les infortunes s'adoucissent quelque peu, lorsque nous les découvrons à des amis qui, croyons-nous, s'occupent de nous. D'ordinaire il y a en nous je ne sais quelle tranquillité quand nous avons confié à nos amis ce qui a préoccupé notre cœur. Apprends donc que Kierher, après ton départ de Paris, a été souvent atteint de maladies et d'autres infortunes. Je ne dois les imputer à rien autre qu'à un séjour un peu plus prolongé qu'il n'aurait fallu, à Paris. J'attribue aussi à toutes ces traverses mes progrès

____

(1) E. Jovy, *François Tissard et Jérôme Aléandre*, 2ᵉ fascicule, Vitry-le-François, P. Tavernier, 1900, p. 77.

plus longs que je ne l'espérais dans les lettres grecques. Ce qui, parmi mes autres peines, me fait la plus grande peine, surtout au moment où notre cher Jérome Aléandre est beaucoup plus exact qu'au moment où tu étais ici et où il nous enseigne beaucoup plus qu'auparavant, avec encore plus de dévouement que de science. Il a déjà expliqué, à ce qu'il me semble, dix églogues de Théocrite avec le plus grand éclat. Mais je dois te dire toute ma pensée : moi, et les autres encore plus, nous préférerions qu'il enseignât la langue commune, plutôt que ce dialecte dorien qui, certes, est âpre et quelque peu rustique, quoique d'ailleurs il s'adapte très bien aux sujets champêtres. Mais, Dieu bon ! que de plaisir te donnerait Aléandre, si tu étais ici ! O combien de fois, dans mes vœux, je l'ai souhaité au plus tôt auprès de nous. Porte-toi bien. Paris, le 8 des ides de novembre.

****

A ces mêmes années 1511 et 1512 se rattachent deux lettres de Bebel à Michel Hummelberger, relatives aux désirs que manifestait Aléandre d'aller s'établir en Allemagne ; mais Bebel invita assez brièvement l'Italien à venir dans ce pays et lui montra qu'il se faisait des illusions sur la fortune des érudits dans cette contrée (1) :

Henri Bebel, de Justingen, poète lauréat, à Michel Hummelberger, de Ravensbourg, salut.

Avant que ton père fut venu chez moi, ta lettre m'avait

(1) Cf. Janssen, t. II, p. 31 ; Melior Adamus, *Vitae Germanorum literis clarorum*, Francfort, 1615, t. I, p. 26 ; Morery, *Le grand dictionnaire historique*, édition de 1699, t. I, p. 411. Brunet, *Manuel du libraire*, 1820, t. I, p. 168, indique : Henri Bebelii, poetae laureati, *Triumphus Veneris*, 1508, in-4°.

été apportée, après avoir été gardée trop longtemps dans nos Alpes de Souabe par la négligence d'un courrier. De quelles mains rapides et joyeuses j'ai reçu cette lettre, combien j'ai de reconnaissance pour toi et notre chère Souabe ! Et aussi quels vifs sentiments d'affection je t'ai voués, les étroites limites de cette missive ne me permettent pas de l'expliquer. Mais ton père bien-aimé te portera témoignage à ce sujet. Dans tes lettres brille une science qui n'est ni vulgaire, ni banale, mais rare et exquise, jointe à la plus grande habileté et à la netteté du style. J'ajoute que les lettres grecques sont si bien en harmonie avec les lettres latines et que l'art d'écrire est si bien leur apanage que moi qui ne les ai touchées que du bout des lèvres, j'ose à peine t'en parler. Continue, comme tu as commencé, et ton amitié pour moi à laquelle je répondrai largement, et tes lettres en quelque sorte mélodieuses. Pense que tu es né, non pas tant pour toi que pour le salut et l'ornement commun de notre patrie et que, serait-ce un peu tardivement, notre Souabe serait enfin vengée de toute injure de l'oubli, de l'ignorance et de la malignité des écrivains. Je te parlerai plus longuement à un autre moment de ce sujet. Tu ne pouvais rien m'apprendre et me communiquer de plus agréable que le grand éclat et la multiple érudition de notre compatriote allemand, Jérôme Aléandre, et je suis bien heureux de la bonne et honorable opinion qu'il a de moi. Je crois comprendre pourtant que cette flatteuse opinion vient plutôt de la candeur de son âme et de la sympathie que lui inspire notre communauté d'origine allemande *(congermanitas)* que de la finesse de son jugement. De toutes façons j'apprends avec plaisir qu'un si grand homme veut bien, je ne dirai pas, me louer, mais me nommer avec honneur. Si tu m'as insinué dans son amitié, pourvu qu'il ne méprise pas les lettrés d'ordre inférieur, tu m'as gratifié d'un grand bienfait. Engage cet homme éminent à faire part de ses connaissances littéraires aux Allemands, afin que la France ne soit pas seule à s'enorgueillir de lui, et que l'Allemagne n'ait pas à regretter de l'avoir enfanté. Adieu et aime-moi. Tubingue, aux ides de décembre, l'an du salut 1511.

Henri Bebel, de Justingen, était cet humaniste et ce poète lauréat qui, en 1506, avait publié les *Faceties*, recueil latin de toutes sortes d'anecdotes libres, de contes satiriques et bouffons, de farces contre le clergé et même les dogmes fondamentaux du christianisme, et un autre ouvrage de ce genre intitulé *Triumphus Veneris*. Ces ouvrages faisaient l'admiration de Conradus Mutianus (1), ce chanoine de Gotha qui fut, en Allemagne, un si ardent propagateur de l'humanisme antichrétien, et l'on est assez surpris de voir l'orthodoxe Aléandre qui devait connaître les écrits de Bebel, le mettre au nombre de ses amis.

[*]

Henri Bebel, de Justingen, à son cher Michel Hummelberger, salut.

Tu m'exhortes avec une fort utile opportunité à ce que j'invite le très docte Aléandre à venir dans notre Souabe ; mais il n'est pas besoin de donner des coups d'éperon à qui court tout seul. Je désirerais le faire de tous mes vœux et si toutefois je pouvais le faire sans lui porter préjudice, je

(1) Cf. Jean Janssen, *L'Allemagne et la Réforme*, trad. fr., Paris, Plon, 1889, t. II, p. 28 ; C. Krause, *Die Briefwechsel des Mutianus Rufus*, Cassel, 1885.

le ferais, comme on dit, avec voiles et rames et je promettrais d'être son élève le plus assidu. Mais écoute, je t'en prie. Je ne crois pas qu'il serait honnête, que ce serait faire acte de probité que de le tromper par de vaines espérances. S'ils n'avaient pas parmi nous un traitement public, ni Virgile, ni Homère ne tireraient, et je vois clair, un morceau de pain de leurs auditeurs. Si l'excellent Aléandre, trompé par de grandes promesses, était forcé de quitter notre patrie sans gloire et à jeun, rien sur la terre ne pourrait arriver de plus triste pour moi et ma délicatesse. Apprends tout mon zèle pour lui. J'ai montré ta lettre à plusieurs principaux, car tous ne sont pas mes amis. Je l'ai ensuite envoyée à Stuttgard chez quelques conseillers du duché. Où lui faire donner maintenant l'hospitalité ? J'ai déclaré qu'il était de l'intérêt des bonnes études de nourrir les jeunes gens des véritables éléments des lettres grecques. Mais jusqu'ici je n'ai reçu aucune réponse, excepté de l'un d'eux qui me disait : « Pourquoi nous donner du mal pour un poète grec, puisqu'un poète latin est déjà odieux aux docteurs ? » Aussi jusqu'à ce jour ai-je différé de t'écrire, attendant une réponse plus douce. Ecris-moi ce qu'il faut faire, ou plutôt écris à d'autres qui aient plus d'autorité que moi parmi nous. Je ne suis d'aucun poids parmi les théologiens, cette race qui n'aime qu'elle-même. Si Aléandre, n'importe comment, venait parmi nous, je m'en réjouirais étonnamment. Je te prie, que dis-je ? je te supplie de publier ta grammaire grecque. On m'a faiblement appris les éléments du grec ; j'apprendrais ta grammaire avec diligence et je l'apprendrais aux autres autant que je le pourrais. Mais je préférerais t'avoir en personne pour maître de grec, si cela se pouvait, toi qui as appris la vraie prononciation des maîtres eux-mêmes. Adieu et aime-moi. Tubingue, trois des calendes de mars 1512.

⁎

Aléandre, tout en s'occupant avec ardeur de l'enseignement du grec, n'oubliait pas l'enseignement du latin. C'est peu après son retour à Paris, probablement en cette année 1512, qu'il publia chez Gilles de Gourmont le *De Divinatione* de Cicéron qu'il dédia à son ami le médecin Guillaume Cop qui fut le médecin de Louis XII et de François Ier, et qui venait de se mettre à traduire en latin les œuvres médicales de l'antiquité grecque. Quelques mots de cette préface indiquent un trait du caractère d'Aléandre, sa confiance dont ses notes autographes donnent le fréquent témoignage, dans la science astrologique, confiance que partageaient tant d'humanistes italiens d'alors, Alde Manuce, Bembo, Sannazar, par exemple (1). Il publia aussi quatre dis-

(1) Cf. J. Paquier, *libr. cit.*, p. 74 : « Au commencement de 1512, Aléandre donnait, chez Gilles de Gourmont, le traité de Cicéron *Sur la divination*. Il le fit précéder d'une épître à Guillaume Cop : « Il y a, disait-il, beaucoup d'œuvres de Cicéron, le premier représentant de la langue latine, qui n'ont pas encore été imprimées en France : si je ne me trompe, personne jusqu'ici, ne l'a publiquement enseigné dans cette ville. A la demande de mes auditeurs, je me suis imposé cette tâche, et j'ai commencé par les livres *Sur la divination* ; mais je renouvelle avec instance une demande que je me souviens d'avoir déjà faite, c'est que l'on ne m'attribue pas les erreurs où il arrive trop fréquemment aux imprimeurs de tomber ». — P. 87-88 : « Guillaume Cop, médecin du roi, traducteur d'Hippocrate et de Galien, était un partisan enthousiaste des nouvelles études. En tête de sa traduction des *Préceptes salutaires* de Paul d'Egine, [il a placé une épître dédicatoire à Germain de Ganay, évêque de Cahors, où] il raconte qu'il avait autrefois commencé le grec en Allemagne sous Mithridate et Conrad Celtès ; il en continua l'étude à Paris avec Janus Lascaris et Erasme ; mais à cause de leur départ précipité pour l'Italie, « il n'eût rien fait de sérieux si bientôt, pendant une année entière, il n'eût suivi les cours de Jérôme Aléandre, savant

cours de Cicéron parmi lesquels se trouvait le *Pro Archia* (1). Il dut expliquer publiquement Quintilien.

qui possédait à fond le latin et le grec, l'hébreu et le chaldéen ». L'année suivante Aléandre dédiait à Cop l'édition du traité *de la Divination* : « C'était à la munificence de Cop qu'il devait d'être encore à Paris ; c'était lui qui, par de longues exhortations, l'avait amené à y rester et à y continuer son enseignement. Aléandre était heureux de lui dédier un livre sur l'astrologie et la divination, à lui, prince des astrologues, médecin plein de science et d'habileté, et possédant à fond le grec, le latin et tous les genres de doctrine ».

(1) J. Paquier, *libr. cit.*, p. 74 : « Peu après [la publication du traité de Cicéron *sur la Divination*], Aléandre publiait quatre discours de Cicéron ; ce dut être sa dernière publication latine. A la vérité, nous n'avons pu trouver trace de cette édition ni dans les recueils bibliographiques, ni dans les bibliothèques. On ne saurait pourtant douter qu'elle ait existé, d'après ce qu'on lit dans une minute autographe d'Aléandre qui paraît être un cours d'ouverture : « Récemment j'ai eu soin de faire imprimer les quatre discours de Cicéron que j'ai dessein de vous expliquer. Les trois premiers de mon petit livre sont les plus longs et, en même temps, au jugement des anciens, les meilleurs de Cicéron ; le quatrième s'y est adjoint de droit, et presque de force, puisqu'il a été prononcé en faveur du poète Archias et qu'il renferme l'éloge de la poésie pour laquelle je connais le penchant de la plupart d'entre vous. J'ai pris ces quatre discours en pensant à Quintilien que nous allons bientôt expliquer. Je ne voulais pas vous voir arriver à cette explication le cerveau vide, sans avoir lu quelques discours de Cicéron, ceux-là surtout dont Quintilien admire la grâce et l'énergie et qu'il cite le plus fréquemment dans ses *Institutions*. De la sorte vous comprendrez mieux Quintilien, et non seulement ces quatre discours, mais tous ceux du même auteur ». Aléandre explique ensuite qu'il a fait imprimer ces discours pour les étudiants peu fortunés : ceux qui voudraient un plus gros volume pourraient se le procurer ailleurs. Du reste, il connaissait le soin de Guillaume [?], l'imprimeur, qui avait déjà donné les *Sylves* de Stace ; il pensait donc que ces quatre discours étaient d'une bonne impression. « Toutefois, ajoute-t-il, peut-être dans le cours de notre enseignement, nous arrivera-t-il de faire au texte quelques changements, de corriger les leçons fautives, d'enlever les interpolations ; vous saurez que tout cela viendra de nous-même et de notre propre travail : nous ne voulons jamais cesser de feuilleter les manuscrits anciens pour peu qu'ils soient à notre portée, et de corriger les fautes des livres imprimés. En vue de la commune utilité de

Parmi les latinistes qui profitèrent des cours d'Aléandre, il faut signaler Salmon Macrin qui mérita d'être, par la suite, appelé l'Horace de la France (1).

***

En janvier 1512, Aléandre faisait imprimer le premier *Lexicon Graeco-Latinum* qui ait paru en France. Six de ses élèves allaient en surveiller l'impression. Aléandre crut nécessaire de citer dans l'avis au lecteur les noms de ces six étudiants si zélés. C'était d'abord Michel Hummelberger, de Ravensbourg, l'élève assidu d'Aléandre, Jean Robin (2), Michel Boudry, Jean Connel, Charles Brachet et Yves Cavellat (3). Nous avons déjà rencontré deux d'entre eux parmi les élèves dont Aléandre dirigeait les études au collège de la Marche : Charles Brachet et Michel Boudry. Michel Hummelberger et Jean Robin durent quitter Paris au moment où l'impression du livre n'était pas encore achevée. Ce furent Michel Boudry et Jean Connel qui corrigèrent les parties

ceux qui étudient, nous l'aurions fait pour cet ouvrage au cours même de l'impression si nous n'en avions été empêché par nos leçons publiques et privées, et par quelques autres occupations ». (Ms. Vat. lat. 3913, f. 2 v).

(1) Cf. L. Delaruelle, *Revue d'histoire littéraire*, t. VIII, p. 335, n. 2.

(2) M. J. Paquier, dans son *Jérôme Aléandre*, Paris, Leroux, 1909, p. 68, imprime à tort : *Jean Bodin*.

(3) M. Paquier (p. 68) donne la forme *Chevillat*; mais M. Ph. Renouard adopte la forme *Cavellat*. On trouve dans la préface d'Aléandre la forme *Cavillatus* et dans les publications de Badius : *Cavellatus* et *Cavellatus* (cf. Renouard, *libr. cit.*, t. II, p. 461).

du dictionnaire où le grec se mêlait au latin ; Charles Brachet revit les parties purement grecques. Jean Connel composa l'index avec Yves Cavellat. Aléandre avait ensuite revu lui-même les dernières épreuves, à l'exception de celles de l'index, laissées aux soins de Jean Connel. Aléandre n'avait pu la corriger, étant alors occupé par d'autres travaux, *alibi occupatus*. A la fin de cet avis aux lecteurs, Aléandre et ses élèves se plaignaient avec amertume du misérable état où était encore la typographie grecque à Paris, *misera in hac urbe graecae impressionis conditio*. Les caractères étaient grossiers; ils étaient, en outre, si peu nombreux que, pour l'impression de ce dictionnaire, on n'avait pas seulement dû omettre souvent des lettres, mais interrompre l'ouvrage pendant des jours entiers. Les ligatures faisaient complètement défaut. Les accents étaient informes, et l'on ne pouvait les mettre qu'après coup *(tantum supposititiae)*. Cependant, malgré tous ces ennuis, Aléandre et ses disciples pensaient que ce dictionnaire ne renfermait pas beaucoup d'erreurs ; s'il en restait, il fallait s'en prendre aux imprimeurs qu'Aléandre traite avec le plus grand dédain et presque avec fureur.

Le dictionnaire d'Aléandre était repris du plus ancien des dictionnaires de fabrication moderne, celui de Crastoni ou Crestoni (1), dont la première édition parut à Milan

---

(1) Jean Crastoni ou Crestoni, religieux de l'ordre des Carmes, était natif de Plaisance et vivait à la fin du XVe Siècle. — M. l'abbé Paquier appelle par erreur ce lexicographe : *Crafton (Jérôme Aléandre*, p. 48).

en 1480, et qui fut très souvent réimprimé. Alde l'ancien l'avait redonné au public en 1497 avec quelques additions, et cette édition a été appelée le dictionnaire d'Alde. Aléandre était trop occupé, *alibi occupatus*, pour renoncer à se servir d'une classification et d'une interprétation déjà employées dans un lexique d'origine italienne. Le dictionnaire d'Aléandre, comme les vocabulaires qui l'avaient précédé, manquait d'unité ; ce n'était en réalité qu'une juxtaposition de lexiques suivis d'un index général et disposés dans l'ordre suivant :

I. *Collectio dictionum quae differunt significatu secundum ordinem litterarum.*

II. *Vocabula latina et graeca secundum latinarum litterarum ordinem ex libris Aristotelis de animalibus, Theodoro Gaza interprete.*

III. *Vocabula graeca et latina secundum graecarum litterarum ordinem ex libris Aristotelis de animalibus, Theodoro Gaza interprete.*

IV. *Vocabula graeca et latina secundum latinarum litterarum ordinem ex libris de plantis Theophrasti, Theodoro Gaza interprete.*

V. *Vocabula graecorum nominum apud Theophrastum secundum litterarum ordinem cum latina Theodori interpretatione.*

VI. *Annotationum quae in toto opere inueniuntur elenchus* (avec ces mots : *Cæteras annotationes non fuit nobis otium adscribere nec lectori, tanquam oscitanti conuiuae, omnia fuerunt propinanda*).

VII. *Index.*

***

Qu'il nous soit permis de donner ici quelques détails sur quelques uns des étudiants qui travaillèrent, sous la direction d'Aléandre, au *Lexicon Graeco-Latinum*.

Nous connaissons depuis longtemps Michel Hummelberger qui allait devenir l'un des meilleurs hellénistes de l'Allemagne, et Charles Brachet, d'Orléans, cet élève préféré d'Aléandre, qui avait déjà reçu à Orléans l'enseignement de Nicolas Bérault, également Orléanais, qui lui avait dédié, le 3 novembre 1505, une édition du *Dialogus de uita beata* de Battista le Mantouan (1).

Jean Connel, de Chartres, avait déjà publié une édition des *Nuits attiques* d'Aulu-Gelle qu'avait imprimée Badius et dont Jean Petit avait été l'éditeur.

Yves Cavellat, son prénom semble l'indiquer, devait être d'origine bretonne, et en 1508 il avait fait paraître chez Badius :

« Britanniae utriusque Regum et Principum origo et gesta insignia ab Galfrido Monemutensi ex antiquissimis Britannici sermonis monumentis in latinum sermonem traducta et ab Ascensio, cura et impendio ma-

______

(1) La lettre dédicatoire de ce livre, imprimé par Josse Badius pour Jean Petit, commence ainsi : « Nicolaus Beroaldus Carolo Bracheto, discipulo suo, salutem (Ph. Renouard, *Bibliographie des impressions et des œuvres de Josse Badius Ascensius*, Paris, Em. Paul et fils, 1908, t. II, p. 130. — Cf. Louis Delaruelle, *Notes biographiques sur Nicole Berault*, Paris, Emile Bouillon, 1902, p. 2, n. 4; E. Jovy, *François Tissard et Jérôme Aléandre*, Vitry-le-François, Tavernier, 2ᵉ fascicule, 1908, p. 59.

gistri Iuonis Cauellati, in lucem edita ; prostant in eiusdem aedibus, in-8º (1) ».

Dans cette édition de Geoffroi de Monmouth se trouvent plusieurs pièces intéressantes. Yves Cavellat raconte, dans une lettre dédicatoire *Herveo Kaerquiffinenno*, qu'il a rencontré dans la bibliothèque du collège parisien de Cornouailles où il professait sans doute (2), un manuscrit de l'*Historia regum Britanniae* fort endommagé ; il se mit à la recherche d'autres manuscrits de cet auteur à travers les nombreuses bibliothèques de l'université de Paris et finit par rencontrer trois autres manuscrits, l'un dans la bibliothèque de l'abbaye de Saint-Victor, l'autre chez l'abbé de ce même monastère, un troisième dans la bibliothèque des Carmes où il était attaché par une chaîne de fer parmi les chroniques. Puis il a comparé ces manuscrits, les a corrigés et s'est enfin occupé de faire imprimer cette *Historia Britanniae* ; ce qu'il a pu faire avec l'aide de Josse Bade. Yves Cavellat était donc déjà connu dans le monde érudit quand il travaillait avec Aléandre, et il travaillait sans doute le grec avec le même bon vouloir qu'il avait apporté à la recherche et à la publication des légendes de son pays (3).

(1) Cf. Ph. Renouard, *libr. cit.*, t. II, p. 460-461.

(2) Il date cette lettre *Herveo Kaerquiffinenno* « de notre collège de Cornouailles », — *ex collegio nostro Corisopitensi.*

(3) Cette publication sur l'histoire de la Bretagne à cette époque n'a rien d'étonnant ; Anne de Bretagne, femme de Louis XII, avait mis la Bretagne et les Bretons à la mode ; elle aimait à s'entourer de gentilshommes et de dames du duché breton, et à sa table venaient et chantaient les poètes de son pays natal. Cf. N. Quellien, *La Bretagne armoricaine*, Paris, Maisonneuve, 1890, p. 150.

**

Voici la traduction de la préface de ce dictionnaire auquel avaient collaboré tant de travailleurs attachés à la résurrection des lettres grecques :

Aléandre à ses lecteurs, salut.

Je sais que la plupart s'attendent, ce que la place même où j'écris semble demander, à ce que nous disions quelques mots sur cet ouvrage et que nous disions surtout que ce livre est utile à ceux qui désirent étudier les lettres grecques et que les lettres grecques sont nécessaires à toutes les autres sciences et enfin, pour enlever tout motif plausible de médisance à mes détracteurs, que ce n'est pas pour obtenir quelque gloire, par haine contre quelqu'un ou pour nuire, mais en cherchant la commune utilité des étudiants, que nous avons pris soin de faire imprimer cet ouvrage. Pour le moment nous laissons de côté toutes ces considérations, car ce livre, c'est mon espérance, chantera lui-même sa propre louange. Si je voulais recommander les lettres grecques à ceux qui sont absolument persuadés de leur utilité, je paraîtrais avertir des gens qui sont avertis, avec trop de zèle, pour ne pas dire inutilement. Pour ceux qui pensent autrement ni le manque de temps, ni la forme d'une lettre ne me permettraient de le faire d'une manière convenable. Quant à ce que je disais en dernier lieu, et je sais que certains me feront cette objection, que certains pensent que ce livre a été imprimé en haine d'eux, et non pas plutôt sous l'influence pressante des besoins de notre université, je ne puis mieux faire que de repousser l'accusation de ces gens-là, non moins inepte que fausse, par le témoignage d'une conscience sincère. Aussi abandonnons ces divers sujets pour dire quelle part d'honneur revient à quelques jeunes gens qui ont travaillé à corriger ce livre pendant son impression. Ainsi ces jeunes gens ne seront pas frustrés des louanges qu'ils méritent ; ainsi les autres, touchés par cet exemple, seront excités à entreprendre des travaux semblables ou même plus grands que ceux-ci. Je veux que tu le saches, lecteur bienveillant, les premières épreuves jusqu'à l'endroit où le grec est mêlé au latin, ont été corrigées par Michel Hummelberger, d'abord, puis par Jean Robin, et au départ de ceux-ci pour leur pays, par Michel Boudry et Joannes Conellus ; quant aux parties purement grecques, elles ont été revues par Charles Brachet. Tous ces jeunes gens sont des élèves d'Aléandre. Joannes Conellus a numéroté l'index, aidé quelque peu par Yvo Cavillatus, lui aussi un élève d'Aléandre. De plus c'est Aléandre lui-même qui a revu presque toutes les dernières épreuves, excepté celles de l'index que seul Conellus a corrigées. Aléandre, occupé ailleurs, n'a pas même pu voir une fois cet index au cours de l'impression. Tous, Aléandre et ses élèves, te prient, lecteur équitable, de ne pas leur attribuer les fautes d'impression, ce que tu n'hésiterais pas à faire si tu connaissais la misérable condition de la typographie grecque à Paris. En effet, sans parler de leur grossièreté les caractères se trouvent, par l'effet d'une avarice ou d'une négligence mercantile, en si petit nombre qu'il a été nécessaire non seulement d'omettre parfois telle ou telle lettre pendant l'impression de ce livre, mais même d'interrompre l'ouvrage entier pendant plusieurs jours. Que dire des accents ou de ces abréviations qu'on appelle des ligatures ? Ces dernières n'existent point ; quant aux accents, ils sont informes et placés seulement après coup. Aussi des lignes et des pages sont-elles disproportionnées et, si les ouvriers voulaient corriger quelque faute d'accent sur une ligne, toute la série des autres accents tombait facilement. Aussi, si nous n'avions pas considéré plutòt le besoin qu'avaient les étudiants de ce livre que notre labeur, bien qu'il fùt

insupportable, nous aurions plus d'une fois abandonné
cette entreprise. Et pourtant dans cette œuvre si difficile,
nous avons travaillé avec tant de soin qu'elle laissera peu
de chose à désirer sous le rapport de la correction. On n'y
trouvera d'autres fautes que celles qui tiennent à la
difficulté de l'ouvrage ou celles que les ouvriers, ou par
leur inexpérience, ou, ce que je croirais plutôt, par une
sorte de perversité obstinée, ont refusé de faire disparaître,
bien que nous les ayons corrigées jusqu'à trois et quatre
fois. On dirait qu'en vertu d'une sorte de convention, ils
font en sorte qu'il reste toujours quelque chose qui accuse
l'ignorance de ces marauds, et la décadence de cet art
magnifique de l'imprimerie déjà corrompu. Tu ne dois pas
croire qu'Aléandre soit si peu familier avec la langue grecque
qu'il ne sache pas encore avec quelles lettres il faut écrire
les mots et de quels accents il faut les marquer. Mais déjà
toutes ces imperfections disparaissent, car les accents ne
sont plus mobiles comme auparavant, mais adhérents constamment aux lettres ; chaque jour on grave des ligatures
et avec l'aide de Dieu il n'y aura par la suite rien dans les
autres livres qui ne soit parfait. Si, laissant de côté tous les
ornements et comme les enluminures de la belle impression,
tu considères ce livre en lui-même, tu trouveras certainement que notre dictionnaire, et par l'ordre, et par
l'abondance, et par la commodité de l'index, l'emporte sur
les autres livres qui ont été imprimés jusqu'ici. En résumé,
quelle que soit sa valeur, approuve, je t'en prie, notre travail et ensuite dis-toi que nous avons, comme nous l'avons
dit, porté secours à des nécessiteux. Lorsque quelqu'un
est accablé par le besoin, il n'aurait pas alors moins de
reconnaissance si on lui offrait quelque fourrure grossière
ou quelque manteau de peu de prix que si on lui faisait
présent, à un autre moment, d'un vêtement tout de soie et
doublé d'une martre très précieuse. On pourrait encore le
prouver par l'exemple de Ptolémée lui-même qui, en par-

courant l'Égypte, fut abandonné de son escorte et se vit
offrir dans une cabane un morceau de pain grossier, et
rien ne lui avait jamais paru plus agréable que cette rude
nourriture. Adieu, bon lecteur, vis content et heureux.
Paris, 25 décembre 1512.

***

Aléandre dédia, par la lettre suivante, qui précédait
cet avis aux lecteurs, ce dictionnaire à celui de ses élèves
qui était le plus illustre par la naissance, à ce Wolfgang
de Bavière, le frère de Louis, « comte palatin, électeur
du Saint Empire Romain et duc de Bavière », qui, pendant deux ans, suivit assidûment ses leçons :

Jérôme Aléandre de Motta au très illustre prince Wolfgang, frère du très invincible Louis, comte palatin, électeur
du Saint Empire Romain et duc de Bavière, salut.

Si je laissais passer la plus petite occasion de manifester
à tous mon respect singulier à ton égard, j'encourrais à
coup sûr le reproche de l'ingratitude que j'ai toujours
regardée comme la source particulièrement détestable de
tous les vices et leur principe. Aussi bien, si, par une
erreur grossière, je commettais cette faute, on pourrait en
toute justice me juger digne de quelque grave châtiment ;
car, ainsi que la *Médée* d'Ovide, je verrais et j'approuve-
rais le bon parti et je choisirais le mauvais. Certes tous les
crimes sont graves par eux-mêmes, mais ceux qui proviennent de l'ingratitude prennent, à cause de l'ingratitude
même, le plus grand développement. C'est par elle, en effet,
— ce que nous croyons avec piété, avec respect et avec

raison, — que ces esprits malins, ces démons véritablement mauvais, ne se souvenant plus des bienfaits qu'ils avaient reçus au commencement du monde, firent défection à leur créateur si plein de bonté. C'est par elle aussi que nos premiers parents en cherchant à savoir plus qu'il ne convenait, furent enveloppés par les embûches de l'ennemi du genre humain et perdirent misérablement cette heureuse condition qui leur avait été assignée, d'une vie perpétuelle. Quel autre mobile a poussé les Juifs à donner la mort au fils de Dieu, Dieu lui-même, sinon l'ingratitude la plus évidente? Aveuglés par elle, non seulement ils ne discernaient plus, mais détestaient même ces bienfaits si nombreux et si grands qui leur avaient été accordés par le rédempteur du genre humain. Et enfin penses-tu que nous pécherions si souvent, nous qui sommes illuminés par la splendeur évangélique, si nous considérions dans la honte de notre crime que la divinité va être offensée par notre ingratitude. Parcours et l'histoire sacrée et la profane et celles que les Saints Pères appellent les histoires des gentils, tu trouveras qu'il n'y a pas de crime si grave qui ne soit mêlé à l'ingratitude. Comme je veux dans la mesure du possible ne pas être coupable d'ingratitude, j'ai cru qu'en cette place je ne devais pas laisser passer l'occasion de déclarer à tous quel amour, quelle affection, quel respect j'éprouve pour Ta Grandeur. Mais, diras-tu, à quelle occasion le fais-tu ? Apprends-le en peu de mots. Lorsque des imprimeurs de Paris eurent entrepris un dictionnaire grec-latin, récemment enrichi de nombreuses additions très remarquables, ils me supplièrent instamment que, par une dédicace venue de moi, ce livre parut dans le public avec le nom d'un prince. Protégé par le génie de ce prince et en quelque sorte par sa puissance tutélaire, il obtiendrait une plus grande faveur. Cette œuvre, la plupart des savants qui sont dans cette ville la pouvaient accomplir et même beaucoup mieux que moi. Mais les imprimeurs et d'autres

personnes ont conçu de moi une si haute opinion que,
d'après eux, ma recommandation auprès des princes aurait
la valeur, non pas d'un plaidoyer, mais bien d'un témoignage. A cela s'ajoutaient les vœux des étudiants qui ne
paraissaient pas le demander uniquement pour faire du
tapage, et qui pensaient qu'il n'y aurait, pour ainsi dire,
rien de fait si cet ouvrage n'était orné de ma lettre comme
d'une petite couronne d'or ; c'était là leur pensée. J'ai donc
accepté et, bien que très occupé par ailleurs, je l'ai fait
sans regret. Je pouvais satisfaire ainsi mes amis et d'autre
part offrir à quelqu'un de mes protecteurs un témoignage
de ma reconnaissance et de mon affection. Je n'ai pas eu à
le chercher longtemps. N'est-ce pas en effet toi qui es toujours présent à ma pensée, toi auquel non seulement à
cause de tes bienfaits particuliers à mon égard, mais
encore à cause de ce grand zèle pour les lettres et les
lettrés et de ton remarquable amour pour la vertu dont
nous voyons déjà resplendir en toi des étincelles, je dois,
avec ce présent hommage, tout ce que j'ai de dévouement?
En effet tu es sorti de cette fameuse maison des ducs de
Bavière, comtes palatins, qui, dans le monde chrétien, ne
peut guère porter envie à d'autres maisons sous le rapport
des richesses et de la noblesse de la race (1).

Cependant sans être enivré de l'orgueil des richesses, ce
qui est arrivé à d'autres princes, sans être séduit par les
charmes d'aucune volupté, sans t'irriter par suite de quelque dédain de la vertu, tu consacres tes jours et tes nuits
aux lettres..... Tu es si éloigné des vices que tu commen-

(1) Nous n'avons pu trouver trace du Jacques Simler, précepteur
de ce prince. Nous rencontrons cet ouvrage d'un Georges Simler :
*Quae hoc libro continentur. Georgius Simler, obseruationes
de arte grammatica, de litteris graecis, de diphthongis, et
quemadmodum ad nos veniant ; erotemata Guarini, cum
interpretatione latina ; isagogicum siue introductorium in
literas graecas*, Tubingae, in aedibus Th. Anshelmi Badensis,
mense martio 1512, 2 tom. en un vol. in-4° (cf. Panzer, t. VIII,
p. 322 ; Brunet, *Manuel du libraire*, Paris, 1820, t. II, p. 130).

ces à donner de grandes preuves de ta haute probité et de ta vertu. Ne pourrons-nous pas dire que tu manifestes ta vertu et ton courage lorsque, par ces temps rigoureux de l'hiver où d'autres préfèrent se donner à leurs aises, tu n'as jamais manqué à aucune de nos leçons, ni à celles du matin lorsque nous enseignons publiquement le grec, ni à celles de l'après-midi où nous enseignons publiquement le latin. O enthousiasme admirable d'un esprit ! O amour infini de la vertu ? O trait insigne de la patience volontaire ! Que d'autres s'appliquent aux arts libéraux, afin de s'acquérir des richesses, des avantages, des honneurs. Ils ne supporteraient pas aussi facilement d'aussi grandes fatigues pour la vertu qu'ils ne paraissent rechercher que pour les biens que je viens d'énumérer. Toi à qui appartiennent tous ces biens en abondance, tu es digne d'une gloire d'autant plus grande que tu suis le parti de la vertu pour elle-même. Assurément de telles qualités sont grandes et méritent d'être éternisées par quelques éloges des écrivains. Ces qualités, je les proclame devant les autres non pas tant pour capter une faveur que tu m'as offerte de toi-même que pour satisfaire à la vérité, à la conscience de mes obligations envers toi, à la grandeur de tes bienfaits à mon égard..... Comment ne considérerais-je pas comme un très grand bonheur pour moi que toi, si grand prince d'Allemagne, tu sois venu ici des lointaines contrées de ta patrie, non seulement pour me voir, comme cet homme de Gadès, d'une condition privée, qui vint voir Tite Live, mais pour te trouver avec moi et recevoir mes leçons. Tu poursuis tes études avec tant de persévérance qu'il n'y a personne de ceux qui connaissent ton ardeur au travail, qui ne t'estime et ne te loue et ne t'admire infiniment. Il y a dans notre auditoire, le plus nombreux, à ce que j'entends dire, qui fut jamais dans cette ville, beaucoup d'hommes remarquables par le talent et la science, beaucoup d'hommes venus d'Allemagne, de France et d'autres pays, illustres par leur origine royale ou distingués par d'autres dignités. Parmi eux, je puis bien le dire sans froisser personne, tu brilles avec une absolue splendeur, « ainsi que la lune, parmi des feux d'un moindre éclat », s'il m'est permis de me servir des expressions d'Horace. Bien plus, comme un autre Phébus, si Phébus est tel que nous l'ont dépeint les poètes, par ta chevelure d'or, don brillant de ta jeunesse, par ta vigueur physique qui répond à ta jeunesse et à ta patrie, par tes traits et ton visage pleins de candeur, c'est-à-dire véritablement allemands, enfin par le caractère véritablement royal de tout ton extérieur, tu es le brillant ornement de tout l'auditoire.

Aléandre fait ensuite un éloge dithyrambique de la famille ducale de Bavière, et semble vouloir ainsi se créer des relations et des amitiés qui pourront lui être utiles pendant cette existence de diplomate à laquelle il songe sans doute alors, à laquelle il se prépare en silence, tout en se donnant à ses travaux d'humaniste et à ses occupations de professeur.

Il termine cette longue épître en chantant les louanges du jeune prince, son élève, pour lequel il semble rédiger un certificat de bonne conduite écrit dans toutes les formes cicéroniennes :

Il n'est pas étonnant que je m'enorgueillisse d'un si illustre élève. Et comme la nature humaine est très désireuse des caresses de la gloire, je tressaille et j'exulte d'une joie presque immodérée quand je considère que, lorsque tu pourrais avoir, chez toi, et moi et tous les professeurs que tu voudrais, tu préfères cependant, selon le précepte du très vénérable Quintilien, former ton esprit dès tes jeunes années à la lumière d'une honorable assemblée

que de pâlir dans les ténèbres d'une vie solitaire..... Tu
ne fais pas ta compagnie des goinfres, des adulateurs, des
histrions, de tous ces fardeaux inutiles de la terre, mais de
tous les hommes d'étude. Tu as pour gouverneur un homme
très noble par sa race et ses vertus guerrières, qui est aussi
très ami des lettres et des lettrés, Félix Heymenhoffen qui
est *félix* aussi bien par la réalité que par le nom. C'est, si
l'on change quelques lettres de ce prénom, un second
Phénix à la prudence duquel ta tendre enfance a été à bon
droit confiée, comme au premier Phénix le fut l'adolescence
d'Achille. Tu as en outre ton précepteur domestique, Jacques
Simler, homme tout à fait savant et probe, et lui aussi le
très aimable auditeur de mes leçons en l'une et l'autre langue. Tous les autres serviteurs de ta maison, non seulement
sont illustres par leur patrie et leur famille, mais ils font
encore les plus grands efforts pour devenir plus illustres
par les lettres. Je parlerais volontiers de ta libéralité
envers les hommes d'étude, de ta politesse et de la courtoisie dont tu uses avec moi, lorsque je te fais visite, du
respect que tu me témoignes, non seulement comme à un
maître, mais comme à un père, de tes manières si paisibles
par lesquelles tu incites tous à t'aimer, à t'honorer, à se
dévouer à toi, je parlerais en outre de ta piété, de ta
réserve, de ta modestie, de ton équité, de ta nourriture que
tu règles d'une façon si modérée, de ta sobriété volontaire
au milieu de tant de richesses et près d'une table si magnifique, mais, conscient de ma petitesse, je n'entreprends pas
de soulever un fardeau trop lourd pour mes épaules, et
d'ailleurs nous avons seulement considéré comme but de
notre entreprise présente, non pas d'exprimer complètement les louanges par notre style, mais d'indiquer ce qu'il
faut louer en toi. Je ne saurais taire que tu as coutume,
alors que tu es accompagné, comme il convient, d'une nombreuse domesticité, de frapper à ma porte, non pas par les
mains de quelque serviteur, mais de tes royales mains, si

parfois, ce qui arrive fréquemment, tu me viens voir......
Je rappelle tous ces détails, afin que tes frères, afin que les
autres princes d'Allemagne sachent, afin que le monde
entier, partout où parviendra cette lettre, si toutefois il y a,
comme dit le docte poète, des lecteurs de mes pauvretés,
sache qu'à Paris tu t'appliques avec une extrême attention,
non pas au jeu de paume ou aux dés, non pas aux chiens
et à la chasse aux oiseaux, mais à ces études littéraires
pour lesquelles tu es venu ici. Connaissant tout ton zèle,
j'ai osé en écrire quelques traits parmi d'innombrables qui
se pourraient dire, non pas pour faire preuve d'une éloquence que je sens nulle en moi ou tout au moins bien
minime, mais pour attester à tous quelles sont maintenant
tes dispositions, quels sont mes sentiments à ton égard,
quelle est, enfin, présentement l'opinion que tous ont de
toi.....

Nous plaçons ici cet avis liminaire et cette lettre
dédicatoire parce qu'ils nous instruisent sur un travail
poursuivi pendant tout 1512, et même dès 1511, puisqu'Hummelberger, encore à Paris, y avait pris part.
L'impression de ce dictionnaire fut longue, et ce ne fut
qu'au mois de décembre de cette année 1512 que Gilles
de Gourmont put le présenter au public.

*_**

Aléandre était ambitieux des honneurs universitaires,
ainsi que nous l'a appris déjà une lettre de Michel Hummelberger. Il fut d'abord élu procureur de la *nation*
germanique, — *procurator nationis germanicae* — à
laquelle il appartenait alors. D'ordinaire les étudiants

d'origine lombarde, italienne, faisaient partie de la *nation* de France dont les écoliers se divisaient en *Parisienses, Remenses, Bituricences, Senonenses* et *Turonenses;* c'était aux *Bituricenses* que l'on rattachait les Lombards (1). Aléandre se mit sans doute parmi les étudiants allemands à cause des sympathies qu'il avait alors pour le caractère tudesque, de son désir de se créer des relations en Allemagne et d'aller y professer, peut-être aussi à cause des hostilités, alors continuelles, de la France et des états italiens. De plus le Frioul, sa patrie, était réclamé par l'empereur Maximilien qui s'en était emparé aussitôt après la bataille d'Agnadel (avril 1509).

Ce fut après l'impression de l'important travail du *Lexicon graeco-latinum*, le 23 mars 1513, dit du Boulay, le 23 mai, dit Liruti, — mais certainement le 18 mars, puisqu'Aléandre dans ses notes nous l'apprend lui-même (2), — qu'Aléandre fut porté au rectorat de l'université de Paris auquel, nous le savons, il aspirait.

(1) C'est vers le milieu du XIIIe siècle, dans une bulle du pape Innocent IV, datée du 13 mai 1245, qu'apparaît pour la première fois, et d'une manière officielle, cette division des étudiants en *nations* dans l'université de Paris. Les nations étaient divisées en *provinces*, lesquelles se divisaient en *diocèses*. La nation de France comprenait cinq provinces : Paris, Sens, Reims, Tours et Bourges. Cf. Thurot, *de l'organisation de l'enseignement dans l'université de Paris au Moyen-Age*, Paris, 1850, p. 19.

(2) Dans une lettre du 1er mars 1512, écrite de Bâle par Beatus Rhenanus à le Febvre d'Etaples, on trouve un éloge d'Aléandre (Horawitz et Hartfelder, *Briefwechsel des Beatus Rhenanus*, Leipzig, Teubner, 1886, p. 41). C'est en juillet 1512 que Josse Bade écrivait à Michel Hummelberger : « Budaeus silet, mussamus omnes. » (Cf. Horawitz, *Michael Hummelberger*, Berlin, Calvary, 1875, p. 38).

Aléandre en éprouva d'autant plus de fierté qu'il y avait deux cents ans, et les registres de l'Université en faisaient foi, qu'un Italien avait occupé une si haute dignité.

L'Italien qui, le dernier, l'avait exercée, était, au dire d'Aléandre, *Marsilius de Sancta Sophia*. Ce *Marsilius de Sancta Sophia* n'est autre que le célèbre Marsile de Menandrino, plus connu sous le nom de Marsile de Padoue, qui fut recteur de l'Université de Paris exactement en 1312 (1).

Marsile de Padoue avait profité de son passage au rectorat de l'Université de Paris pour soutenir avec plus d'autorité cette thèse que l'Empire était supérieur au Sacerdoce dans un livre intitulé *Defensor pacis*.

La conduite d'Aléandre dans ces mêmes fonctions fut toute différente et, s'il avait comparé sa conduite à celle de Marsile de Padoue, il aurait pu par la suite en tirer, dans ses dépêches à la Cour de Rome, quelques développements et un parallèle avantageux pour lui.

Il succéda à un régent ès arts, Guillaume de Bonnayre, de Bayeux. Un règlement interdisait aux étrangers cette dignité ; mais il avait obtenu de Louis XII, dès 1509 d'après Victorelli, dès le mois de mai 1510, d'après Aléandre le jeune, des lettres de naturalisa-

----

(1) Du Boulay, *Hist. univ. Par.*, t. IV, p. 163 et 974. Une ordonnance de Marsile de Padoue, destinée à régler l'usage du grand sceau de l'Université, ne laisse aucun doute sur son passage à l'Université de Paris en 1312. Cf. Ad. Franck, *Réformateurs et publicistes de l'Europe (Moyen âge-Renaissance)*, Paris, Michel Levy, 1864, p. 137. En 1341, l'Université de Paris et la municipalité de Rome se disputèrent l'honneur de couronner Petrarque, et d'après Burckhardt, *La civilisation en Italie au temps de la Renaissance*, trad. fr., Paris, Plon, 1885, t. I, p. 255, le recteur était alors un Florentin.

tion dont nous n'avons pu trouver trace aux Archives nationales(1). Il n'y avait pas encore un an qu'Aléandre avait été reçu docteur ès arts, *artium liberalium doctor*, dans l'Université de Paris et ce motif suffisait pour l'écarter du rectorat ; mais on avait passé outre en considération de la science extraordinaire et des mérites du candidat. C'est ce que lui rappelait, en 1514, Josse Bade dans l'épître dédicatoire d'une version latine de Plutarque dont nous donnerons plus loin la traduction, et du Boulay rapporte qu'à propos de l'élection d'« Aléandre, poète lauréat, procureur de la nation germanique en 1511 », le questeur de la nation germanique avait écrit dans ses comptes de recettes et de dépenses :

Pour les deux processions de notre très illustre et très digne recteur Jérôme Aléandre, poète lauréat, comte palatin et professeur public en les deux langues pour la plus grande gloire de notre nation germanique, 25 livres parisis.

Item pour les dépenses faites à Saint-Denis pour accompagner notre même très noble Recteur, 2 livres 6 sols parisis (2).

(1) Peut-être pourra-t-on les retrouver un jour, de même qu'on a pu retrouver aux Archives nationales les lettres de naturalisation accordées en février 1474 par Louis XI à Gering (mort le 23 août 1510), Martin Krantz et Michel Friburger (cf. Paul Dupont, *Histoire de l'Imprimerie*, Paris, Rouveyre, p. 98).

(2) Hieronymus Aleander, nationis germanicae, Poeta Laureatus, eiusdem nationis procurator an. 1511, Rector uniuersitatis electus die 21 Martij 1512 de quo sic scribit quaestor Nat[ionis] Ger[manicae] in rationibus accepti et expensi :
« Item in duabus processionibus Rectoris illustrissimi ac meritissimi D. Hieronymi Aleandri, Poetae laureati et sacrae aulae Palatini comitis ac publici utriusque linguae ad maximum nostrae Nat. Ger. ornamentum interpretis, 25 lib. Paris. Item pro sumptibus factis apud S. Dionysium in comitatu eiusdem nobilissimi Rectoris, 2 lib., 6 s. Paris. » (Du Boulay, t. VI, p. 940).

* * *

Les recteurs de cette époque qui étaient élus dans l'église de Saint-Julien présidaient à plusieurs grandes processions, quatre au moins par an, et parfois davantage, *singulis annis quater ad minus*. Le jour qui précédait ces processions universitaires, le recteur, dans des lettres qui contenaient le but et les pieux motifs de la cérémonie, affichées dans les carrefours et transmises aux collèges, couvents et monastères, demandait à chacun de ces corps l'envoi de députés dans les habits de leur faculté ou de leur profession religieuse. Le lendemain la procession se déployait dans un ordre que nous a conservé le précieux *Compendium* de Robert Goulet. Après la croix portée par un bachelier ès arts s'avançaient une foule de jeunes gens, deux par deux, puis les Carmes, les Augustins, les frères prêcheurs, chacun de ces ordres ayant devant lui un novice qui portait la croix. Venaient ensuite les maîtres ès arts que suivaient les autres religieux, les Billettes, les religieux de Sainte-Croix, les Trinitaires, les Cisterciens, les moines de Cluny, les Blancs Manteaux, les moines du Pré au Clercs, les Prémontrés, les Bénédictins, — les bacheliers ès arts *cappati*, les bacheliers en décret, les régents ès arts, les bacheliers en médecine, les bacheliers en théologie, les procureurs des quatre nations, les docteurs en médecine, les docteurs en décrets, les docteurs en théologie, tous

précédés de leurs « bidelles » (1), de leurs bedeaux, —
enfin le recteur accompagné du doyen de la faculté de
théologie, immédiatement précédé du bidelle de la
théologie et des bidelles des quatre nations avec des
masses ou bâtons d'argent dorés et revêtus des épitoges
de leur nation. Ils étaient suivis des officiers de l'université, le procureur, le scribe, le receveur, revêtus
d'épitoges rouges, les conseillers, les avocats et les
procureurs de l'université, les libraires, les papetiers,
les relieurs, les parcheminiers, les enlumineurs, les
écrivains.

Lorsqu'on était parvenu à l'église où devait arriver
la procession, le recteur, les docteurs en théologie, les
docteurs en médecine se plaçaient à droite sur des
sièges élevés ; devant le recteur se plaçaient des bidelles de la faculté des arts, devant les docteurs se plaçaient sur des sièges plus bas des bidelles de la même
faculté. A gauche se mettaient les docteurs en décrets
avec leurs bacheliers, les procureurs des quatre nations,
les principaux des collèges et les régents ès arts. Le
peuple, très nombreux à ces cérémonies, écoutait avec
l'université l'office divin que célébrait le plus souvent
un évêque. L'autre partie du peuple que l'église ne
pouvait contenir, allait entendre près de là le sermon
d'un docteur en théologie. Après ces cérémonies, le
recteur et son escorte revenaient dans le même ordre

(1) Le bedeau, l'appariteur d'aujourd'hui. Dans les scholasticats
de la Compagnie de Jésus on donnait le nom de bidelle au frère
chargé de transmettre aux autres les ordres du supérieur. Cf. le P.
Clair, *La Vie de S. Louis de Gonzague*, d'après Cepori, Paris,
Didot, 1891, p. 165.

à l'endroit d'où était partie la procession. Telles furent, sans y ajouter rien de romantique et d'après la description très objective de Robert Goulet, les solennités auxquelles Aléandre dut prendre part en sa qualité et pendant son pouvoir trimestriel (18 mars - 18 juin 1513) de recteur de l'Université de Paris (1). La principale des cérémonies auxquelles Aléandre participa, fut probablement la procession du 11 juin où le recteur se rendait en grande pompe à Saint-Denis, pour acheter, à la foire du Lendit, la provision de parchemin qui était nécessaire à l'Université (2).

*
* *

Mentionnons ici qu'au même moment où Aléandre aurait reçu ses lettres de naturalité, il aurait été,

(1) Cf. Robertus Gouletus, *Compendium de Parisiensis uniuersitatis magnificencia*, Parisiis, Toussaint Denis, 1517, in-4°, (Bibl. Nat., Inv Réserve 2334), aux chapitres *De modo eligendi rectorem ipsius almae uniuersitatis, De processionibus rectorum* et *Ordo processionis uniuersitatis*.

(2) Cette procession du recteur à Saint-Denis se fit jusqu'à l'époque de la Ligue. Le parchemin qui arrivait à Paris devait être déposé à la « halle au parchemin », située d'abord dans le couvent des Mathurins, et plus tard dans un collège de l'Université. On ne pouvait en acheter que là, ou bien à la foire de Saint-Lazare et à celle du Lendit qui s'ouvrait le lendemain de la Saint-Barnabé, le 11 juin, à Saint-Denis. C'était seulement après que les marchands du roi, l'évêque de Paris et le corps universitaire s'étaient approvisionnés de parchemin que les particuliers pouvaient faire leurs achats. Cf. P. Dupont, *Histoire de l'imprimerie*, Paris, Rouveyre, p. 331 ; G. F. P. de Saint-Foix, *Essais historiques sur Paris et les Français*, Paris, Delagrave, 1891, p. 183 ; Chéruel, *Dictionnaire historique des institutions, mœurs et coutumes de la France*, Paris, Hachette, 1910, t. II, p. 941-942).

d'après Aléandre le jeune (1), *initiatus sacris*, c'est-à-dire « ordonné » quant aux ordres mineurs, ce qu'il avait résolu de faire depuis longtemps : « Altero abhinc anno, « naturalitatis (ut aiunt) priuilegio donatus a Rege, sa- « cris, quod jamdudum se facturum decreuerat, initiatus « est », — ce qui explique la part active que nous allons lui voir bientôt prendre aux affaires théologiques de France et aux luttes religieuses de son temps. Il y était, d'ailleurs, tout préparé, puisqu'il avait, paraît-il, subi à Padoue les épreuves du doctorat en théologie, et c'était pour lui l'unique moyen pour parvenir aux bénéfices et aux hautes fonctions ecclésiastiques aux- quelles ses brillantes facultés comme la profondeur de ses connaissances lui permettaient si bien d'aspirer. On ne saurait avoir une grande confiance dans les dires d'Aléandre le jeune, mais nous ne voyons pas que les autres biographes d'Aléandre l'ancien aient fixé le moment de son entrée dans la cléricature.

La facilité relative d'Aléandre à manier le vers latin et, ce qui était très rare à cette époque, le vers grec, lui fit encore accorder le titre de poète lauréat de la nation germanique, *poeta laureatus nationis germani- cae* (2). Aléandre ne nous a pourtant laissé que très peu

(1) Ces notes d'Aléandre le jeune ont été données par Victorelli dans Ciaconius, *Vitae et res gestae Pontificum et Cardinalium*, Romae, 1630, in-fol., t. II, col. 1521, ou dans l'édition du même ouvrage, publié par Oldoini, Romae, 1677, in-fol., t. III, col. 623.

(2) Voy. du Boulay, *Histoire de l'université de Paris*, tom. V.

d'échantillons, et encore très courts, de son talent poétique. Mais il n'était pas nécessaire, à cette époque
d'admiration sentimentale pour les auteurs anciens et
d'humanisme élégant, de multiplier les preuves de son
habileté versificatrice. Quelques pièces, longuement
ouvragées, bien tournées, suffisaient à créer une réputation sur le moderne Parnasse (1). Peut-être conféra-
t-on cette distinction à Aléandre en souvenir des éloges
pompeux qu'avait faits de sa muse polyglotte Alde
Manuce en tête de l'Iliade de 1504 (2). Peut-être lui fut-
elle attribuée pour les quelques pièces de vers grecs qu'il
avait placées en tête d'éditions aldines ou parisiennes,
ou bien encore à cause de cette petite pièce qui avait
peut-être circulé, *ad Julium et Neaeram* que Giovanni
Matteo Toscano a reproduite en 1576 dans ses *Carmina
illustrium poetarum italorum* (3). L'œuvre poétique

(1) On ne connaît guère des poésies grecques d'Aléandre que trois
épigrammes, l'une en tête des *Plutarchi opuscula LXXXXII*
(Venise, chez Alde, mars 1509) ; l'autre est en tête des opuscules
de morale du même auteur imprimés en mai 1509, à Paris, chez
Gilles de Gourmont ; et la troisième en tête du *Dictionnaire grec*,
publié en décembre 1512.

(2) Matteo Toscano, auteur du *Peplus Italiae*, avait été l'élève, à
l'université de Milan, d'Aonio Paleario (Voy. Jules Bonnet, *Aonio
Paleario*, p. 217-248).

(3) La mode était alors aux poètes lauréats. On peut lire dans
les *Notices et extraits des manuscrits de la Bibliothèque du
Roi*, t. II (Paris, de l'imprimerie royale, 1789 : *Journal de Paris
de Grassis, maître des cérémonies de la chapelle des papes
Jules II et Léon X*. Première notice par M. de Bréquigny), p. 570,
un assez amusant récit à ce sujet: « Un secrétaire des ambassadeurs
de la ville de Parme désirait d'obtenir du Pape [Jules II] le titre et les
honneurs de poète lauréat. Pour mériter ce prix il avait récité devant
lui, [en 1512], des vers qui n'étaient pas sans agrément ; mais malheureusement le poète y louait Jupiter Capitolin, Diane d'Éphèse,
Apollon et quelques autres divinités du paganisme. Paris de Grassis
ne crut pas que le pape dût accorder solennellement le laurier

d'Aléandre devait être beaucoup plus considérable que ce que nous en font connaître les documents imprimés. Michel Hummellerger disait, dans une lettre citée par Victorelli (1), que Girolamo ne le cédait qu'au seul Homère. Sa réputation poétique put provenir aussi des

poétique à l'auteur d'un pareil ouvrage. Les fictions, adoptées dans ce poème, étaient réprouvées par la XXXVIe distinction du Décret; d'ailleurs il aurait fallu bénir le laurier, et Paris de Grassis ne trouva dans tous les cérémoniaux aucune formule de bénédiction pour cet objet : enfin on se rappela que Pétrarque, ayant sollicité la même grâce auprès de Benoît XI, avait été renvoyé au sénat et aux conservateurs, et le secrétaire de l'ambassade de Parme y fut renvoyé de même ». Le nom de ce secrétaire était François Grapaldi. « S'il ne reçut pas les honneurs de poète lauréat, il en fut dédommagé quelques jours après. Le Pape ayant donné un grand festin aux ambassadeurs de l'empereur qu'il caressait beaucoup, on introduisit sur la fin du repas quelques enfants vêtus comme les Muses et un jeune homme sous l'habit d'Orphée qui récitèrent des vers à la louange du pape et de l'empereur. Grapaldi parut aussi et prononça un discours en prose, suivi de quelques vers sur la délivrance de l'Italie. Alors le pape à qui on avait apporté deux couronnes de laurier, fit approcher (c'était le jour de la Saint-Martin de l'année 1512) l'ambassadeur, et tous deux, tenant une des couronnes, la posèrent ensemble sur la tête de Grapaldi, le pape disant : « *Nos auctoritate apostolica*, et l'ambassadeur : « *Nos auctoritate imperiali facimus te poetam* ». Ils couronnèrent avec les mêmes cérémonies le jeune poète qui avait paru sous l'habit d'Orphée. Paris de Grassis ajoute dans son journal qu'il persistait à croire que le pape n'aurait rien dû faire de tout cela ». Sur François Grapaldi, cf. Bayle, *Dictionnaire historique et critique*, Amsterdam, 1750, t. II, p. 592 ; Tiraboschi, *Storia della letteratura italiana*, t. VII, p. II, p. 233 ; *Nouvelle biographie générale*, Didot-Hœfer, t. XXI, p. 698. — Ludovic le Maure ceignit publiquement, à Milan, de la couronne de poète son favori Bellincione (E. Müntz, *Une cour de la Haute-Italie*, dans la *Revue des Deux-Mondes*, 1er janv. 1891, p. 136). Ce poète a composé des *Canzoni, Sonetti, Capitoli ed altre rime*, Milan, 1493, in-4°. Sur ces couronnements de poètes, voir Burckhardt, *La civilisation en Italie au temps de la Renaissance*, trad. fr., Paris, Plon, 1885, t. I, p. 254 ; Favre, *Mélanges d'histoire littéraire*, 1856, t. I, p. 65 et suiv.

(1) Ciaconius, *loc. cit.*, p. 1521 : «.... .egregium vatem qui uni cederet Homero ». On a la preuve par Aléandre lui-même, dans le mscr. Ottoboni latin 2100 de la Bibliothèque du Vatican, qui

sujets un peu brûlants que le futur cardinal semble, au temps de sa jeunesse universitaire, n'avoir pas dédaigné de traiter avec une verve chaste et toujours discrète. On a retrouvé la copie de deux de ces courtes compositions, encore inédites (1), à la Bibliothèque Saint-Marc de Venise.

contient un recueil de notes autographes d'Aléandre: *Hieronymi Aleandri collectanea*, qu'il avait composé de nombreuses poésies latines : « *Pecten in quodam epigrammate a nobis dens appellatur. Id, ne careat exemplo, etiam Martialis facit libro XXII°, quanquam non memini profecto imitatum Martialem, quum nostra qualiacumque luderem* » (p. 308). Il avait sans doute composé quelque poème qui lui paraissait plus important : il consacre dans ces *Collectanea* (p. 226), une note à prouver la latinité de l'expression *copiam facere*, parce que quelqu'un a émis des doutes sur cette locution qu'il avait employée dans son poème, *quod aliquis dubitauit in meo poemate* » (Louis Delaruelle, *Un recueil d'«Adversaria» autographes de Girolamo Aleandro*, Rome, Imprimerie de la Paix, Philippe Cuggiani, 1900, p. 9). M. Delaruelle fait, dans cette même étude (p. 9), cette intéressante remarque : « Je ne vois pas qu'on ait encore signalé cette phrase d'Aléandro, dans sa réédition du lexique de Craston (Paris, 1512), f° **g g iii r°** : « Interim referam carmen quod Mantuae cecineram, uiso Isabellae Praxiteleo Cupidine... »

(1) Dans le ms. in-fol. 2311 de la *Riccardiana* se trouve une copie du XVIe siècle d'une ode latine attribuée à Jérôme Aléandre avant qu'il fut cardinal. Elle donne une idée de la facilité qu'avait Aléandre pour la poésie latine :

Ad H. Rorarium.

Ergo tu dulces patriae recessus
Saevus affectas ? Tibi Naonaeas
Dulce erit villas lariumque nigros
    Cernere fumos ?

Territat nec te veniens euntem
Cornus a laeva et male dextra cornix
Quae vaga exultim tibi non benignum ob-
    Nunciat omen ?

Linque, si mens est, iter institutum,
Linque, te dulces amor in labores
Hinc vocat, nec te meminisse non vult
    Virginis Helles.

Suit en 14 strophes toute l'histoire de Phryxus et d'Hellé. — Ce

Voici l'une de ces pièces (1) :

Hieronymus Aleander
in Lauram Veronensem, mulierum pulcherrimam.

Si rides, violas rides ; si faris, ab ore,
Laura, tuo stillant nectar et ambrosia ;
Si fles, non lacrimas quisquam, sed fontis elenchos
Vidit Erythraeos defluere ex oculis.
Si spiras, Arabum sylvas et balsama spiras ;
Audio, si cantas, coelitus harmoniam ;
Si filas, melius tua fila reducis Arachne
Et vincis Phrygias Palladis arte manus ;
Si saltas, tecum saltant Charitesque Venusque.
Si citharam pulsas, cedit Apollo tibi.
Heu, latet his validus subter virtutibus ignis ;
Omnia me inflammant quae facis aut loqueris.

Aléandre semble n'avoir communiqué ses compositions poétiques qu'à des cercles assez restreints d'amis intimes, et Pierio Valeriano, l'auteur du *De infelicitate litteratorum*, ami et admirateur d'Aléandre, lui reprochait vivement, dans une élégante pièce de vers, de se dérober par modestie à l'admiration universelle (2).

H. Rorarius paraît être le nonce Rorario. Jérôme Rorario, né en 1485 dans le Frioul, à Pordenone, était un compatriote d'Aléandre. Il fut nonce du pape Clément VII à la cour de Ferdinand, roi de Hongrie. Il s'est fait un nom par son traité intitulé : *Quod animalia bruta ratione utantur melius homine*, Amsterdam, 1654, in-12, et par son *Plaidoyer pour les rats*, Coire, 1548.

(1) Ces copies des pièces d'Aléandre se trouvent au Cod. CLXXVI (Lat. Cl. XII) de la Bibliothèque Saint-Marc dans l'ordre suivant : f° 11 v°, Hieronymi Aleandri *in Lauram Veronensem, mulierem pulcherrimam* ; — f° 12 r°, Idem *in Daphnen amicam, Dulce mihi...* ; — f° 12 v°, Idem *ad Julium et Neaeram, Haec specula...*

(2) Sur Aléandre poète lauréat, cf. Lorenzo Crasso, *Istoria de' Poeti Greci*, Naples, 1678, p. 278 ; Baillet, *Jugements des savants*, Paris, 1685-86, t. III, num. 1273, p. 191 ; Sebastien Kortholt, *De poetis episcopis*, Kiloni, 1699, p. 42 ; Vincenzo Lancetti, *Memorie intorno i Poeti laureati d'ogni tempo e d'ogni nazione*, Milano, 1839, p. 313.

***

Pendant ce second séjour à Paris, Aléandre, donna plusieurs preuves de l'amour qu'il professait pour la poésie et qu'il avait déjà manifesté par l'épigramme grecque qu'il avait placée en tête du *Lexicon Graeco-Latinum*.

Une édition des œuvres de saint Cyprien, publiée en 1512, à Paris, contient une pièce de vers du futur cardinal sur l'art typographique. Elle est adressée à Berthold Rembolt, de Strasbourg, imprimeur à Paris. Cette pièce est en vers phaleuces.

Cette édition, devenue très rare et dont on a signalé un exemplaire à la Bibliothèque nationale de Florence (1), était connue, au XVIIe siècle, de Nicolas Rigault et de Le Prieur. Dans l'édition des œuvres de saint Cyprien que Le Prieur donna en 1666 et qui n'est que l'édition revue et retouchée de Rigault, il est dit que la publication de Rembolt précéda les corrections, plus ou moins heureuses, apportées par Erasme au texte de saint Cyprien, et que Rembolt fut le premier qui sépara en livres les lettres de ce Père de l'Église. Cette édition de 1512 est ainsi désignée : *Editio vetus, ante recognitionem Erasmi Parisiis excusa, apud Guilielmum Remboldum qui primus Epistolas in libros distinxit* (2).

(1) Voir à l'appendice la description de cette édition.

(2) Sancti Caecilii Cypriani *Opera* ad vetustissimorum exemplarium fidem sedulo emendata, diligentia Nic. Rigaltii I. C.... Ph. Priorius argumenta et notas in libros omnes de novo adjecit, Parisiis, sumptibus Ioannis Du Puis, via Jacobaea, sub signo Coronae aureae, 1666, p. 43.

Fontanini en fait mention dans l'un de ses opuscules :
Justi Fontanini, archiepiscopi Ancyrani, *Discus argenteus votivus veterum christianorum Perusiae repertus, ex Museo Albano depromptus et commentario illustratus* (1).

Dominique Passionéi, archevêque d'Ephèse et nonce en Suisse, qui fut par la suite cardinal et l'un des successeurs d'Aléandre dans la garde de la bibliothèque du Vatican, avait indiqué cette production poétique de notre helléniste à Fontanini :

« Eo vocabulo usum comperio magnum popularem nostrum, Hieronymum Aleandrum seniorem, Comitem Palatinum et poetam Laureatum, dein S. R. E. Cardinalem, in pervenusto carmine phaleucico de arte typographica ad Bertholdum Remboltum Argentinatem, typographum Parisiensem, operibus Sancti Cypriani per illum editis A. D. 1512 praefixo. Ejus mihi Historiam litterarum Fori Julii scribenti indicium fecit clarus ingenio et doctrina praesul scriptorumque variorum sedulus venator Dominicus Passioneus, Ephesius antistes et Romanae Sedis Apocrisiarius apud Rempublicam Helvetiorum. »

Cette édition de saint Cyprien, a été aussi signalée par Ernest Loescher, dans ses *Stromateis, siue dissertationes sacri et litterarii argumenti* (2).

Panzer ne l'a point oubliée dans ses *Annales typographiques* et la décrit ainsi un peu brièvement :

« Beatissimi Caecilii Cypriani, Carthaginiensium praesulis, oratoris verbique diuini praeconis eloquentissimi,

(1) Romae, 1727, p. 6-7.

(2) Vittembergae, 1724, in-8°. — Ce livre de Lœscher est formé par une collection de notices sur les premiers produits de l'imprimerie.

opera hinc inde excerpta et in unum, vigiliis et sumptibus
Magistri Bertoldi Rembolt et Joannis Waterloes, chalco-
graphorum, impressa, quorum distinctio fronte sequenti
notatur.

In fine : Beati Cypriani opuscula noviter Parrhisiis in
sole aureo vici Sancti Jacobi impressa. Expensis Bertholdi
Rembolt et Johannis Waterloes, in intersignio Sancti
Georgii commorantium. Anno Domini M. D. XII, novembris,
in-4º (1).

Dom Liron, dans ses *Singularités historiques et
littéraires* (2), s'est, à propos de la famille des Ruzé,
longuement occupé de cette édition sur laquelle il nous
offre la possibilité de donner encore quelques détails.

Ce « saint Cyprien » avait été entrepris par Robert
Dure, de Saint-Malo, principal du collège du Plessis,
dont le nom pour les lettrés du temps, était *Robertus
Fortunatus Maclouiensis.* Dans une lettre à Josse Bade
de janvier 1512, Michel Hummelberger disait que Fortunatus « avait bien mérité des Muses sacrées » (3).
Cette édition de saint Cyprien qui était un service
rendu à la littérature religieuse, il la dédia à Louis

(1) Panzer, *Annales typographici*, Nuremberg, 1793-1803, t. VII,
Paris, ann. 1512, p. 560, nᵒˢ 512, 513.

(2) Paris, 1738-40, 4 vol. in-12, t. I, p. 339 et suiv.

(3) Voici les termes de Michel Hummelberger, dans cette lettre
à Josse Bade de janvier 1512 : « Roberto Fortunato, de sacris
musis optime merito, meo nomine multam dicas salutem. »
(Horawitz, *Michael Hummelberger*, Berlin, 1875, p. 38). Cf. aussi
Johannis Gentilis [Jean Gentil], utriusque censurae clari inter-
pretis, *ad forenses causas introductio,* chez Badius, 1518, où se
trouve une dédicace de *Ioannes Gentilis Nannetensis Roberto
Fortunato Maclouiensi,* et une lettre de *Robertus Fortunatus
Maclouiensis Ioanni Gentili Nannetensi* (Bibl. Nat., Inv.
Réserve 1191) (Ph. Renouard, t. II, p. 470).

Ruzé, frère d'Arnoul et de Martin Ruzé dont nous avons déjà parlé. C'est ce même Louis Ruzé qui s'acquit la faveur de François 1er, fut lieutenant civil de Paris, reçut plusieurs lettres de Budé et entretint un assez long commerce épistolaire avec Erasme. *Robertus Fortunatus* lui dédia ainsi son œuvre : *Ludouico Ruricio Blesensi, Senatorio viro dignissimo, cum litterarum, tum virtutum eximio cultori litteratorumque omnium Mecoenati.* Louis Ruzé, baptisé *Ruricius* par un assez singulier travestissement (1), avait contribué à procurer cette édition en communiquant à Robertus Fortunatus plusieurs manuscrits. Cette épître dédicatoire avait été écrite, non pas, à ce qu'il nous semble, « dans la maison même de ce conseiller au Parlement », comme le veut dom Liron, mais dans ce « collège du Plessis qui était si cher à Louis Ruzé » : *Ex Plesseiis tuis aedibus, Parrhisii* (sic), *ad calendas nouembris 1512.*

Aléandre, dans le libellé de la dédicace de cette poésie à l'excellent imprimeur, *optimus impressor,* qu'était Rembolt, se désigne avec les qualifications d'*Augusti palatii comes, Poeta laurea donatus et earumdem publicus Parisiis in utraque lingua interpres.*

C'était bien placer cette poésie en l'honneur de la typographie que de la publier précisément chez Berthold Rembolt et de l'offrir à ce même Rembolt qui avait été l'associé d'Ulric Gering, de Constance. Ulric Gering,

(1) *Ruricius* est le nom d'un évêque de Limoges au Ve siècle avec qui Sidoine Apollinaire fut en correspondance. Henri Canisius a publié, dans ses *Antiquae lectiones*, des lettres de Ruricius qu'il avait trouvées dans un manuscrit de Saint-Gall.

avec Michel Friburger, de Colmar, et Martin Krantz,
avait été l'un des maîtres du premier atelier typographique parisien qui s'établit dans quelques salles de la
Sorbonne, grâce à la protection de Jean Heynlin von
Stein et de Guillaume Fichet. Rembolt habitait, en 1512,
dans la maison du *Coq et de la Pie*, rue Saint-Jacques,
à côté de Saint-Benoît, en face de la rue Fromentel, que
les docteurs de Sorbonne lui avaient louée pour sa vie
et celle de sa femme, 12 livres par an. Son enseigne
était au *Soleil d'Or*.

Cette pièce de poésie semble comme une espèce de
réparation apparente qu'aurait faite Aléandre pour
diminuer l'effet des plaintes nombreuses auxquelles il
s'était laissé aller contre les imprimeurs parisiens.

Tout au commencement de l'année suivante (1513),
Aléandre prouvait qu'il s'intéressait au développement, en France, de la poésie latine. Germain Brice (1),
d'Auxerre, qu'Aléandre avait connu à Venise où il
avait accompagné dans son ambassade Janus Lascaris,
avait composé un poème sur l'héroïsme d'Hervé de

(1) « Né à Auxerre, probablement entre 1480 et 1485, Germain Brice
fit de bonnes études qu'il compléta en Italie. Il suivit à Rome le
cardinal d'Albi, son protecteur, et eut l'occasion d'y voir Sadolet.
Il apprit le grec sous la direction de Lascaris qu'il accompagna
dans son ambassade à Venise (septembre 1504 - janvier 1509) ; il
y entendit les leçons du célèbre helléniste Marc Musurus, qui
enseignait à Padoue, et s'y lia avec Erasme (voir P. de Nolhac,
Erasme en Italie, 1888, p. 54, 58, 105). A son retour en France,
archidiacre d'Albi, il fut protégé par le chancelier Jean de Ganay,
et, à la mort de ce dernier (1512), il entra dans l'entourage de la
reine Anne de Bretagne dont il devint le secrétaire. Il fut lié avec
tous ceux qui se piquaient de favoriser les lettres, comme l'évêque
de Paris, Etienne Poncher, le chancelier Duprat, le cardinal de
Tournon, et avec les principaux humanistes du temps. Il corres-

Portzmoguer, chef d'une flotte franco-bretonne de vingt navires qui, près d'Ouessant, se mesura avec les quatre-vingts voiles de la flotte anglaise du duc de Suffolk. Hervé de Portzmoguer était monté sur la *Cordelière* ; il jeta les grappins d'abordage sur le vaisseau anglais *le Regent* et mit le feu aux deux navires, préférant la mort à la capitulation. Il périt ainsi le 11 août 1512. Ce sujet fut aussi traité, sur le moment même, par un poète aussi peu connu qu'intéressant, Humbert de Montmoret, dans son *Herveis*. Aléandre honora le livre de Germain Brice d'une longue lettre latine où, tout en le félicitant d'avoir été récemment nommé secrétaire de la reine Anne, il le louait de sa capacité littéraire et affirmait qu'il le plaçait à un rang élevé, à côté des poètes anciens (1).

*

Non seulement Aléandre brilla dans le Paris universitaire, mais il porta jusqu'à la cour le charme de sa parole et de sa science si réputée. Louis XII aimait à

pondait avec Budé, avec Erasme, avec Sadolet, avec Vida ; il était l'ami des frères Guillaume et Jean du Bellay, de Jacques Colin, de Lazare de Bayf, de Macrin, de Voulté, de Ducher, de Nicolas Bourbon, des professeurs Toussaint et Danès, etc. Il fut pourvu de plusieurs bénéfices : chanoine de Paris en 1519, puis aumônier du Roi, il eut en outre le prieuré de Saint-Martin de Brétencourt, près de Dourdan. Il mourut le samedi 27 juillet 1538 ». (V. L. Bourrilly, *Jacques Colin, abbé de Saint-Ambroise (14.?-1547)*, Paris, 1905, p. 5-6).

(1) Cf. Jal, *Marie la Cordelière*, étude pour une histoire de la marine française, Paris, 1845, in-8° ; *Nouvelle biographie générale*, Didot-Hœfer, t. XL, col. 870, art. *Portzmoguer*. Voir à l'appendice la lettre d'Aléandre à Germain Brice.

s'entretenir avec lui, sans doute à partir du moment où son élévation au rectorat de l'Université l'avait mis en pleine lumière, et les circonstances devaient amener entre le souverain et l'helléniste italien d'assez fréquentes entrevues sur les litiges politiques du temps.

Un contemporain, Arnaud du Ferron, dont nous avons parlé précédemment, nous apprend quelle était la matière de leurs entretiens. Le roi qui s'était pris d'une belle passion pour tout ce qui était grec et romain, aimait à lire César. Un jour Aléandre lui parlait de son auteur favori et lui vantait la clémence du général romain : « Sa clémence, lui répondait Louis XII, n'était le plus souvent qu'affaire de politique. A-t-il été clément pour les habitants d'Uxellodunum ? » — Dans un autre entretien Aléandre dénombrait avec cette verve méridionale qui s'enchante des exagérations, les troupes immenses de Xerxès : « Je ne crois guères, répliquait le souverain, à tous ces chiffres de troupes, même dans l'Écriture Sainte. Ne les a-t-on pas altérés et, de l'aveu de Tite-Live, Valérius Antias (1)

(1) Cf. Liebaldt, *De Valerio Antiate, annalium scriptore* (Naumbourg, Klaffenbach, 1844, in-4° de 32 p.). On ne connaît ni le prénom, ni la date de la naissance et de la mort de Valerius Antias. Il était contemporain de Marius et de Sylla et existait encore en l'an de Rome 663. Son nom d'Antias ne vient pas de ce qu'il est né à Antium ; ce nom appartenait dès 541 à la famille des *Valerii Antiates*, fixée à Rome (Tite-Live, XXIII, 34) ; Priscien (V, 4) dit expressément qu'Antias n'est pas un nom d'extraction *(nomen gentile)*, et on trouve encore dans Tite-Live la mention fréquente des deux noms ainsi disposés: *Antias Valerius*. Les *Annales* d'Antias formaient au moins 75 livres, qui comprenaient l'histoire de Rome depuis les temps les plus reculés jusqu'à ceux de Marius et de Sylla. On peut juger, d'après les fragments qui en restent, que l'histoire était fort succincte pour les premiers temps et fort détaillée pour les derniers. Quant à la méthode de l'écrivain,

n'a-t-il pas augmenté ces chiffres de la façon la plus mensongère ? » — Une autre fois le prince gémissait devant le professeur italien de ce qu'aucun historien n'eût célébré les prouesses de ses prédécesseurs et de sa nation avec ce même génie qu'avaient employé les historiens de l'antiquité à célébrer les vertus et les triomphes de leurs compatriotes : « Eh quoi ! s'écriait-il, les Français qui ont accompli tant de hauts faits, ne les ont pas encore confiés à la garde des lettres » ! Bien que le roi nous paraisse avoir un trop beau rôle dans ces discussions et être muni d'une critique beaucoup trop éclairée pour ne pas nous faire suspecter l'imagination de du Ferron, celui-ci n'en a pas moins brodé sur un thème vrai : les rapports personnels de Louis XII et d'Aléandre (1).

il paraît que, pour les premiers temps, Antias s'était engagé dans l'explication des mythes et s'était donné carrière dans la réunion de toutes sortes de traditions et de fables. Tite-Live lui reproche de ne pas avoir toujours utilisé les sources les plus pures, *d'avoir, dans le compte-rendu des batailles, grossi, sans mesure, le chiffre des morts, du butin et de tous les détails analogues,* enfin de raconter souvent des faits dont, excepté l'auteur, personne n'a connaissance. Niebuhr et Lachmann ont encore renchéri sur les reproches de Tite-Live et refusé à Antias presque tout crédit. Mais Tite-Live semble déjà outré, quand il adresse à Antias des reproches qui frappent également tous les auteurs d'histoires. Tite-Live copie souvent Antias et rapporte souvent aussi lui-même des faits qui ne doivent pas être plus croyables que les fables dont il parle. Tite-Live aurait bien pu chercher dans son propre intérêt à rabaisser Antias. L'ouvrage de cet annaliste devait être fort riche en renseignements et même en petits détails, et bien qu'aujourd'hui on n'ait plus de quoi fonder un jugement sur la valeur de son livre, on ne saurait se tromper en lui accordant comme historien un rang plus élevé que celui qui lui est laissé par Niebuhr (*Revue de bibliographie analytique,* p. p. E. Miller et A. Aubenas, Paris, 1844, 2ᵉ trimestre, p. 475).

(1) Il paraît pourtant certain que Louis XII faisait sa lecture favorite des *Commentaires* de César. Le latin lui était, dit-on,

***

Au moment où Aléandre allait prendre le rectorat de l'Université de Paris (1), de graves questions théologiques étaient pendantes.

si familier que, passant par Pavie en 1507, il avait désiré assister, avec cinq cardinaux et une centaine de seigneurs, à une leçon du célèbre jurisconsulte Jason Maino auquel il avait donné en fief le château de Piopera, en récompense du plaisir qu'il lui avait procuré. Le mouvement du roi était louable, mais Jason ne put jamais entrer en possession de ce fief. Voici d'ailleurs le passage intégral d'Arnauld du Ferron :

« Delectabatur et commentariis Julii Caesaris in linguam patriam euersis potius quam uersis, ita erroribus scatebant, laudanteque Hieronymo Aleandro clementian Caesaris, ipse quidem laude non indignam, caeterum temporariam et alliciendis Romanis ostentatam aiebat, exemplum afferens ex Uxelloduni deditione, cum deditis Caesar omnibus qui arma tulissent, manus praecidisset, uitamque concessisset, et Galliam ipsam pacatam per se, specie belli undique conquisita, uexasset et spoliasset. Fidelitatem quoque Caesaris se desiderare aiebat his in commentariis, in numero ant caesorum, aut eorum qui ex urbibus ad bellum prodiissent, referendo. Aleandroque · Xerxis numerum terrestrium copiarum referente quas fuisse CLXX myriades, et Semiramidis, Assyriorum reginae, cui fuerat peditatus centum millia, equitatus centum myriades, falciferorum et plaustrorum decies decem millia, uirorum in camelis pugnantium idem numerus, aliorum camelorum (ubi opus erat) uicies dena millia ; naues in Bactris ter mille. Elegantia venustateque verborum abundantes exteros, historiae ueritatem aiebat transgressos, tantumque abesse ut aut quae de Xerxe ant Semiramide scripsissent, uera sibi esse persuaderet, ut et in sacris historiis et diuinis corruptos interdum numeros bellatorum uereretur : quos et a Valerio Antiate uanissime auctos T. Liuius passim fatetur. Aiebat uero Graecos qui pauca gessissent disertissime historiam scripsisse, Romanos et diserte scripsisse, et res gessisse historia non indignas ; Gallos, multa strenue cum gessissent, nihil literis mandasse » (Pauli Aemylii Veronensis, historici clarissimi, *de rebus gestis Francorum ;* Arnoldi Ferroni Burdigalensis, Regii consiliarii, *de rebus gestis Gallorum libri IX*, Lutetiae, apud Vascosanum, MDL, p. 40. v°).

(1) M. Omont place à tort ce rectorat en 1512 *(Essai sur les débuts de la typographie grecque à Paris*, Paris, 1892, p. 12).

En septembre 1510, il y avait eu à Tours, par ordre de
Louis XII, une assemblée du clergé de France que les
écrivains absolument orthodoxes appellent le « conciliabule de Tours », — *conciliabulum Turonense*. Il
s'agissait de l'excommunication lancée par le pape
Jules II contre ce prince. Le roi de France voulut faire
examiner par les théologiens s'il lui était permis en
conscience de faire valoir ce qu'il considérait comme
son bon droit, de venger la foi des traités qu'il préten-
dait violés par Jules II et jusqu'à quel point il devait
respecter les armes spirituelles de l'Eglise entre les
mains de celui en qui il ne voyait qu'un agresseur et
qui, d'après lui, ne s'en servait que pour soutenir l'in-
justice. Ce concile fut présidé par François de Rohan,
archevêque de Lyon (1).

En novembre 1511, l'empereur Maximilien et Louis XII
provoquèrent par leurs ambassadeurs, les cardinaux de
Sainte-Croix, de Narbonne et de Cosence, la convoca-
tion d'un concile général à Pise (2).

L'Université de Paris se fit représenter à ce concile,
ou plutôt à ce nouveau conciliabule ; elle avait envoyé
deux « orateurs » pour la Faculté de théologie et un

(1) Cf. *Dictionnaire portatif des conciles*, Paris, 1761, p. 486.

(2) Sur ce concile de Pise, cf. *Dictionnaire portatif des Conciles*,
Paris, 1764, p. 383 et suiv. ; Cabassutius, *Notitia ecclesiastica*,
Lugduni, 1685, p. 568 ; Lehmann, *Das Pisaner Concil von 1511*,
dissertation inaugurale, Breslau, 1874 ; L. Sandret, *Le Concile de
Pise, 1511*, dans la *Revue des questions historiques*, t. XXXIII,
p. 425-456, Paris, 1883 ; Dr Louis Pastor, *Histoire des papes depuis
la fin du moyen-âge*, Paris, Plon, 1911, t. VI, p. 327 et suiv. et p.
353, note 2 ; Hergenrœther, *Conciliengeschichte nach der Quellen
dargestellt*, Fribourg en Brisgau, 1887, t. VIII, p. 448-489.

pour chacune des trois autres. Simon Jaquet, principal du collège de Navarre, orateur de la Faculté des arts, demanda son rappel au commencement de 1512. Toutes les nations de l'Université nommèrent pour le remplacer Aléandre qui refusa. Il allégua diverses raisons. Il parla de sa mauvaise santé. Il lui paraissait utile pour l'Université de Paris de continuer son enseignement. Il était effrayé par les dissentiments qui partageaient la chrétienté (1).

Il n'était pas encore recteur ; mais pendant son rectorat il lui fallut quand même s'occuper à Paris de ce concile de Pise.

Le 10 janvier 1512, le concile de Pise avait adressé au recteur et aux maîtres de l'Université de Paris une lettre qui les priait d'examiner « un livre suspect et plein d'injures contre les conciles de Constance et de Bâle et composé contre Jean Gerson par un frère Caiétan, homme audacieux et dangereux que le concile désirait voir châtié, comme il le méritait (2) ».

Le 19 février 1512, Louis XII écrivait de Blois à

(1) Hergenræther, *Conciliengeschichte*, Freiburg in Brisgau, 1887, in-8°, t. VIII, p. 488-489, d'après le mscr. Vatican 3914, f° 7 v° et f° 8 r°.

(2) *Litterae synodi Pisanae ad rectorem et magistros Universitatis studii Parisiensis ut librum quemdam examinent, suspectum et plenum injuriis contra concilium Constantiense et concilium Basilecnse contraque Johannem Gersonum, compositum per quemdam fratrem Caietanum, hominem audacem et periculosum, quem synodus Pisana pro suo demerito desiderat castigari.* Cf. Jourdain, *Index chronologicus chartarum pertinentium ad historiam Universitatis Parisiensis*, Paris, 1862, p. 321 ; *Preuves des libertez de l'Eglise gallicane*, 3ᵉ édition, 1651, t. I, ch. XII, p. 29 ; ch. XX, p. 204-206.

l'Université de Paris pour lui recommander d'examiner diligemment l'ouvrage de Caiétan, dénoncé par le concile de Pise.

Thomas de Vio, dit Caiétan, du nom de la ville de Gaète où il était né le 20 février 1469, avait été reçu à l'âge de quinze ans dans l'ordre de saint Dominique. Il s'y était fait une grande réputation par ses talents et son savoir. Après avoir professé la théologie avec un applaudissement universel à Brescia et à Pavie, il devint en 1500 procureur général de son ordre, puis général en 1508. Caiétan n'avait alors que 39 ans ; mais il était en crédit auprès de Jules II dont il fut le conseiller dans les circonstances critiques de ce pontificat (1).

Ce fut, en partie, Caiétan qui fit avorter les travaux du concile de Pise en suggérant à Jules II d'opposer concile à concile et de convoquer celui de Latran. Il avait aussi composé cet ouvrage : *De auctoritate Papae et Concilii, siue Ecclesiae, comparata,* qui avait tant ému la cour de France, où il avait soutenu le droit exclusif du Pape à convoquer les conciles généraux, sa supériorité sur ces grandes assemblées et son infaillibilité (2).

(1) Feller, *Biographie universelle,* édition Simonin, Nevers, 1845, t. II, p. 7. Léon X éleva en 1517 Caiétan à la pourpre romaine et le nomma, l'année suivante, son légat en Allemagne. Il mourut à Rome en 1534. Cf. J. Janssen, *L'Allemagne et la Réforme,* trad. fr., t. II, p. 82-85 et 93 ; t. III, p. 141, n° 2 ; Pastor, *Histoire des Papes,* trad. fr., t. VI, p. 340 et suiv.

(2) D* Pastor, *Histoire des papes depuis la fin du moyen-âge,* Paris, Plon, 1911, t. VI, p. 360 : « Dans plusieurs traités qui eurent l'honneur d'être brûlés en place publique par ordre de

Après avoir entendu le peuple de Pise pousser contre lui des cris de : « A mort ! à mort ! », le concile s'était transporté à Milan. Le 21 avril 1512, cette assemblée schismatique décréta que le pape Jules II était déclaré notoirement contumace, auteur de schisme, incorrigible et endurci et comme ayant encouru les peines portées dans les « saints » décrets des conciles de Constance et de Bâle qu'avait critiqués Caiétan. Il lui retirait toute l'administration pontificale qui, de plein droit, était dévolue au Concile. (1).

Louis XII, Cajetan réfuta, d'après la méthode véritablement classique, les erreurs de la fausse théorie relative aux conciles, dont le conciliabule de Pise peut être considéré comme la dernière manifestation. Il s'attachait spécialement à démontrer que le Pape est revêtu dans l'Eglise de la puissance suprême, d'une puissance véritablement monarchique, faisait ressortir la différence qui existe entre la puissance de Pierre et celle des autres apôtres, s'attachait à combattre l'idée de la supériorité du concile sur le Pape et à réfuter les arguments tirés des conciles de Constance et de Bâle. Enfin il soutenait les trois propositions suivantes : 1° le concile ne tient pas sa puissance directement du Christ ; 2° il ne représente pas l'Eglise universelle si le Pape n'en fait pas partie ; 3° il y a une très grande différence entre un Pape contestable (ce qui était le cas à Constance) et un Pape incontestable ». Pastor ajoute en note : « C'est ainsi que Hergenrœther (t. VIII, p. 474) résume les principales propositions de Cajetan. Maurenbrecher, *Geschichte der Katholischen Reformation*, Nœrdlingen, 1880, p. 105, écrit au sujet de Caiétan : « On peut affirmer que le côté de la Curie ne fut pas moins victorieux sur le terrain de ce duel littéraire que sur celui des actes ».

(1) On n'a jamais imprimé la collection complète des actes du concile ou conciliabule errant de Pise. Jean Godefroy a inséré dans les *Lettres de Louis XII*, t. II, p. 235, 238, 305, trois lettres relatives à cette assemblée. Le P. Hardouin en a mentionné d'autres dans sa *Conciliorum collectio regia maxima*, 1715, in-fol., t. IX, p. 1559. Foppens a fait connaître quatre documents pleins d'intérêt dans ses *Diplomata Belgica*, t. IV, p. 88, 90, 92. Voy. aussi Richer, *Historia Conciliorum generalium*, Cologne, 1683, lib. IV, cap. 2 et 3. Les folios 1-51 du manuscrit du Vatican, 3914, contiennent des pièces sur le concile de Pise qui viennent d'Aléandre.

Louis XII accepta le décret du concile et, par des lettres patentes données à Blois le 16 juin 1512, il défendit à ses sujets d'avoir égard aux bulles que le pape pourrait expédier. Aussitôt le pape Jules II mit le royaume en interdit ; mais Louis XII protesta contre cette bulle du pape.

Malgré la victoire de Ravenne, Louis XII se trouva complétement battu par la politique de Jules II. L'université de Paris commençait seulement alors à s'occuper de l'examen du livre de Caiétan.

Deux docteurs de Sorbonne, Jean Mayr, *Johannes Major Hadingtonanus* (1), professeur de théologie dans ce collège de Montaigu où venait d'étudier le jeune et brillant Gaston de Foix, l'infortuné vainqueur

(1) Jean Major ou Mayr, né à Haddington en Ecosse, venu jeune à Paris, fit ses études aux collèges de Sainte-Barbe et de Montaigu ; reçu docteur en 1506, il professa longtemps la théologie et la philosophie à Montaigu et retourna en Ecosse où il enseigna à l'université de Saint-André et mourut en 1550. Cf. M. Pellechet, *Catalogue de la bibliothèque d'un chanoine d'Autun*, p. 128-129, dans le t. XVIII des *Mémoires de la Société Eduenne* ; Ph. Renouard, t. I et III, *passim*. — Aléandre connaissait Jean Mayr. Il le cite comme l'un de ses meilleurs amis dans un parallèle qu'il établit entre la sauvagerie des anciens Ecossais et la douceur de mœurs de ceux qu'il connaît à Paris : « Nunc uero Scoti et humanis sunt moribus, et religione christiani, et qui proximam regis christianissimi custodiam corpori faciant : plurimique in Gallia scholastici Scoti reperiuntur diuersarum scientiarum perstudiosi et fidelissimi plerique auditores mei. Io[hannes] item Maior Scotus Theologus Doctor et David Craston propediem auctorandus, charissimi amici mei, ut multos alios omittam, generis et diuitiarum et literarum praestantia non ignobiles ». Ces mots se trouvent dans le mscr. des *Collectanea* autographes d'Aléandre, Ottoboni latin 2100, à la Bibliothèque Vaticane, p. 329 (L. Delaruelle, *Un recueil d « Adversaria » autographes de Girolamo Aleandro*, Rome, Imprimerie de la Paix, Philippe Cuggiani, 1900, p. 10).

de Ravenne (1), et Jacques Almain (2) firent bien la critique de cet ouvrage, mais pour leur compte personnel et sans doute pour répondre aux désirs des théologiens qui se mettaient du côté du roi. Quant à la Faculté de théologie, elle ne semble pas avoir été le moins du monde pressée de donner officiellement son avis. Elle ne savait comment faire pour satisfaire à la fois la puissance temporelle et la puissance spirituelle irritées l'une contre l'autre.

D'après le savant évêque de Tulle, Charles du Plessis d'Argentré, dans sa *Collectio judiciorum de novis erroribus* (3), les lettres du concile de Pise à l'université de Paris furent lues dans une assemblée tenue au mois d'avril 1512, à Saint-Mathurin, *apud Sanctum Mathurinum ;* l'université s'assembla une seconde fois, le 12 mai, pour entendre la teneur des lettres des maîtres de l'université délégués au concile de Pise. Mais, ajoute d'Argen-

(1) Gaston de Foix semble avoir eu pour maître à Montaigu Simon Charpentier, *Simon Carpentarius,* qui fut l'ami et le panégyriste de l'« Aveugle de Bruges », *Petrus de Ponto,* si détesté d'Aléandre (Cf E. Jovy, *François Tissard et Jérôme Aléandre,* 2e fascicule, p. 79 et 126). Ph. Renouard, t. II, p. 374, mentionne, dans une édition des *Lettres* d'Agostino Dato de 1511, une lettre de *Julius Simon Carpentarius Parrhisiensis* adressée à divers étudiants de Montaigu et, parmi eux, à « Gaston de Foys ».

(2) Jacques Almain, de Sens, docteur en théologie, professeur au collège de Navarre, mourut tout jeune en 1515. L'ouvrage qu'il publia contre Caïétan, est intitulé ainsi : *De auctoritate Ecclesiae, seu sacrorum conciliorum eam repraesentantium* ... contra Thomam de Vio qui his diebus suis scriptis uisus est omnem Ecclesiae Christi sponsae potestatem eneruare, Parisiis, Joh. Granion, 1512 (Paris, Bibl. Nat., Inv. D. 14061).

(3) *Collectio judiciorum de novis erroribus qui ab initio duodecimi saeculi usque ad annum 1713 in Ecclesia proscripti sunt et notati,* etc., *cum notis et observationibus,* Lutetiae Parisiorum, 1728, t. I, p. 352.

tré, on ne trouve ni dans les archives de l'université, ni dans les registres de la faculté de théologie, aucune sentence des maîtres de cette université contre le livre de Caiétan sur l'autorité du pape et du concile. A ce moment précis, le pape Jules II avait convoqué le cinquième concile œcuménique de Latran et dans la troisième session de ce concile, il avait annulé tous les actes de quelques cardinaux et évêques qui s'étaient réunis à Pise, à Milan et enfin à Lyon, « quorumdam cardinalium et episcoporum Pisis, Mediolani et Lugduni congregatorum ». Peut-être les docteurs parisiens, en voyant le complet échec des projets de Louis XII sur l'Italie et le succès de la politique pontificale, s'abstinrent-ils de produire publiquement leur opinion, afin de ne pas se trouver en opposition avec un concile présidé par le pape lui-même, et de ne pas donner lieu au schisme, bien que beaucoup d'entre eux, pénétrés de sentiments gallicans et désireux de complaire au roi, fussent d'accord pour blâmer Caietan d'avoir voulu infirmer l'autorité des canons des conciles de Constance, sessions 4 et 5, et de Bâle, session 3.

Personne ne pouvait mieux renseigner et éclairer qu'Aléandre les docteurs parisiens sur les dispositions de la cour de Rome et du Souverain Pontife. Il était animé d'un esprit tout romain, et il dut mettre autant de conviction que d'habileté à exposer le danger que courait la Faculté de théologie de Paris dont l'autorité était si universellement respectée, d'énoncer et de proclamer des propositions schismatiques.

Aussi bien, ce silence de la Faculté de théologie sur une matière qui préoccupait tant le roi, nous pouvons sans trop d'hésitation l'attribuer à Aléandre qui plus tard, en 1535, rappelait à la cour de Rome les services qu'il avait rendus à l'Eglise pendant sa carrière enseignante, et particuliérement pendant son rectorat à Paris, dans l'affaire du concile de Pise :

Je servais, disait-il, les intérèts du Siège Apostolique lorsqu'à Padoue, à Paris et dans d'autres écoles du monde chrétien, j'étudiais et j'enseignais publiquement les langues et les sciences, et m'acquérais ainsi ces modestes connaissances littéraires que le Siège Apostolique a employées par la suite. Je servais encore les intérèts du Siège apostolique, lorsque, recteur de l'Université de Paris, je recevais du roi très chrétien Louis la mission de juger de l'autorité du concile de Pise, et j'ai été le principal instigateur et le principal auxiliaire de son insuccès et de sa dissolution, ce que je puis prouver encore maintenant par des documents publics et authentiques.

« Inscruicbam ego Sedi apostolicae, cum Patauii, cum Lutetiae Parisiorum, cum in aliis christiani orbis gymnasiis diu studendo et publice linguas et disciplinas profitendo, has litterulas mihi comparabam quibus postea Sedes apostolica usa est. Inseruiebam Sedi apostolicae cum, rector Parisinae academiae factus, dato nobis a rege christianissimo Ludouico super discutienda auctoritate concilii Pisani negocio, illius et deprimendi et dissoluendi praecipuus auctor et adjutor fui, quod vel nunc publicis et legitimis documentis probare possum (1) ».

(1) Angelo Mai, *Spicilegium Romanum*, 1839, t. II, p. XII et 231-240, septembre 1535. — Cf. le jugement très superficiel de la *Revue de bibliographie analytique*, publiée par E. Miller et A. Aubenas, 1844, 4ᵉ trimestre, p. 898, sur les découvertes d'Angelo

Aléandre parait, d'ailleurs, avoir toujours été doué d'une grande perspicacité politique et, au moment de la querelle luthérienne, il n'hésitait pas à dire, dans ses rapports au Saint-Siège, qu'il avait prévu et prédit cinq ans auparavant la furieuse tempête qui allait se déchaîner contre la chaire apostolique : « A présent, disait-il, je me rappelle fort bien qu'ayant été, il y a déjà cinq ans, mandé à Rome, je disais à Sa Sainteté que je craignais, ce qui est arrivé, un tumulte de l'Allemagne contre la chaire de Rome, car j'avais entendu dire à beaucoup dans ces pays qu'ils n'attendaient qu'un exalté qui ouvrit la bouche contre Rome ; mais alors on ne me croyait pas (1) ».

Ainsi Aléandre à Paris s'occupa de politique et de diplomatie, et nous en aurons encore d'autres preuves ; mais ce n'est pas une raison suffisante pour nier, comme l'a fait M. Rebitté, la réalité du professorat d'Aléandre. Ce n'était, dit-il, qu'un homme politique (2). Mais le professorat, nous le savons, n'est pas toujours un obstacle

Mai : « Les cinq lettres de Hier. Aleander, contenues dans le *Spicilegium*, sont adressées, la première au cardinal de Médicis, les deux suivantes à Léon X et les deux dernières à Enckenvoirt et à P. Caraffa, depuis Paul III. Le tout est sans grande importance (!) ».

(1) « Al presente ben io m'arrecordo che essendo io gia 5 anni manda a Roma........ io dissi a Nostro Signore quello che quasi vedemo avenuto, che io temea tumulto Germanico contra Sedem Apostolicam, perche l'havea gia inteso da molti in questi paesi, liquali non expettavano altro se non un pazzo che aprisse la bocca contra Roma, ed tunc mihi nihil credebatur ». Th. Brieger, *Aleander und Luther*, Gotha, 1884, p. 47-49 ; voy. aussi J. Janssen, *L'Allemagne et la Réforme*, t. II, p. 151.

(2) D. Rebitté, *Guillaume Budé*, p. 135.

au goût pour la politique. Nous avons de nos jours plus d'un professeur homme politique. L'examen minutieux de la vie d'Aléandre en France, est tout entier contraire à l'assertion de M. Rebitté.

****

C'est en 1512 qu'Aléandre écrivit à Erasme, venu récemment à Paris et qui en était parti au moment même où le professeur italien y revenait. Erasme occupait à Cambridge une double chaire de théologie et de langue grecque et y enseignait avec le plus grand succès. Aléandre ne peut s'empêcher de dire à Erasme qu'il lui envie cette situation solide, et nous renseigne amplement sur les dispositions d'esprit avec lesquelles il voyait la vie universitaire parisienne et les disputes théologiques du temps :

Je ne sais si c'est toi ou moi, ou plutôt tous deux qu'il faut accuser de négligence : bien que nous soyons liés d'une amitié plus grande qu'il n'y en a jamais eu entre professeurs du même art, aucun de nous, pourtant, depuis que tu es parti d'Italie, n'a écrit à l'autre. Nous avons péché l'un et l'autre ; mais assurément ta faute est beaucoup moins excusable. Car j'ai donné trois lettres pour toi lorsque tu étais en Italie, et je n'ai rien reçu de toi ni avant, ni après si ce n'est trois mots. Si par hasard mes lettres ne t'ont pas été remises, ce qui a pu arriver facilement par suite des guerres qui interceptent tout et aussi parce que tu n'as, comme je l'apprends, résidé nulle part, tu pouvais

cependant et tu devais m'écrire un peu plus souvent, car
tu savais où j'étais sûrement, et trois cents personnes viennent tous les jours d'Italie en France. Comment expieras-tu
le fait d'avoir eu à ta disposition un courrier pendant ton
séjour à Paris et de ne m'avoir pas écrit comme tu as écrit
à Pyrrhus (1). Pour moi, dès que j'ai su que tu étais en
France, négligeant des intérêts importants, je me suis éloigné d'Orléans et je me suis transporté aussitôt que possible
à Paris pour te voir, t'embrasser, rire délicieusement avec
toi, jouir de ton commerce à la fois si docte et si aimable,
et reprendre notre ancienne vie commune, et il n'aurait
rien pu nous arriver de plus agréable et de plus vraiment
doux. Mais les destins ne nous ont pas été aussi bienveillants. Quatre jours, en effet, avant mon arrivée à Paris,
tu avais déjà, comme je l'ai appris, quitté tes amis. Tout te
sera pardonné, si tu persévères dans les mêmes sentiments
que tu as eus autrefois pour moi. La grande affection que
j'ai pour toi, te sera rapportée par Richard Crocus, notre
commun élève, qui va vers le pays où tu habites maintenant
plutôt parce qu'il soupçonne quelque bouleversement amené
par la guerre (2) que par un danger présent, car ici, parmi
les grands, on ne parle que de l'entente entre les Français et
Anglais ; il n'y a qu'une certaine vaine petite rumeur qu'on
dit venir de tes côtés. Mon cher Erasme, continue, je t'en
prie, comme tu as commencé, à protéger notre cher Crocus,
non pas seulement par tes lettres, mais encore par ta solli-
citude, afin qu'il puisse par là s'avancer auprès des princes.
C'est un jeune homme de bonnes mœurs, d'un esprit can-

(1) Pyrrhus d'Angleberme. — Cf. E. Jovy, *François Tissard et
Jérôme Aléandre,* 2ᵉ fascicule, Vitry-le-François, P. Tavernier, 1900,
p. 52 et *passim*.

(2) Henri VIII entra dans la *Sainte Ligue* contre la France le
13 novembre 1511 ; il ne fit aucun acte d'hostilité jusqu'à l'expédition de Guyenne en mai 1512, bien que l'ambassadeur d'Angleterre
eût été rappelé en février.

dide, qui nous aime beaucoup et qui a fait de tels progrès
dans les lettres grecques qu'il n'est indigne ni de l'un ni de
l'autre de ses maîtres. Je me borne à ces quelques mots à
propos de quelqu'un que tu verras toi-même. Il faut que je
t'apprenne du nouveau. J'ai été choisi, avec l'applaudissement des dieux et des hommes, pour porter la parole au
nom de notre Université au second concile de Pise. Mais je
ne suis pas tellement désireux de préférer les fatigues,
peut-être assez peu sûres, de l'âme et du corps à mes travaux littéraires, quoiqu'il ne me manque pas ici d'inquiétu-
des qui me détournent des études. En effet les chefs de
cette Université me chargent tous les jours plus qu'ils ne
m'honorent de certaines magistratures qui ne me sont pas
tout à fait agréables, mais qui sont, à ce qu'on pense, tout
à fait honorables, ou du moins que je ne puis honorablement refuser. Je laisse de côté bien d'autres détails. Il y a
quatre jours on m'a choisi pour qu'au nom des philosophes,
en même temps que les théologiens et les juristes, j'examine
un certain livre envoyé par le synode de Pise à notre
Université, et cet examen nous a été recommandé par le
roi. Il est question dans cet ouvrage d'une comparaison
entre l'autorité du Pontife romain et celle de l'Église, et le
titre du livre est conforme à ce sujet. Nous nous réunissons
fort nombreux dans une assemblée où, Dieux bons ! je
vois… quelles ambitions ! quelles disputes, où j'entends…
quels orateurs vaniteux, quelles paroles monstrueuses et
le vacarme sans aucun sens de ceux auxquels il a été
donné en même temps qu'à nous de délibérer au sujet de
ce livre. J'avale les yeux fermés je ne sais quelles pilules ;
je ne profite en rien de ces réunions, et cependant je ne
puis m'arracher de là ; maintenant, comme disent les rats,
mon cher Erasme, nous avons goûté à la poix (1). Il ne

_____

(1) Il y a ici une citation grecque, et avec elle un jeu de mots
sur πίσσης (de ἡ πίσσα, *la poix*) et *Pise*.

manque pourtant point, dans notre université et parmi ceux auxquels a été confié l'examen de ce livre, de théologiens, de jurisconsultes, de médecins, d'une science et d'une vie recommandable. Bien qu'ils mèlent l'utile à l'agréable, j'entends toujours quelques paroles qui ne satisfont pas mon goût, d'ailleurs, trop délicat, comme tu sais. J'espère bien voir quelque fin de cette affaire ; mais il pullule comme une autre hydre que je ne puis abattre, quand même Iolas (1) me prèterait le secours de sa torche. Tous les jours accourent vers moi de tous côtés les candidats aux charges de recteurs et de procureurs et, le sort l'a voulu ainsi, je suis devenu l'intermédiaire pour des marchandises de ce genre, bien plus l'intendant et l'administrateur. Si je ne puis facilement me délivrer de tout ceci, car « c'est chose fâcheuse, si le chien goûte au cuir », il reste ce remède grâce auquel Alexandre a rompu le nœud gordien. Ce remède, ce sera que, moi aussi, je partirai soudainement d'ici, car je ne puis empêcher tout ceci et, d'autre part, moi que tu connais bien, Erasme, je ne puis pourtant supporter les tempêtes si grandes et les extrèmes agitations de ces comices.

Voici que tu connais ce qu'il y a de sot et d'absurde dans ma situation. Car pour quelque pécule espéré, je ne puis t'en écrire puisque cette espérance n'existe pas, et je n'ai pas à craindre que mes héritiers, lorsque je serai retourné dans mon pays et que je pourrai faire le partage de ma fortune, réclament tous ensemble ce que je me serai amassé ici. Nous vivons pourtant, c'est-à-dire, nous vivons au jour le jour. Je ne manque ni de vêtements, ni de livres dont cependant, comme tu le sais, j'ai apporté la plus grande part de mon pays, ni de mobilier ; mais dans ma bourse tu ne trouverais rien que des toiles d'araignée. Tu es, me

---

(1) Iolas, fils d'Iphiclus et neveu d'Hercule, aida ce héros à vaincre l'hydre de Lerne en appuyant un fer chaud sur les blessures du monstre pour empêcher ses têtes de renaître.

dira-t-on, un philosophe, et il ne te convient guères de te soucier de ces détails. Je l'avoue, je suis en vérité un philosophe et un chrétien et, à cause de cela, un mortel sujet aux soucis, aux maladies, à la vieillesse, à la mort enfin. Si dans ces nécessités l'argent ne vient pas à notre secours, les lettres ne sauraient rien nous apporter si ce n'est cette vaine et orgueilleuse présomption des stoïciens auxquels, d'accord avec le jugement des siècles, je préfère de beaucoup Aristote qui était d'avis qu'il fallait rechercher les richesses avant la philosophie, quoique ton vaurien de Lucien ait bien méchamment appelé ce si grand homme le plus roué des flatteurs, indigné, je pense, de ne pas avoir eu les mêmes succès qu'Aristote, puisqu'il était lui-même un flatteur et un vorace. Mais, trève de bagatelles. Assurément, Erasme, je n'ai point et je n'aurai jamais de regret d'avoir écouté les conseils par lesquels tu m'as persuadé d'aller en France, alors que toute l'Italie, comme tu le sais, me réclamait. Tu m'as soustrait, en effet, et l'on aurait dit qu'une divinité t'inspirait, à la guerre qui allait arriver pour me placer dans un séjour paisible, de même que Mercure arracha Horace au combat. Pourtant, dans les premiers mois, quand je n'étais pas encore habitué ni au ciel ni aux mœurs de la France, j'étais dans mon lit, malade et repassant dans ma mémoire ma vie ordinaire dans ma patrie, et je maudissais non pas tant tes conseils que ma destinée. Cette destinée était pourtant meilleure que je ne pouvais le présager (je suis Dave, et non pas Œdipe), ce que la suite prouva. Mais si quelqu'un espère que moi ou quelque autre puisse devenir riche par ma seule profession dans cette ville, qu'il ne l'espère plus. Je vais peut-être dire une chose fausse, mais je puis bien rapporter ce que j'entends dire par tout le monde, c'est qu'il n'y a jamais eu à Paris quelqu'un qu'on ait plus admiré, plus montré du doigt, en disant : « C'est lui ! », que moi, et personne ne sera plus regretté, si je me transporte ailleurs. Et pourtant moi, ce personnage si admiré, je puis à peine de temps en temps tirer de ma bourse dix petites pièces d'or que j'aurai pu y mettre. Ce malheur m'arrive à cause des grandes dépenses sans lesquelles personne ne saurait vivre convenablement à Paris, et aussi à cause d'un gain qui est encore plus incertain qu'il n'est petit. Je gagne chaque jour une assez bonne somme d'argent, et en un seul mois je me souviens d'avoir gagné parfois soixante-dix francs et plus; mais ici la mobilité de la fortune, ou bien la légèreté de ces Français est telle que pendant les deux mois suivants je gagne à peine mon pain sec et que je dépense rapidement en livres, en habits, en nourriture ce que j'ai pu acquérir par de longues fatigues. Si le Roi m'accordait un salaire certain, ce qu'il ne m'est pas permis d'espérer par ces temps si durs, je crois que je pourrais mieux supporter ces fatigues et composer quelque œuvre qui irait à la postérité non sans quelque gloire. C'est en cela que je t'estime heureux, mon cher Erasme, tu es déjà parvenu à ce qui est le plus grand de mes désirs. Pour moi, fatigué par ces leçons où il faut si longuement crier, exténué, non seulement jusqu'à voir mes cheveux blanchir prématurément, mais jusqu'à l'épuisement de tout mon être, je ne puis prétendre ni à réaliser quelques travaux, ni même à gagner de quoi me construire une maison pour ma vieillesse. Depuis qu'ont été publiés je ne sais quelles ordures, si l'on peut dire, de recueils de mots vieillis, qui ont infecté l'air de leurs vapeurs fétides, mille criailleurs, protégés par ces ténèbres, ravagent et bouleversent tout avec audace ; les chaires sont brisées par des cris et des coassements continus ; les marbres sont arrachés, les colonnes rompues par tant de lecteurs. Et ce mal n'existe pas seulement dans les bourgs où s'enfuient tous ceux qui ont reçu la baguette du magistère, mais même dans cette grande ville, il n'y a personne qui n'ose faire parade de ses inepties, faire l'essai public de ses ignorances, et ces maîtres ignorants le font ou gratis, ce qui arrive le plus souvent, car autrement quels auditeurs auraient-ils, ou parfois pour un très minime salaire, tant les mortels aiment à se laisser aller à la folie. Et cependant la plupart de tous ces ignorants comprennent mieux et font presque plus de cas de ces méchants maîtres que des hommes instruits, et ce n'est pas sans raison ; pour citer des proverbes au-delà de la mesure convenable à celui qui est le grand collecteur de proverbes (1), ce sont des bègues qui enseignent à des bègues, des muets qui forment des muets. Voici un fait à propos duquel je ne puis assez m'extasier : lorsque je fais quelque leçon gratuite, tous arrivent en foule auprès de moi, par bandes, *gracula-tim*, « comme une troupe de geais », pour employer un mot stupide et barbare, à la façon de ces disciples de Béroalde (2) et de ces piistes (3). Les banquettes des autres cours sont désertées ; on ne songe plus à personne, et ma salle de cours, surtout pour la leçon latine, est remplie d'une

(1) Allusion aux *Adagiorum chiliades* qu'Erasme avait fait imprimer à Venise chez Alde Manuce en 1507-1508.

(2) *Beroaldistae*, dit Aléandre. Ce mot paraît une attaque rapide contre Philippe Béroalde l'aîné dont les productions littéraires étaient fort connues à Paris où cet humaniste avait professé pendant plusieurs mois. Badius avait la plus grande admiration pour Béroalde l'aîné dont il avait entendu les leçons à Mantoue. Aussi imprima-t-il et réimprima-t-il fréquemment ses œuvres. Il écrivit même des commentaires familiers pour quelques-unes de ses petites pièces (Ph. Renouard, t. I, p. 7 et *passim*). Aléandre était peut-être jaloux de cette popularité et de cette influence d'un Italien qui l'avait précédé dans ce monde universitaire parisien. Plus tard Aléandre devait être, à Rome, l'ami de Philippe Béroalde le jeune, neveu de Philippe Béroalde l'ancien. Béroalde le jeune fut le prédécesseur médiat d'Aléandre comme bibliothécaire de la Vaticane.

(3) *Piistae*, ce sont, pour Aléandre, les disciples de Baptista Pio, de Bologne, qui avait été l'élève de Béroalde l'aîné. Il avait commenté Lucain et quelques autres auteurs (Cf. Ph. Renouard, t. I, p. 81 et 153 ; t. II et III, *passim*). M. Paquier a imprimé à tort : *juristis*.

affluence telle que, de mémoire d'homme, on n'en a jamais
vu à Paris, au grand dépit de certains qui peuvent à grand'
peine digérer que non seulement les étudiants, mais les
docteurs, les nobles, et la plupart des maîtres, accourent à
nos leçons. Mais dès que j'exige quelque prix, on les voit
tous s'enfuir, comme « on dit que font les colombes de
Chaonie (1), quand survient l'aigle ». Ainsi il arrive que
cet auditoire si rempli d'étudiants devient tout à coup
restreint, qu'il est bien honoré, à la vérité, de la présence
de beaucoup d'hommes distingués, et des plus illustres, mais
qu'il n'est cependant pas assez nombreux pour m'empêcher
de penser que je suis digne d'un plus grand théâtre et de
penser souvent aussi, comme je l'ai pensé souvent auparavant, en dépit de ce que j'ai écrit plus haut, que ces Français péchent encore plus par avarice ou par pauvreté que
par dédain et par haine des bonnes lettres. Quant à ce que
je viens de dire de moi, que je suis digne d'un théâtre plus
grand, sois indulgent, je t'en prie, et laisse passer cette
erreur qui est commune à mes semblables et à moi puisque
Quintilien écrit qu'il n'y a pas de professeur qui ne soit
atteint de cette maladie. Mais j'ai bien dépassé les limites
d'une lettre. Si j'ai tant écrit, c'est pour m'acquitter de la
dette que m'a fait contracter un si long silence, et aussi,
parce que, pendant que je t'écris, il me semble de temps en
temps que je te parle. Pour toi, écris-moi à ton tour sur
tes affaires, écris-moi longuement, sérieusement, sur quelque agréable sujet. Tu le pourras faire facilement, puisque
j'entends dire qu'il ne vient aucune mauvaise nouvelle
d'Angleterre. Adieu, et rappelle-moi au bon souvenir de
Grocinus, de Linacer, de Morus, de Latimer et d'autres
savants. J'approuve beaucoup tes sentiments d'amitié pour
le docteur Joachim ; j'ai trouvé en lui l'existence la plus

(1) Chaonie, contrée de l'Epire, remplie de bois et de montagnes,
au nord de la Thesprotie.

intègre et la culture littéraire la plus profonde. Encore adieu. Paris, 1512 (1).

***

Cette lettre se trouve parmi les dernières qu'Aléandre adressa à Erasme. Entre les deux amis de Venise se glissa la froideur d'abord, l'inimitié ensuite. Pourtant ils ne devaient jamais s'oublier, et le journal d'Aléandre nous apprend qu'à Brindes, l'archevêque Aléandre rêvait encore, au sens le plus littéral du mot, à son ancien compagnon de labeurs érudits chez Alde Manuce :

13, ἐνύπνιον ἔωθεν, ἐν παλατίῳ Λέοντος ἀρχιερέως, καὶ ἦν Ἔρασμος νοσῶν ἐν καθέδρα, ἑτέρῳ ὀφθαλμῷ λίππος (2), καὶ ὄπισθεν αὐτοῦ ἐκάθητο Λέων, καὶ ἐζήτουν πάντοσε οἶνον ἀνθοσμίαν Ἐράσμῳ, αὐτοῦ κελεύοντος Λέοντος, καὶ ἐν λεκάνη ἦσαν πόλλοι κύαθοι καὶ οἶνος νέος λευκός, θολερός, εὐώδης, ἐγὼ δὲ εἶπον ἐπιθυμεῖν τοιοῦτον οἶνον, ὁ δὲ Λέων εἶπε ῥᾳδίως με δύνασθαι τυχεῖν. Εἴτα πόλλα ἄλλα, καὶ ὅτι ἐμὲ ὠστίζετό τις νέος ἀπὸ κοιτῶνος, καὶ ὅτι εἶχον καλὴν ἐσθῆτα ὑποκεκοσμημένην (3) λεοντῇ, καὶ εἶχον (4) μανίχας (5) πλατείας ὥσπερ ὅτε ἦν σχολαστικός, καὶ εἶδον πολλὰς γυναῖκας, ἑταίρας, καὶ ἄλλα· ἔσται καλῶς (6).

(1) Le texte de cette lettre que nous donnerons en appendice, a été publié par M. l'abbé Paquier, *Erasme et Aléandre*, dans les *Mélanges d'archéologie et d'histoire de l'Ecole française de Rome* (1895), t. XV, p. 359-362. Elle a été republiée d'une manière plus conforme à l'original, qui n'est pas autographe, mais qui a été écrit par un secrétaire et corrigé par Aléandre, dans l'*Opus epistolarum* Desiderii Erasmi Roterodami, denuo recognitum et auctum per Allen, M. A., e collegio Corporis Christi, Oxonii, in typographeo Clarendoniano, 1906, t. I, p. 507.

(2) Λίππος n'est qu'une transcription du mot latin : *lippus*.

(3) Bailly (*Dictionnaire grec-français*, Paris, Hachette, 1899, p. 2024) ne donne pas ὑποκοσμέω-ῶ.

(4) M. Omont imprime : εἶχεν.

(5) Μανίχα est une transcription du latin *manica*. Je trouve la forme *mannica* dans le *Vocabularium seu lexicon ecclesiasticum latino-hispanicum*, Matriti, apud Antonium Espinosa, 1789, de Rodrigo de Santa Ella. *Manica* a aussi le sens de « gant ».

(6) Omont, *Journal...*, p. 65.

[Le] 13 [août 1527], j'ai vu en songe, sur le point du jour, que j'étais dans le palais de Léon, le Souverain Pontife ; Erasme, avec un œil chassieux, se trouvait malade sur un siège ; derrière lui était assis Léon, et je cherchais de tous côtés du vin au bouquet le plus parfumé pour Erasme, comme me l'ordonnait Léon, et dans un bassin étaient de nombreuses coupes et du vin blanc nouveau, trouble, parfumé ; je disais que j'adorais ce vin et Léon me disait que je pourrais en trouver facilement. Puis j'eus beaucoup d'autres rêves, et que *me protrudebat adolescens quidam e cubiculo* (1), et que j'avais un magnifique vêtement doublé d'une belle peau de lion, et que j'avais de larges manches, comme lorsque j'étais étudiant : je voyais beaucoup de femmes, *meretrices* et d'autres choses : tout ira bien.

Au milieu de tout ce désordre de l'imagination, Erasme est apparu, et le passage de son souvenir à travers l'esprit d'Aléandre, alors détourné des lettres et préoccupé de l'administration difficile d'un diocèse placé à l'extrémité de l'Italie, montre combien la pensée de l'humaniste de Rotterdam était demeurée adhérente à la mémoire d'Aléandre.

***

Cette même année, en juillet 1512, Aléandre écrivait à son ancien élève Michel Hummelberger, une lettre bien

(1) Nous rendons en latin quelques mots du grec. — Tous ces passages du *Journal* correspondent peu à ce qu'écrivait M. Léon Dorez dans ses *Recherches sur la bibliothèque du cardinal Girolamo Alcandro (Revue des Bibliothèques*, 1892, Paris, Bouillon, p. 49) : « Le cardinal Aleandro est une des figures les plus attachantes et les plus austères de cette génération ecclésiastique qui vit naître et combattit tout d'abord les doctrines luthériennes ». Après la publication du *Journal*, M. Léon Dorez est tout à fait revenu de cette appréciation.

curieuse qui place décidément l'helléniste italien parmi les représentants de l'« humanisme superstitieux » :

Jérôme Aléandre, de Motta, à son ami Michel Hummelberger, salut.

J'ai lutté avec des maux de tête, d'estomac et de tous les intestins pendant trois mois et plus et je n'ai encore pu vaincre la maladie. Je fais seulement quelques courtes trèves avec l'ennemi pendant lesquelles je ne fais aucune leçon, et je ne puis même mettre le pied hors de ma chambre à cause de ma faiblesse. Ne t'étonne pas, si tu n'as pas reçu pendant ces derniers temps une seule lettre de moi. Je ne t'avais pas oublié. Je n'ai rien de plus cher et de plus aimable que toi. La maladie est la cause de mon silence. Si j'en suis débarrassé, je t'écrirai plus souvent et répondrai pleinement à tes vœux. Prie le Ciel que ce bonheur m'arrive. J'apprends que dans ton pays il y a certain abbé qui est devin et qui prédit l'avenir, non pas d'une façon ambiguë, mais avec la plus grande clarté ; je voudrais que tu lui demandes bien vite si je n'ai pas été « ensorcelé ». En effet les médecins n'ont pas pu me guérir jusqu'ici ; une diète rigoureuse ne m'a servi de rien et je crains d'avoir été frappé par un sorcier. Si tu n'obtiens rien de ce vénérable religieux, interroge quelque sorcière ou quelque autre de ces devins qu'on dit très nombreux en Allemagne. Ecris-moi promptement à ce sujet, car je ne suis pas peu inquiet. Adieu. Paris, 1512, le 5 des nones de juillet.

Cette lettre est bien digne d'une époque où la science s'alliait si facilement à la superstition, où les Machiavel et les Erasme (1), les Luther et les Mélanchton avaient tous leur part d'aberrations spirituelles.

(1) Erasme « a des superstitions, et il en a d'énormes, — ne croit-il pas sérieusement que le Diable a brûlé une petite ville d'Allemagne ? » (F.-T. Perrens, *Les libertins en France au XVIIe siècle*, Paris, Calmann Lévy, 1899, p. 39).

Nous savons déjà, par la lettre dédicatoire, adressée à Guillaume Cop, qu'il avait placée en tête de son édition du *De divinatione* et par plusieurs notes de son *Journal*, qu'Aléandre croyait à l'astrologie, qu'un vieux prêtre, Daniel de Padoue, lui avait apprise, dès sa jeunesse, à Motta di Livenza (1). Il ne faisait ainsi qu'être d'accord avec les papes, ses contemporains, — Léon X qui tirait gloire du fait que l'astrologie florissait sous son pontificat, et Paul III qui ne tint jamais de consistoire, sans que les astrologues lui eussent désigné l'heure favorable (2). Le célèbre Luc Gauric qui reçut de Paul III l'évêché de Cittaducale en récompense de l'habileté avec laquelle il cultivait la science astrologique, — *homo in his studiis praestantissimus* (3), — devait, par la suite, tirer l'horoscope d'Aléandre (4). Il est assez difficile de reprocher à Aléandre des croyances qu'il partageait avec les hommes les plus distingués de son temps, dans un siècle où Tycho-Brahé, Képler, tout en jetant les fondements de l'astronomie, s'intéressaient encore aux observations conjecturales.

Il y a d'autre faits, dans ce *Journal* ou plutôt dans ces *Confessions* d'Aléandre, où il ne semble pas qu'on

(1) Omont, *Journal...*, p. 36-37.

(2) Jacob Burckhardt, *La civilisation en Italie au temps de la Renaissance*, Paris, Plon, 1885, t. II, p. 291.

(3) Lucillus Philalthaeus, *Hieronymo Fracastori Physico*, dans ses *Epistolae familiares*, Papiae, apud Io. Ant. Bissi, 1554, t. I, p. 49.

(4) Cf. P. Ristelhuber, *Faust dans la légende*, p. 43 ; Adelung, *Geschichte der menschlichen Narrheit*, 1788, t. II, p. 255 ; Burckhardt, *La civilisation en Italie au temps de la Renaissance*, t. II, p. 333, et tout le chapitre IV sur la superstition italienne.

ait encore voulu rechercher les éléments de la psycho-
logie de cet humaniste, qui indiquent bien chez lui
quelque propension à la superstition. Nous ne voulons
citer qu'un de ces faits. Vers le 15 janvier 1528, alors
qu'Aléandre était archevêque de Brindes, l'évêque de
la ville voisine d'Ostuni lui adressait, avec une lettre,
divers présents et parmi eux un « passereau solitaire »,
— *passer solitarius*, — tout à fait apprivoisé et qui
chantait joliment. Quelques jours après, Aléandre ren-
voyait au donateur son présent, car il venait d'apprendre qu'un tel oiseau portait malheur à la maison où il
se trouvait et « vraiment, ajoute-t-il, depuis huit jours
que je l'ai, tout m'a mal réussi » (1). Il ne peut plus
paraître étonnant qu'au moment de quelque maladie, le
professeur italien ne se trouvât en proie à de véritables
terreurs. La croyance aux sorciers qui, par leurs maléfices, faisaient perdre à autrui la santé et la vie était,
d'ailleurs, courante en Italie : à Norcia, la patrie de
saint Benoît, par exemple, subsistait un véritable nid
de sorcières et de magiciens dont Benvenuto Cellini a
parlé dans ses *Mémoires* (2). Dans le *Roland furieux*,
Arioste se moque fréquemment de ces croyances, vul-
gaires dans sa patrie, lorsque, par exemple, il parle de
Maugis, qui, « en fait de sorcellerie, en sait autant
qu'en puisse savoir le plus habile magicien, encore
qu'il n'ait point son livre au moyen duquel il a le pou-

(1) Omont, *Journal...*, p. 70-71.

(2) Jacob Burckhardt, *libro citato*, t. II, p. 316. — Benvenuto
Cellini, *La vita de Benvenuto Cellini, da lui medesimo scritta*,
liv. I, cap. LXV.

voir d'arrêter le soleil, et qui, pourtant se rappelait la conjuration dont il se servait pour commander aux démons » (1), ou bien lorsqu'il nous montre Mélisse qui « savait, en fait d'enchantements et de maléfices, tout ce que pouvait savoir une magicienne ; elle rendait la clarté à la nuit, répandait l'obscurité sur le jour, arrêtait le soleil, dérangeait la marche de la terre » (2). Aléandre, par son appréhension d'avoir été comme envoûté, par la confiance qu'il veut mettre dans les devins d'Allemagne, nous montre que, sur ce point encore, il partageait des opinions très répandues à son époque (3).

[*]

Voici quelle fut la réponse, légèrement ironique, de Michel Hummelberger :

Michel Hummelberger, de Ravensbourg, à Jérôme Aléandre, de Motta, son ami, salut.

Tes lettres m'ont fait plaisir, bien cher Jérôme, puisque tu gardes le souvenir de ton cher Michel qui, malgré notre séparation déjà longue, te vénère et t'aime beaucoup. Aussi cette amitié et ce bon souvenir ne me sont-ils pas moins agréables que doux. Rien ne pouvait me réjouir davantage. Que je meure si tous les jours je ne pense à toi. Tu as jeté

(1) Arioste, *Roland furieux*, chant XXVI, stance 128.

(2) Arioste, *Roland furieux*, chant LXIII, stance 21.

(3) Cf. sur l'occultisme du XVIᵉ siècle, dans P. Lacroix et Ferdinand Seré, *Le moyen âge et la Renaissance*, Paris, 1851, t. IV, p. 6, la notice sur les *Sciences occultes* par Ferdinand Denis.

si habilement dans mon cœur, comme dans une terre très
fertile, la semence de ton amitié que toujours il naît comme
des fruits de notre mutuelle affection.... Aussi ai-je trouvé
dans ta lettre un motif de plaisir et un motif de douleur.
D'une part je vois que je suis toujours digne de tes lettres
et que tu te préoccupes encore de moi. D'autre part, tu
m'écris que très souvent tu luttes contre la mauvaise santé.
Cela m'a rempli de découragement, et je ne sais combien
je souffre dans mon accablement. Tes malheurs aussi
bien que ton bonheur, je les prends comme miens, et j'ai
bien le droit de le faire, en disciple très reconnaissant d'un
maître très affectueux. Dieu immortel ! quelle est cette
fortune trompeuse, aveugle et jalouse qui a dépouillé mon
cher Atride de sa santé, comme la Lacédémonienne avait
dépouillé l'autre, et l'infeste, l'assiège, le blesse avec le
noir essaim des maladies ? Que quelque savant Machaon,
plus puissant que les dieux et les destins, aille trouver mon
cher malade et porte sur lui ses mains guérissantes, et que
par lui les graves douleurs d'Aléandre disparaissent complètement : c'est ce que je demande pour toi à la divinité.
J'aurais accompli avec grand plaisir et rapidement ce que
tu me demandais, et j'aurais joué le rôle de Talthybius (1),
mais cet abbé devin que tu voulais consulter m'est complètement inconnu. Et même les autres devins de ce genre
qui étaient autrefois très nombreux chez nous, n'existent
plus, car ils ont été expulsés complètement et radicalement
comme le plus terrible fléau de notre foi. S'il y en a, ils
n'osent se dire tels et se cachent. Et certes je ne pense pas
qu'il faille consulter des devins de cette espèce qui ne sont
que de mauvaises bêtes, car les consultations impies que

(1) Talthybius, héraut d'Agamemnon, souvent mentionné dans
l'Iliade (cf. Theil et Hallez d'Arros, *Dictionnaire complet d'Homère et des Homérides*, Paris, Hachette, 1841, p. 615). Ses descendants ont longtemps fourni des hérauts à Sparte où il était honoré
comme un demi-dieu.

Dieu maudit, sont funestes au chrétien qui les suit. Pourquoi t'imagines-tu avoir été ensorcelé ? Parce qu'une diète
rigoureuse n'a pas réussi ? Toute autre est la cause de ta
maladie. Et laquelle ? A coup sûr un usage immodéré et
inopportun des médicaments depuis ta jeunesse même, je
le dis d'après toi. Tu te sers trop des médecins. Ceux-ci
s'efforcent de rendre les forces de l'intelligence et de la
mémoire plus vives par différents remèdes ; mais ils attei-
gnent les autres parties du corps par ces poisons fréquents,
au point que, pénétrées plus qu'il ne faudrait par un liquide
trop vif, elles dépérissent. Il n'y a là rien d'étonnant : une
goutte d'eau, et il n'y a rien de plus mou, creuse les durs
rochers, non par sa force, mais par la fréquence de sa chute;
le fer plus dur encore s'use par un usage fréquent ; un
anneau de fer se ronge par un usage continu. Il n'y a rien
enfin que n'altère un emploi trop répété. Tu es toi-même la
cause de ta maladie. Je désire que tu reçoives mes avis
avec bienveillance.... Enfin, pour terminer, écris-moi souvent, car je désire tes lettres en souvenir de notre amitié
et de notre société intime. Salue de ma part mon cher
maître Le Febvre d'Etaples. Porte-toi et aime-moi bien. En
courant, à Ravensbourg, en Souabe, la veille des calendes
de novembre 1512.

Michel Hummelberger donne à Aléandre des conseils
fort sages sur le crédit qu'un chrétien peut accorder aux
sorciers. Il paraît défendre l'honneur de l'Allemagne, et
sans doute de la Souabe en particulier, lorsqu'il affirme
que les sorciers ont radicalement disparu de son pays. Il
a l'air de croire que la bulle expédiée par Innocent VIII,
le 5 décembre 1484, contre les sorciers d'Allemagne,
avait immédiatement mis fin à leurs pratiques. Mais la
diffusion de la sorcellerie, aussi bien dans les pays

catholiques que dans les pays protestants, fut considérable en Allemagne pendant toute la durée du seizième siècle (1).

****

De ces deux lettres d'Aléandre et de Michel Hummelberger un fait se détache très nettement, c'est qu'Aléandre était malade et toujours souffrant.

Quelle était cette maladie, si forte vers la fin de ce second séjour parisien, qu'elle semble avoir empêché Aléandre de continuer à se livrer à l'enseignement ?

Le *Journal* d'Aléandre nous permet de répondre avec certitude à cette question. On lit, en effet, dans les souvenirs consignés par Aléandre sur des *Ephémérides* de Jean Müller de Kœnigsberg (2), sous la date du 7 décembre 1501, une note qu'il rédigea le 6 novembre 1525 et qu'on semble s'être, pour ainsi dire, refusé à lire jusqu'ici :

Οὐ καλῶς μέμνημαι εἰ ταύτῃ τῇ ἡμέρα, ἢ 6, ἢ 8, ἀλλ' οἶμαι 6, ἐν Καπρό-λαις, λιμένι Ἐνετίας, ἔγνων Αἰκατερίνην τινὰ Ἰλλυρικὴν, ἅπαξ, ὅθεν ἐξλάθην

(1) Jean Janssen, *La civilisation en Allemagne depuis la fin du moyen-âge jusqu'au commencement de la guerre de Trente ans*, Paris, Plon, 1911, t. VIII, p. 515 et suiv.; Louis Pastor, *Histoire des papes depuis la fin du moyen-âge*, Paris, Plon, 1911, t. V, p. 336-339. Cf. aussi sur la sorcellerie à cette époque, Aristide Dey, *Histoire de la sorcellerie au comté de Bourgogne*, dans les *Mémoires de la commission archéologique de la Haute-Saône*, t. II, 2ᵉ livraison, p. 1. La Franche-Comté fut jusqu'en 1678 terre d'Empire.

(2) Bibliothèque nationale de Paris, Mss., nouv. acq. lat. 563.

τὴν ψωλὴν (1), καὶ ἠρξάμην ἀσθενῶς ἔχειν, καὶ ὠχριᾶν καὶ… γενέσθαι, εἰ καὶ μὴ πάνυ ἐπεμελούμην· ἐν δὲ ἐπομέναις ἡμέραις, καὶ οἶμαι ἐν μηνί, ἤλγησα ὅτι μέγιστα τὴν κεφαλήν, καὶ ἀνέφυ ἕλκος ἐν μετώπῳ καὶ ἕλκη τινα μικρὰ καθ᾽ ὅλην τὴν κεφαλήν, ὅθεν ἔλεξαν τινὲς νοσεῖν με τὴν κελτικὴν λεγομένην νόσον, εἰ καὶ ἐν βραχεῖ καὶ ῥᾳδίως διὰ λεῖα φάρμακα ὑγιὴς ἐξέφανην ἄνευ τινος χρίσματος. Ῥάστη γὰρ ὑπῆρξε μοι αὕτη ἡ νόσος, ὥστε καὶ πλείστους λέγειν μὴ εἶναι τοιαύτην νόσον, ἐγὼ δὲ κὰι οἶμαι γενέσθαι καὶ μὴ ἄλλην κὰι αἴτιον μοι καταστῆναι πολλῶν ἄλλων καὶ κακῶν παθημάτων, καὶ οὐχ ἥκιστα τῶν ἑλκῶν, ὧν ἐξ ἤδη ἐνιαυτοὺς ἐν κεφαλῇ πάσχω μέχρι τοῦ σήμερον, 6 νοεμβρίου 1525, ἐν ᾗ ταῦτα ἔγραψα· ἔσται καλῶς, τῷ Θεῷ χάριτας (2).

[7 décembre 1501] Je ne me souviens pas bien si ce fut ce jour [de décembre], ou le 6, ou le 8, mais il me semble que ce fut le 6, je « connus » une seule fois, à Caorle, port de la Vénétie, une Illyrienne du nom d'Ekatériné *unde laesus fui penem* (3). Je commençai à me porter mal, à pâlir et à devenir….. si je ne m'étais sérieusement soigné. Dans les jours suivants et, je crois, pendant un mois, je souffris infiniment de la tète ; j'eus une plaie au front et d'autres petites plaies par toute la tète. Aussi me disait-on que j'avais la maladie qu'on appelle le mal français, quoique en peu de temps et facilement je parusse bien portant grâce à des remèdes doux, et sans aucune onction. Cette maladie eut chez moi des débuts très bénins, si bien que la plupart

(1) « Ψωλή, ῆς (ἡ), le gland de la verge (Aristophane, *Lysistrata*, 143 ; *Les oiseaux*, 560), de ψωλός, circoncis (Aristophane, *Les oiseaux*, 507 ; *les Chevaliers*, 964) » (Bailly, *Dictionnaire grec-français*, Paris, Hachette, 1899, p. 2178). — « Ψωλή, ῆς (ἡ), denudata glans penis a ψωλός, οῦ (ὁ), verpus, apella, recutitus » (Cornelii Schrevelii *Lexicon manuale graeco-latinum*, editio novissima, accurante J. Ph. Jannet Bibliopola, Lutetiae Parisiorum, Delalain, 1806, p. 1240).

(2) Omont, *Journal autobiographique du Cardinal Jérôme Aléandre* (1480-1530), publié d'après les manuscrits de Paris et Udine, Paris, Imprimerie Nationale, 1895, p. 9. Ce serait accomplir une œuvre vraiment utile à l'histoire de l'Humanisme et de la Réforme que de traduire littéralement cet intéressant *Journal*.

(3) Nous traduisons en latin quelques mots du grec.

disaient que ce n'était point le mal français. Pour moi, je pense que c'était bien cette maladie, et non une autre, et qu'elle a été pour moi la cause de beaucoup d'autres maux, et surtout des plaies dont depuis déjà six ans je souffre à la tête jusqu'à ce jour, 6 novembre 1525, où j'ai écrit ces lignes. Tout ira bien ; grâces à Dieu !

Ainsi, nous l'apprenons d'Aléandre lui-même, il avait été victime, dans un petit port de la Vénétie, à Caorle, — *Caprulae* (1), — d'une Illyrienne qui portait le nom à forme slave d'Ekatériné (2). Il l'avait « connue » une fois, et elle lui avait communiqué le fameux « mal français », κελτικὴ νόσος. Cette mésaventure devait peser lourdement sur Aléandre, le réduire pendant des années à un état maladif sur lequel les notes de son *Journal* nous renseignent surabondamment. Il souffrait encore, écrivait-il en 1525, des suites de cet accident. On n'avait pas laissé de remarquer à Paris qu'Aléandre était souvent gravement malade. Jean Kierher écrivait en Juin 1512, à Michel Hummelberger : *Quid monstri alat intus, nescio*, — « Je ne sais quel mal monstrueux Aléandre nourrit en lui ». Kierher nous apprend ainsi

(1) Caorle, *Caprulae*, est un port de la Vénétie où Aléandre s'arrêta sans doute un instant en revenant de la mission dont il avait été chargé en cette année 1501 par le pape Alexandre VI qui lui avait ordonné de porter en Hongrie 13332 ducats. Cette petite ville n'est pas bien éloignée de Motta di Livenza, la patrie d'Aléandre et se trouve à l'embouchure de la Livenza.

(2) *Ekatériné* est l'équivalent de l'italien *Caterina* et du français *Catherine*. On peut rapprocher d'*Ekatériné* les noms des villes russes *Ekatérinoslav*, « la gloire de Catherine », *Ekatérinopol*, *Ekatérinogradsk* « la ville de Catherine », *Ekatérinodar*, « le don de Catherine ». Ce nom de *Catherine* vient de καθαρά « pure », « nette », « sincère ». La jeune Illyrienne avait sans doute oublié d'être ce qu'elle devait être d'après son nom ou son prénom.

que, si la cause de cette mauvaise santé échappait peut-être à ses disciples et à ses auditeurs, cette mauvaise santé était bien réelle.

On sait que le « mal français », comme disaient les Italiens, le « mal napolitain », comme disaient les Français, était alors fort répandu, aussi bien en Italie (1) qu'en Allemagne (2). Fracastor, de Vérone, écrivit sur ce sujet difficile un poème latin (3) qu'il dédia à Bembo, et Ulrich de Hutten qui devait lancer en 1521 les *Invectivae tres in Hieronymum Aleandrum*, écrivit aussi sur ce mal dont il souffrait (4).

Il faut dire, pour garantir quelque peu Aléandre des jugements sévères qu'on pourrait porter ici sur la conduite d'un homme qui devait tenir une si grande place dans la vie religieuse de son siècle, qu'il n'était point encore entré dans la cléricature, puisqu'il ne fut ordonné (5), du moins quant aux ordres mineurs, que pendant son séjour en France.

(1) Les médecins italiens écrivirent alors beaucoup sur ce mal : Casp. Torella, *Tractatus cum consiliis circa pudendagram*, Romae, 1497 : Nicolaus Leonicenus, *Libellus de morbo gallico*, Venetiis, 1497 ; Scanaroli, *Disputatio de morbo gallico*, Bononiae, 1498 ; Aloysius Luisinus, *De morbo gallico omnia quae exstant collecta*, Venetiis, 1566, 2 vol. in-fol.

(2) Jean Janssen, *libr. cit.*, t. VII, p. 385 et suiv.

(3) *Syphilidis, sive de morbo gallico, libri tres*, Vérone, 1530, in-4°.

(4) Marc Monnier, *La Renaissance de Dante à Luther*, Paris, Didot, 1884, p. 446.

(5) « Tous les ordres ensemble ne font qu'un seul sacrement de l'ordre » (L'abbé Jaquin, *Dictionnaire de Théologie*, Paris, Firmin Didot, 1858, p. 402). — C'est dans ce sens très large que nous avons employé, dans un passage précédent, le mot *ordonné*.

Les notes autobiographiques d'Aléandre font, à diverses reprises, nettement allusion à cette maladie. Dans l'une d'elles, il a, immédiatement, et brièvement, consigné le moment initial de son mal :

7 vel 6 decembris [1501], Caprulis, κελτικὴ νόσος (1).

Dans une autre, il a mentionné le triste état de débilité où il fut tout d'abord réduit :

1502, mense Januario, petii Mottam, curaturus valetudinem, ubi mansi fere tota aestate et autumno inglorius et deses (2).

A un autre endroit, il rappelle un médecin de Venise, Francesco de Brescia, spécialiste, sans doute, pour ces affections :

Φράγκισκος Βριξιεὺς, παχὺς ἀνὴρ καὶ ἐπιμήκης ἰατρὸς τῆς λεγομένης κελτικῆς νόσου, Ἐνετίησί ποτε διάγων.

Plus tard, au moment, ou à peu près, où il rédigeait la longue note grecque citée plus haut, il relatait en quelques mots qu'il cessait de boire des décoctions de gayac (3), remède fort employé à cette époque contre le *morbus gallicus* et dont il usait sans doute depuis longtemps, pour se mettre à l'eau de coriandre (4) :

(1) Omont, *Journal*..., p. 38.

(2) Omont, *Journal autobiographique*, p. 43.

(3) Ulrich de Hutten, « conseillé par ses amis et dans l'espoir de se débarrasser enfin d'une maladie devenue chronique, but des décoctions de bois de gaïac et, joignant à la pratique la théorie, il écrivit un traité : *De Guajaci medicina et morbo gallico* ».

(4) Omont, *Journal*..., p. 48.

29 decembris [1525], cessavi bibere guaiacum (1) et cœpi bibere aquam e coriandro (2).

A ce moment il faut placer, je pense, quelque accident plus grave sur lequel on n'est pas exactement renseigné, dans cette santé déjà si troublée, accident qui dut beaucoup influer sur la carrière ultérieure d'Aléandre. Ses élèves étaient toujours très nombreux. Il faisait ses conférences publiques dans une vaste salle et il les faisait sans doute d'une manière persistante et continue avec flamme, avec passion. Un jour il força tellement sa voix qu'un vaisseau de sa poitrine se rompit, et il fut obligé de renoncer pour longtemps, pour toujours à l'enseignement (3). Voilà ce qu'ont raconté Boxhorn

(1) « Le gayac, jasmin d'Afrique, *guaiacum officinale*, famille des rutacées. Arbre qui croît aux Antilles et à la Jamaïque. Son bois est dur, pesant, d'un jaune verdâtre qui brunit à l'air, d'une saveur âcre, amère, résineuse, d'une odeur aromatique. La résine est dure, brun verdâtre et se colore en bleu par l'air ozonisé. On emploie le bois râpé et la résine comme antigoutteux, antirhumatismal, antiscrofuleux, dans les maladies de la peau, et surtout dans les maladies syphilitiques rebelles ».

(2) La coriandre, *coriandrum sativum*, est « une plante haute de 50 à 60 centimètres ; sa tige est lisse et rameuse ; ses feuilles sont très divisées et ses fleurs en ombelles terminales sont blanches ou rosées. On emploie la semence qui est jaunâtre, grosse comme un grain de poivre et qui possède, lorsqu'elle est sèche, une odeur aromatique agréable ; fraîche, cette semence possède au contraire une odeur de punaise. Comme l'anis et l'angélique, les semences de coriandre sont employées comme excitant stomachique et carminatif dans les digestions difficiles, les coliques et les flatulences ».

(3) Du Boulay, *Historia universitatis Parisiensis*, Parisiis, apud Petrum de Bresche, 1673, t. V : « Cum autem ob scholae ampli-

dans ses *Elogia* et du Boulay, dans son *Histoire de l'université de Paris*. Les notes autographes ne confirment point cette version héroïque. Vatable, dans une préface dont nous allons donner à l'instant la traduction, et Aléandre lui-même, dans la préface d'un petit manuel de langue grecque qu'il allait peu après publier, ne s'expriment qu'en termes assez vagues sur les causes de cet enseignement interrompu.

*
* *

C'est à cette époque que parut sans doute la réimpression de la grammaire de Chrysoloras, chez Gilles de Gourmont. Tissard, avec le concours de cet imprimeur, avait déjà procuré en 1507 cet ouvrage au public étudiant; mais l'édition s'était épuisée. Aléandre, malade, ne pouvait mettre la dernière main à cette réédition. Ce fut l'un de ses élèves, l'illustre François Vatable (1),

---

tudinem discipulorumque frequentiam vocem altius tollere coactus fuisset, venam pectoris abrupit regendique prouinciam deponere coactus est ». — *Monumenta illustrium virorum et elogia*, cura ac studio Marci Zuerii Boxhornii, Amstelodami, apud Joannem Janssonium, anno 1638, p. 54-55 : « Graecas et Latinas literas Lutetiae professus, ex vehementi vocis intentione rupta in pulmone vena periculum vitae adiit. Itaque eo vitae genere relicto...» — Vatable, dans la préface que nous allons traduire : «.... quum Hieronymus prae nimio litterarum studio cui plus satis deditus est, forte mala in adversam valetudinem incidisset...» — Aléandre, dans la préface de ses *Tabulae* : «......ita et nos per plusculos jam dies intermisimus lectiones ».

(1) Vatable ou plutôt Wattebled ou Gastebled (François), né à Gamaches, petite ville de Picardie. Il se rendit si habile dans le grec et l'hébreu qu'il fut choisi pour être professeur au Collège royal (Cf. Moréri, *Le gr. dict. hist.*, éd. de 1699, t. IV, p. 649). Il

qui termina le livre et le présenta au public littéraire, non sans rappeler chaleureusement le souvenir de son maître :

François Vatable à Barthélemy Doria, très noble jeune homme, fils de Luc Doria, chevalier de l'ordre de la Toison d'or, salut.

Quel excellent caractère tu montres, très noble Barthélemy, la plupart de ceux qui te connaissent, ceux surtout qui te sont liés par les attaches du sang ou par un commerce habituel, l'admirent. Parmi ces derniers on peut donner la première place à Augustin Grimaldi, l'évêque de Grasse, ton oncle bien-aimé qui est au-dessus de tout éloge et qui est un resplendissant modèle de vertus et d'érudition. Sous sa conduite et ses auspices, tu as été conduit, après un long voyage, à cette Université, afin que tu puisses te donner activement aux études et achever heureusement ce que ton heureux naturel avait commencé. Tu t'es donné de toute l'ardeur de ton esprit aux lettres romaines, et tu ne parais pas moins cultiver et admirer les lettres grecques. C'est avec raison que tu penses que les monuments laissés

fut abbé commendataire de l'abbaye de Bellosane (Cf. *Gallia christiana*, éd. de 1656, t. IV, p. 145), de l'ordre des Prémontrés, en 1513 et mourut en 1547 : « Franciscus Vatable seu Guestebled, celebris in Academia Parisiensi Hebraicae linguae professor regius, abbatiam adiit anno 1543 quam, morte interveniente, dimisit anno 1547 » (*Sacri et canonici ordinis Praemonstratensis annales in duas partes divisi, pars prima monasteriologium sive singulorum ordinis monasteriorum singularem historiam complectens, tomus I, Nanceii, apud viduam Joan. Bapt. Cusson et Abelem Dionysium Cusson*, 1734, p. 287-288). Cette abbaye de Bellosane a eu d'illustres abbés : Amyot succéda à Vatable et elle fut offerte à Pierre de Ronsard qui la résigna bien vite. Il est étonnant que M. Renan, dans son *Histoire générale des langues sémitiques*, t. I, p. 167, jetant un coup d'œil sur l'histoire de l'étude et de l'interprétation de l'hébreu, n'ait pas daigné mentionner le nom de Vatable. Cf. encore sur Vatable, Scevole de Sainte-Marthe, *Eloges des hommes illustres*, mis en français par G. Colletet, Paris, 1644, p. 53-54 et 221.

par nos auteurs [latins], et par les plus illustres de ces auteurs, à la postérité, sans l'aide des lettres grecques, ou sont jusqu'ici restés dans l'obscurité, ou sont mal compris, ou bien tout à fait oubliés. Qui serait assez osé pour regarder, je ne dirai pas lire, sans ce secours Priscien, Pline, Sénèque ou Quintilien qui veut même que l'orateur qu'il entreprend d'« instituer », commence par l'étude du grec, et les autres auteurs de ce genre ? Aussi est-il arrivé qu'en France, jusqu'à notre époque, et les meilleurs auteurs et la Philosophie même qui est toute grecque, et la Théologie sont restés dans les ténèbres et y dépériraient encore si, par quelque volonté de la divinité, j'imagine, la république des lettres n'avait trouvé une aide dans la venue en France de Jérôme Aléandre, homme comblé, en vérité, de toutes les sciences et de toutes les vertus, mon maitre que je devrai toujours vénérer, et que personne n'a jamais assez loué. Il s'efforce maintenant d'illustrer la France par ses doctes leçons, tant privées que publiques, en l'une et l'autre langue. Il a voulu surtout aider les étudiants auxquels la plupart du temps une destinée splendide ne sourit pas, en faisant imprimer de petits livres grecs dont l'absence absolue se faisait sentir parmi nous. Il a mis à cette œuvre une telle activité que par la suite notre France pourra ne pas envier à l'Italie sa culture littéraire. Mais, sur ces entrefaites, les libraires demandaient par des instances presque journalières que les *Erotemata* de Chrysoloras qui, imprimés déjà, sont devenus très difficiles à trouver, fussent imprimés, sous la direction d'Aléandre dans un caractère un peu plus soigné. On lui demandait aussi de corriger les fautes qui surviendraient dans l'impression. Mais Aléandre, à cause de son trop grand amour pour les lettres auxquelles il s'est dévoué avec plus d'ardeur qu'il n'aurait fallu, tomba malheureusement malade. Cette mission, Aléandre me l'a confiée, non pas parce qu'il a foi dans ma science, mais dans mon exactitude et mon acti-

vité. Par cet accommodement il ne cessait pas du moins
d'être utile à la jeunesse avide des belles-lettres. Je n'aurais
jamais entrepris cette tâche si lourde pour mes épaules,
si elle m'avait été confiée par quelque autre. Une autre
raison s'est encore ajoutée qui m'a amené plus facilement
à le faire, c'est que je ferais une œuvre qui serait agréable
à toi dont je place l'éducation, qui m'a été confiée par tes
parents, au nombre de mes plus grands bonheurs, et aux
autres personnes curieuses de grec, si cette grammaire arrivait, soit dans tes mains, soit dans celles d'autres personnes,
aussi correcte que possible. Quelle que soit la valeur de ce
petit ouvrage qui t'est dédié, très noble jeune homme, je veux
que tu l'agrées avec des sentiments semblables aux miens.
J'entreprendrai plus et je ferai mieux si je vois que ce
travail a un heureux succès. Adieu. De Paris, le 4 des
calendes de juin.

Augustin Grimaldi, évêque de Grasse, abbé de Lérins
et conseiller du roi, dont il est question dans cette préface de Vatable, était le fils puîné de Lambert Grimaldi,
prince de Monaco, et de Claude Grimaldi, héritière de
la même principauté (1). Il était l'ami particulier des
cardinaux Bembo et Sadolet, et savait les belles-lettres

(1) On trouvera dans le Frater Thomas Illyricus, *Clypeus ecclesiae in Lutheranas haereses*, Taurini, Antonius Ranotus, 1524,
in 4°, f° III. v°, une lettre : « *Reuerendo domino.....Augustino
Grimaldo Grassensi Episcopo nec non et Monachi domino* »
et à la fin de ce livre une épigramme *In operis Autorem et
reuerendum Augustinum Grimaldum, Grassensem Episcopum, impensarum impressionis elargitorem.* — Dans le Thomas Illyricus, *Libellus de potestate summi pontificis*, Taurini,
Johannes et Bernardinus de Silva, 1523, in-fol., f° 158 : « *Frater
Masseus de Fruzascho. Regionis Pedemontanae Domino
Augustino Grimaldo. Grassensi Episcopo, P. S. D.* » (Cf. Pellechet, *Catal. de la bibl. d'un chanoine d'Autun*, dans les
Mémoires de la Société Eduenne, t. XVIII, p. 191-195).

et la théologie. La sœur d'Augustin Grimaldi, Francesca Grimaldi, dame de Dolceaqua, s'était mariée à Luc Doria qui eut pour fils ce Barthélemy Doria, cet élève dont Vatable nous dit tant de bien, et qui devait avoir une vie étrangement accidentée.

Barthélemy Doria qui n'est pas ce « Barthélemy d'Auriac », sorte de cadet de Gascogne dont on a parlé (1), tua, en 1523, son oncle Lucien Grimaldi, prince de Monaco. L'évêque de Monaco supporta avec peine la mort de son frère.

Dans une lettre à Sadolet (2), Grimaldi nous montre l'extrême douleur où son neveu, Barthélemy Doria, l'avait plongé en assassinant Lucien Grimaldi : « Qui aurait pu, dit-il, être assez préparé et assez prémuni pour ne pas être bouleversé du moins par le genre même de barbarie et une cruauté inouïe, s'il ne l'avait pas été par la perte infiniment douloureuse d'un frère unique ? Je ne pense pas qu'il puisse y avoir une prudence, une sagesse qui ait assez de forces pour supporter avec modération cette effroyable douleur. Pour ne pas renouveler cette cruelle blessure en rappelant l'atrocité de ce crime, je veux songer à moi-même et à mes propres malheurs.... » (3).

Augustin Grimaldi voulut punir le meurtrier. Ayant appris que Barthélemy Doria s'est enfermé dans son

(1) J. Paquier, *Jérôme Aléandre*, Paris, Leroux, 1900, p. 68 et 93.

(2) Voir le texte entier de cette lettre à l'appendice.

(3) Gregorii Cortesii, monachi Cassinatis, S. E. Cardinalis, *Omnia quae huc usque colligi potuerunt sive ab eo scripta, sive ad illum spectantia*, Patavii 1774, pars II, p. 112.

7

château de Penna, non loin de Vintimille, l'évêque de
Grasse réunit six cents hommes, investit la petite forteresse, contraint Barthélemy Doria à se rendre et le
conduit aussitôt à Monaco. Le 13 juillet 1525, Barthélemy Doria subissait la peine de mort (1).

(1) Voici sur ces faits quelques renseignements :

« Lucien Grimaldi meurt assassiné par son propre neveu sur la
fin de l'année 1523. Barthélemy Doria, sous prétexte de demander
à Lucien ce qui lui revenait de sa mère Francesca Grimaldi, avait
eu une altercation dans la salle basse du château [de Monaco] et, en
se défendant, dit-il, avait assassiné son oncle. Les documents sont
précis. Il y avait eu préméditation de la part de Barthélemy :
c'est évident. André Doria, amiral de François Ier, n'avait pas été
étranger à ce forfait, et on pourrait même y voir plus qu'un crime
de famille. Nous n'avons pas ici à examiner cette question. Madame
de Vence, fille unique de Jean de Grimaldi, et Madame de Tour-
rette Vence n'auraient-elles pas connu toute l'affreuse vérité de
ces drames mystérieux, et le complot du fils de leur autre sœur,
Francesca de Grimaldi, dame de Dolceaqua ?
A la première nouvelle de l'assassinat de Lucien, Augustin partit de Grasse, s'embarqua à Antibes avec des serviteurs dévoués,
et, évitant les galères de Doria qui croisaient dans ces parages, il
aborda heureusement à Monaco. A lui revenait la succession.
D'ailleurs les deux enfants nés à Lucien d'Anne de Pontevès,
François et Honoré, étaient en bas-âge. Les Monégasques accueilli-
rent l'évêque-seigneur comme un libérateur ; et lui, suivant le
testament de sa mère, se fit reconnaître pour souverain du pays.
Décidé à repousser les Français et les Doria de Monaco, il rompit
de cœur et d'âme avec André Doria... A peine le pape Clément VII,
compatissant à sa douleur fraternelle, lui eût-il accordé la permission de gouverner Monaco que notre prélat, avec l'ardeur d'une
âme toute méridionale, dit M. Métivier, se porta tout entier à la
vengeance de la mort de son frère. On le vit courir en armes sur
les hauteurs de la Turbie. — Barthélemy Doria avait été reçu sur la
terre de France, puis sur celle de Savoie. Augustin mit ses hommes
en campagne, fit des perquisitions de tous côtés, demanda justice
au duc de Savoie, à François Ier, à Charles-Quint qui tous lui pro-
mirent de lui livrer l'assassin. Mais Charles-Quint se montra le
plus empressé et pour cause. — Augustin, s'adressant à la Chambre
impériale de Spire, disait déjà que, s'il avait un protecteur, c'était
dans son souverain naturel de qui ressortissait seulement la cité
de Monaco. Charles-Quint ordonna, par lettres datées de Tordesillas,
3 novembre 1523, de rechercher le meurtrier dans toute l'étendue

Alors qu'il n'espérait pas s'emparer ainsi de son neveu, Augustin Grimaldi l'avait poursuivi devant la Chambre impériale de Spire. Afin de se concilier la faveur de ce tribunal, il s'était efforcé d'obtenir les bonnes grâces de Charles-Quint et avait mit la princi-

de son empire. François Ier n'écrivit que le 28 février 1524. Barthélemy Doria, de son côté, dans un mémoire justificatif, prétendit n'avoir agi qu'à son corps défendant. Il dit qu'ayant déclaré à son oncle que la seigneurie revenait de droit à Madame de Vence, Lucien s'emporta et voulut le tuer, et qu'alors il riposta.

Il paraît que Madame de Vence, craignant probablement le poison, écrivit à Augustin Grimaldi de ne pas croire un seul mot de l'assassin en le conjurant de poursuivre les meurtriers de son oncle. On fit courir le bruit qu'André Doria avait voulu ajouter Monaco aux Etats de Gênes et qu'il en avait promis le gouvernement à Barthélemy Doria. André Bonnivet qui commandait en Italie, avait, dit-on, très bien accueilli le criminel...»

La guerre de la rivalité entre Charles-Quint et François Ier éclata alors. Augustin Grimaldi laissa les Impériaux opérer, comme ils le voulurent, sur le territoire de Monaco. André Doria bombarda Menton où il savait qu'Augustin Grimaldi se trouvait. Une bombe éclata près du seigneur-évêque et faillit lui ôter la vie.

Augustin Grimaldi apprend que Barthélemy Doria, à la faveur des préoccupations générales, s'est enfermé dans son château de Penna, non loin de Vintimille. L'ardent prélat réunit six cents hommes, dit M. Métivier, et investit si rapidement et si vivement la petite forteresse que Doria se rendit à discrétion et fut conduit aussitôt à Monaco. Ses châteaux de la Penna et d'Apricale furent démantelés. Son procès s'instruisit tout aussitôt.

Le pape Clément VII écrivit, le 27 avril 1525, à Augustin pour l'exhorter à pardonner. Le cardinal Sadolet joignit sa prière à celle du Souverain Pontife :

« Venerable frère, lui dit le pape, salut et bénédiction apostolique. — Le pape, comme vicaire de Jésus-Christ, doit donner l'exemple de la miséricorde, et vous-même, comme évêque et comme prêtre, vous y êtes également obligé. Barthélemy est votre neveu. Il s'est rendu à discrétion. Pardonnez...».

Ce fut inutile. Le pape lui-même n'eut pas de prise sur ce caractère inflexible. Le 13 juillet 1525, Barthelemy Doria subit la peine de mort.

Augustin Grimaldi fut comblé d'honneurs et de titres par son nouveau maître, il eut tous les biens de Barthélemy Doria, fut évêque de Majorque, évêque d'Oristano, en Sardaigne, mais en pauté de Monaco dont il était le souverain, sous la protection de l'Espagne. François Iᵉʳ, irrité de ces actes de déférence envers Charles-Quint, avait dépouillé Augustin Grimaldi de tous les biens et de toutes les dignités qu'il avait en France. Charles-Quint lui donna l'évêché de Majorque, l'archevêché d'Oristano, en Sardaigne, et le fit désigner pour le chapeau de cardinal. Il mourut subitement le 14 avril 1532, dans son palais de Monaco, — empoisonné, à ce que plusieurs ont pensé.

A peu près au moment où Vatable publiait ces *Erotemata* de Chrysoloras qu'il dédiait à cet élève dont la destinée devait être si tragique, en 1512, Alde publiait aussi ce même ouvrage sur les conseils du Crétois Marc Musurus « qui professe maintenant à Venise les lettres grecques devant un auditoire nombreux toujours et sérieux », comme l'attestait Alde dans sa préface à César d'Aragon, — *Caesari Aragonio* (1).

France tous ses biens furent séquestrés, et il ne put jamais remettre le pied soit à Grasse, soit à Lérins.

(L'abbé Tisserand, aumônier du Lycée de Nice, *Etudes historiques sur quelques personnages célèbres du Midi sous Charles VIII, Louis XII et François Iᵉʳ. —* Chap. 1 : *Augustin de Grimaldi, évêque de Grasse, abbé de Lerins, seigneur de la Tour Saint-Honoral, Cannes et autres pays, souverain de Monaco, et ses agents, les comtes de Gallières (1499-1532),* dans les *Mémoires de la Société des Sciences naturelles, des Lettres et des Beaux-Arts de Cannes,* t I (1868), Cannes, Imprimerie L. Maccarry, 1869, p. 22-29).

(1) Voici le titre exact de cette édition aldine: *Erotemata Chrysolorae. De anomalis verbis. De formatione temporum, ex libro Chalcondylae. Quartus Gazae de constructione [liber]. De Encliticis. Sententiae monostichi ex uariis poetis.* A la fin du recueil : *Veneliis, in aedibus Aldi, M. D. XII.* (Bibl. Nat., X + 284 A). — Alde, dans sa préface, dit de Chrysoloras : *Primus juniorum reportauit in Italiam literas graecas.*

**

***

A l'influence combinée de Jérôme Aléandre et de François Vatable se rattache la publication, par un jeune étudiant, le plus brillant et le plus aimé des élèves d'Aléandre dont nous avons déjà cité le nom, l'Orléanais Charles Brachet, d'une édition des *Dialogues*, — les *Dialogues des dieux*, les *Dialogues marins*, les *Dialogues des morts*, — de Lucien. Cette publication se fit chez Gilles de Gourmont, soit à la fin de 1512, soit dans les premiers mois de 1513. A cette époque Charles Brachet se préparait à quitter son maître pour aller faire à Orléans ses études de droit. Il le quitta, en effet, le 27 juillet 1513. Avant son départ, il donna, malgré sa jeunesse, quelques leçons publiques de grec, ainsi que l'atteste Aléandre dans son *Journal* (1) et que Charles Brachet le confirme lui-même dans la lettre dédicatoire que nous allons traduire (2). Il prit sans doute l'explication de Lucien pour sujet de ses leçons. Il dédia à François Deloynes (3), son compatriote, l'un des ama-

---

(1) *Journal*..... : « Mihi maximum honorem publice graecas litteras profitendo comparavit flos juventutis Gallicae delibutus » (p. 22).

(2) Charles Brachet, dans cette préface, dit : «.....Labores quos in praelegendo patiemur....».

(3) On trouve une pièce de vers adressée en 1514, dans son édition des *Commentaires* sur Lucrèce de Giovanni Battista Pio, une pièce de vers de Josse Badius à François Deloynes : *Jodocus Badius Ascensius Francisco Deloino Regio Consiliario prudentissimo et omnis literaturae peritissimo* (Ph. Renouard, t. I, p. 171, et t. III, p. 28). François Deloynes fut le grand ami de Budé qu'il soutint dans la composition et engagea à la publication de ses travaux. Il était Orléanais ; il avait même été docteur régent à

teurs de littérature ancienne les plus éclairés du temps, cette édition de Lucien :

Charles Brachet à François Deloynes, excellent et très savant docteur en l'un et l'autre droit et très distingué conseiller au Parlement de Paris.

J'avais souhaité par de grandes prières et de grands vœux qu'il me fût enfin accordé de te donner un témoignage de ma reconnaissance, si faible qu'il fût, pour tant et de si grands bienfaits. Si une bonne terre doit des moissons au bon agriculteur, si le laboureur lui-même doit une couronne d'épis à Cérès, si le vigneron doit les premières grappes à Bacchus, ces dieux auxquels la superstitieuse antiquité a attribué non seulement ces découvertes remarquables, mais encore les honneurs divins, pourquoi les prémices de mes travaux ne te seraient-elles pas dues à bon droit, à toi que je considère dans toutes les études comme un excellent conseiller et un heureux instigateur, mais particulièrement pour les lettres grecques sans lesquelles, je le sens enfin maintenant, toutes les autres études sont incomplètes, comme mon guide et mon maître. Je me rappelle, je me rappelle fort bien et je ne saurais jamais le nier, que l'année précédente quelques méchants discoureurs et surtout des gens envieux de mon bonheur s'efforçaient de persuader à mon père de ne pas me faire instruire dans les lettres grecques. Avec quel courage et, en même temps, avec quelle sagesse tu t'es opposé à leurs efforts et tu as réfuté tout seul leurs criailleries et leurs vaines raisons ! S'appuyant sur tes conseils, mon père qui ne fait pas moins de cas de tes avis que de quelque volonté des dieux ou de

l'Université d'Orléans. Il vint, en 1500, à Paris, comme conseiller au Parlement. En 1522 il devint président aux Enquêtes, et mourut en 1524 (Cf. L. Delaruelle, *Guillaume Budé* (1468-1540), Paris, Honoré Champion, 1907, p. 66 et *passim*).

quelque oracle, a émoussé les traits de ceux qui l'attaquaient constamment, et persévéra avec beaucoup de fermeté dans sa très respectable décision. Il y devait demeurer
jusqu'à ce qu'après mon enfance, je fusse propre à entreprendre les études de droit qui réclament un âge plus mûr.
Il ne le fit point sans tes conseils inspirés de la divinité. Il
t'a, en effet, souvent entendu dire qu'ils perdaient leurs
peines, ceux qui, sans avoir lavé leurs pieds, c'est-à-dire
sans avoir pris connaissance des lettres et des humanités,
osent toucher aux lois romaines qui surpassent tout par
l'élégance, la précision, la propriété du langage. On ne peut
que t'en croire, car, parmi nos contemporains, tu possèdes
de haute main la première place dans l'un comme dans
l'autre de ces genres d'études. Aussi pour cette raison
même la dédicace de ce livre paraît encore t'être due tout
à fait à bon droit. Il nous est permis d'ériger un trophée à
l'occasion de la défaite de nos ennemis, bien plus de triompher complètement d'eux. Nous leur offrons le lacet pour
s'étrangler, et nous leur faisons la nique. Qu'ils crèvent de
dépit, pourvu qu'une telle envie soit pour nous la cause
d'une gloire perpétuelle. La vertu, en effet, ainsi que l'a
écrit Senèque en termes si parfaits, a souvent coutume
de se flétrir, quand elle ne rencontre point d'adversaires.
Que les dieux favorisent l'issue de notre entreprise! Si elle
réussit comme nous le désirons et le souhaitons, tu verras
ces méchants porter l'envie dans leur âme et, à cause de
cette envie, demeurer comme pétrifiés, ainsi que les fables
rapportent qu'il arriva à Niobé. Un chrétien, pourtant,
doit pas souhaiter de tels malheurs à ses ennemis : aussi
je préfère, avec le premier martyr, prier Dieu qu'il pardonne à ceux qui ne savent point ce qu'il font. J'ai eu, très
équitable Conseiller, une autre raison de te dédier ces
pénibles travaux que nous avons supportés en revoyant ce
Lucien tandis qu'il s'imprimait et que nous supporterons
encore en l'expliquant : c'est que je satisferai ainsi, je

l'espère, mon père et aussi mon maître, Jérôme Aléandre, cet homme incomparable, comme tu le sais, et qui est si respectueux de ton nom. Il ne faut pas priver ici de l'honneur qui lui revient, François Vatable, ce jeune homme, si remarquable par la pureté de ses mœurs, si brillant par ses connaissances littéraires ; il a partagé avec moi toutes les fatigues de la correction de ce livre. Je ne doute point qu'il ne se trouve des médisants qui non seulement s'étonnent, mais encore me blâment de ce que, si jeune encore, je me sois fait tout à coup lecteur en langue grecque. J'adresse à tous cette prière de ne pas me condamner avant d'avoir bien examiné s'il y a lieu de me condamner. En effet parmi nous aussi habitent des dieux, comme dit Héraclite, et nous espérons que, si nous déplaisons à l'esprit injuste de beaucoup, nous ne déplairons pas entièrement à toi, du moins, à mon maître et à quelques hommes habiles et doctes dont quelques-uns valent pour moi tout un peuple. Si j'ai quelques succès dans ces débuts, j'oserai, en tirant une grande révérence à ces méchants chicaneurs, vous promettre par la suite de plus vastes travaux. Adieu, ô toi qui es mon soutien et l'aimable ornement de ma vie.

*_**

En éditant Chrysoloras, Aléandre n'avait fait que rajeunir une publication de Tissard. A ces *Questions grammaticales* byzantines, Aléandre fit succéder la publication d'une *Gnomologia* qui n'était, comme l'édition de Chrysoloras, qu'une réédition du *Liber gnomagyricus* de Tissard. Ce livre parut probablement en novembre 1512. Aléandre le dédia à Claude de Brillac, le neveu de l'évêque d'Orléans, Christophe de Brillac, qui avait confié à Aléandre la direction de ce jeune étudiant :

Jérôme Aléandre à Claude de Brillac, son élève et son pensionnaire, très noble par sa famille, son esprit et ses mœurs, salut.

En toute espèce d'étude les hommes sages considèrent qu'il faut lire surtout les auteurs dont la lecture nous permettra d'acquérir la science et l'élégance du langage et aussi la probité des mœurs. Si quelque livre peut amener à ce résultat, celui-ci surtout pourra le produire ; dans ce livre, des pensées rassemblées chez divers poètes et philosophes anciens et exprimées en grec, c'est-à-dire dans une langue harmonieuse et élégante, offrent comme un chemin pour arriver à la vertu. Comme j'avais pris soin récemment de faire imprimer ce livre après l'avoir revu moi-même et comme j'allais l'expliquer en public au premier jour, je n'ai rencontré personne à qui je pouvais mieux le dédier qu'à toi. J'ai pensé que je satisferais ainsi en quelque manière ma grande affection pour toi et que je montrerais à tes parents que je n'ai pas un moindre souci de te former dans les bonnes mœurs que dans les lettres C'est ce que je me suis proposé comme règle avec tous mes autres élèves, mais particulièrement avec toi. C'est à cette condition que tu m'as été confié par ton oncle vénérable, l'évêque d'Orléans (1) : je devais te rendre à lui non moins

(1) Christophe de Brillac, fils de Pierre de Brillac, seigneur d'Argy. en Berry, et de Monts[-sur-Guesnes], en Loudunais, et d'Anne de Tranchelion, fut d'abord doyen du chapitre cathédral d'Orléans, puis archevêque d'Aix (*Gallia christiana*, 1656, t. I, p. 20 ; Gams, *Series episcoporum*, Ratisbonae, 1873, p. 482), évêque d'Orléans de 1504 à 1514 (*Gallia christiania*, 1656, t. II, p. 257 ; Charles de la Saussaye, *Annales Ecclesiae Aurelianensis*, Paris, 1615, p. 611 ; Gams, p. 594), puis archevêque de Tours (*Gallia christiana*, 1656, t. I, p. 784 ; Gams, p. 641). — Cf. E. Jovy, *François Tissard et Jérôme Aléandre*, Vitry-le-François, P. Tavernier, 1900, p. 59-60. Voyez encore sur Christophe de Brillac, Jean Maan, Cenomanénsis,

bien élevé que lettré. Et ce n'était pas à tort. Car ce grand homme qu'on ne saurait jamais assez louer a vu des hauteurs de la sagesse sur lesquelles il est placé, que la science sans la sagesse peut non seulement être de peu d'utilité à l'homme, mais souvent même lui être nuisible. Il y a beaucoup et de puissantes raisons, très noble Claude, qui te doivent inciter à acquérir la vertu et à en affronter les devoirs, et qui peuvent t'y aider. Ce sont de grandes richesses sans lesquelles ne percent pas facilement ceux aux vertus desquels s'opposent les embarras de la pauvreté, la

Doctor theologus in facultate Parisiensi et Turonensis ecclesiae canonicus et praecantor. *Sancta et metropolitana ecclesia Turonensis*, Augustae Turonum, 1667, in aedibus authoris, intra septa Ecclesiae, p. 186-187, 189 : « *Christophorus de Brilhac, Biturix, Petri, Argii Montiumque Domini, equitis torquati et Annae de Tranchelion filius, cui frater unus major natu, Carolus nomine, minores duo Georgius, Curcellarum dynasta, et Joannes Brillachus. Sorores autem Margarita et Magdalena quarum prima Antonio Carnazeto, Brascorum domino, Iacobo de Beto nupsit altera ; solumque scutarium habuit, quod Brillacaenae gentis est, caeruleum tribus liliis argenteis expressum, duobus in vertice, tertio vero in cuspide.* COMMENTARIA TRINCANTII. » — Ch. de la Saussaye. *Annales Ecclesiae Aurelianensis*, Paris, 1615, p. 611 : « *Christophorus de Brilhac primum decanus Aurelianensis, post patruum suum cathedram Aurelianensem iniit solemnemque ingressum celebrauit anno MDIV, die decima nona maij; anno sequenti, maij VII, Tristando de Salazar, metropolitano suo Senonensi, obedientiam iurauit.* » — Olivier Chéreau, *Histoire des illustrissimes archevesques de Tours*, Tours, chez Jacques Poinsot, imprimeur du Roy et de monseigneur l'archevesque. MDCLIV, p. 63 : « Christophe de Brillac auparauant euesque d'Orléans, puis de Tours dont il fut archeuesque :
  Estoit fils du Seigneur d'Argy, dans le Berry,
  Grand escuyer du Roy dont il estoit chery.
  On le reçut à Tours en l'an mil cinq cens quatre
  Y gouverna seize ans, puis, se laissant abbattre
  A cette grince-dent qui le mit au tombeau,
  S'en alla chez les morts augmenter le monceau. »
— Pour la rime, sans doute, Olivier Chéreau a commis une erreur chronologique ; ce n'est pas à Tours, mais à Orléans que Christophe de Brillac fut reçu en 1504, et il n'occupa le siège de Tours que de 1514 à 1517, date de sa mort.

santé prospère d'un beau corps, l'âge de l'adolescence prêt
à se rendre facilement maître de n'importe quel art, enfin
l'éclat d'une famille illustre de laquelle, comme de ce
fameux cheval de bois, sont sortis des hommes remarquables. Je laisserai de côté les souvenirs trop anciens et je
rappellerai seulement les faits qui ont pu parvenir à notre
connaissance. Ton grand-père paternel (1) qui vécut dans
l'intimité des rois de France et qui fut mêlé à de nombreuses affaires politiques, eut pour frère François, évêque
d'Orléans (2), homme de la plus grande sainteté et dont ses

(1) « Pierre de Brillac, chevalier, seigneur d'Argy, Monts, fit aveu
du Petit Crouail à Loudun en 1449 (Cf. Dom P. L. J. de Bettencourt,
Noms féodaux, ou noms de ceux qui ont tenu fiefs en France,
2e éd., Paris, 1867). On dit qu'il fut chambellan du Roi, etc. Marié
à Anne de Tranchelion, fille de Guillaume, chevalier, seigneur de
Palluau, et de Guillemette des Roches, il eut pour enfants : 1o Charles,
qui mourut à Milan en juin 1509, pendant les guerres d'Italie ;
2o Christophe, abbé de Saint-Père, diocèse de Chartres, en 1494,
évêque d'Orléans en 1504, était prieur commendataire de Loudun
en 1509, et conférait le 1er nov. 1509 à frère Pierre Peignereau,
prêtre religieux, le prieuré de la Voyette, fondé dans l'église de
Notre-Dame du Château, de Loudun à l'autel Saint-Hilaire (Archives de la Vienne). Il devint en 1514 archevêque de Tours ; 3o Made-
leine, mariée à Jacques de Betz, écuyer ; 4o Marguerite, mariée à
Jean de Boucart ; 5o Jean, chef de la deuxième branche de Brillac »
(Beauchet-Filleau et Ch. de Chergé, *Dictionnaire historique et
généalogique des familles du Poitou,* 2e édition, Poitiers, Oudin,
1891, t. I, p. 777).

(2) François de Brillac, ancien prieur du couvent de Saint-Jean-
de-Grave, à Blois, avait été élu à l'évêché d'Orléans le 25 mars 1474,
à l'âge de 39 ans ; il était en outre depuis 1468 abbé de l'abbaye
bénédictine de Pontlevoy, près de Blois, alors dans le diocèse de
Chartres (cf. *Gallia christiana,* t. VIII, col. 1386 ; P. L. Jacob,
Histoire du XVIe Siècle, t. I, p. 109). C'était lui qui avait béni
l'union de Jeanne de France et du duc d'Orléans qui fut plus tard
Louis XII. Il avait beaucoup connu Louis XI, Charles VIII, Louis XII,
pendant les nombreuses années qu'il gouverna l'église d'Orléans.
Il s'était rendu adroitement agréable à ses diocésains et au prince
en avançant de ses deniers à la ville d'Orléans une somme de
3207 écus d'or pour faire à son ancien duc qui venait de devenir
son roi, le plus somptueux accueil. Et, comme il ne se portait pas
très bien, ses diocésains avaient pris l'habitude de faire tous les

chers Orléanais ne se souviennent jamais qu'avec des larmes ; en effet il fut pendant toute sa vie d'une telle libéralité envers ses diocésains que tous le considéraient comme un excellent pasteur et l'appelaient le père des pauvres. Aussi obtint-il de Dieu très bon et très grand de vivre heureusement et très longtemps, car il mourut âgé de quatre-vingts ans environ, et de trouver dans le ciel après sa mort les récompenses dues à ses mérites. Jean (1), ton père, intendant de la maison royale et en même temps gouverneur de l'Auvergne (ce sont là deux fonctions très importantes et qu'on ne confie d'ordinaire qu'à des hommes

ans une procession solennelle pour le rétablissement de cette santé si chère. Devenu archevêque d'Aix, il laissa en 1502 son évêché à son neveu, Christophe de Brillac (Cf. R. de Maulde, *Jeanne de France, duchesse d'Orléans et de Berry*, Paris, Champion, p. 96, 308 et *passim* ; Lemaire, *Histoire et vie des évêques d'Orléans*, p. 82-86 ; *Gallia christiana*, t. VIII, col. 1480 ; Ch. de la Saussaye, *Annales Ecclesiae Aurelianensis*, Paris, 1615, p. 606 : « *Franciscus, filius Iohannis de Brillac, equitis, domini d'Argy in Bituria....*» ; Beauchet-Filleau et Ch. de Chergé, *Dictionnaire historique et généalogique des familles du Poitou*, 2ᵉ édition, Poitiers, Oudin, 1891, t. 1, p. 777).

(1) « Jean de Brillac, chevalier, seigneur de Brillac, Villemexant, fils puîné de Pierre, seigneur d'Argy, et de Anne de Tranchelion, partagea avec ses frères en 1484, était écuyer tranchant du Roi et bailli des montagnes d'Auvergne en 1503. Il épousa sa cousine, Louise de Brillac, fille unique d'Antoine, sire de Brillac, et de Jeanne de la Tour, et, d'après d'Hozier, il se maria en deuxièmes noces à Louise de Vienne. Il eut du premier lit : 1º Anne, Dᵉ de Brillac, mariée à Pierre de Chabanais, puis à François de Saint-Chamans, qui était veuf en 1551 ; 2º Clément, prieur de Loseau et du prieuré de Notre-Dame du Château de Loudun dès 1536, époque où il nomme frère René Brachet sous-prieur (Archives de la Vienne). Il refusa au cardinal de Givry, évêque de Poitiers, le droit de visiter son prieuré dont, en 1555, il ferma les portes à Abel de la Fontaine, sous-doyen de l'Eglise de Poitiers et vicaire général de l'évêque (*Bulletin des Antiquaires de l'Ouest*, 1886, p. 72). Il fut aussi archidiacre de Tours et était mort avant le 9 avril 1557, date de l'inventaire de son mobilier (Archives de la Vienne) ; 3º Claude, prieur de Loudun après son frère » (Beauchet-Filleau et Ch. de Chergé, *Dictionnaire historique et généalogique des familles du Poitou*, 2ᵉ édition, Poitiers, Oudin, 1891, t. I, p. 777).

pleins de courage, de prudence, et particulièrement agréables au roi), te présenta souvent au roi très chrétien, et souvent ce grand monarque te sourit et te prit dans ses bras sacrés, alors que tu ne parlais pas encore. Puis ton père, emporté par une mort prématurée, te confia, avec les plus vives recommandations, à son frère Christophe de Brillac qui avait pris possession de l'évêché d'Orléans devenu depuis de longues années déjà comme une possession héréditaire de ta famille. Celui-ci ne fut pas oublieux des devoirs qu'impose l'affection fraternelle. Il paraît avoir pris soin de toi avec un tel amour que non seulement il te préfère aux personnes qui lui sont le plus liées, mais encore qu'il s'occupe de ton éducation et de ton instruction comme un père s'occupe de son fils. Moi dans la maison de qui tu as vécu avec la plus parfaite modestie depuis deux ans déjà, je puis apporter le témoignage le plus digne de foi de l'affection que te porte Christophe de Brillac. La famille de ta mère n'a pas moins d'éclat que celle de ton père. Elle est d'une très ancienne noblesse. Elle a produit et elle compte encore des hommes remarquables, et non en petit nombre, et parmi eux brille surtout à notre époque l'évêque de Tulle (1), si vénérable et par son grand âge et

(1) Il s'agit de Clément de Brillac, évêque de Saint-Papoul en 1472, puis de Tulle en 1495, décédé en 1514. Cf. Beauchet-Filleau et Ch. de Chergé, *Dictionnaire historique et généalogique des familles du Poitou*, 2ᵉ édition, Poitiers, Oudin, 1891, t. I, p. 777 ; Gams. *Series episcoporum*, Ratisbonae, 1873, p. 644. Le *Gallia christiana*, 1656, t. II, p. 673-674, s'exprime ainsi au sujet de Clément de Brillac: « Clemens de Brillac, ex dominis Argeij, Antistes S. Papuli, possessionem adipiscitur [ecclesiae Tutelensis] permutatione cum Dionysio [de Bar] 31 Maij 1495. Extruxit palatium Episcopale a se vario ornatu decoratum anno 1500. Eodem Pontifice Capitulum seculari toga donatur 1514 a Leone Papâ X. 6. Calend. Octob. bullaque executioni demandatur 2 Nouemb. anni 1516. per D. Flori Antistitem, Abbatem de Maimaco, et Archidiaconum Lactorensem; in dictâ Ecclesiâ constituti sunt per bullam sexdecim Canonici, quorum quatuor dignitate praefulgeant, videlicet Decanus, Praepositus, Thesaurarius et Cantor; obiit 1517. » Gams. *Series episcoporum*, Ratisbonae, 1873, p. 644, dit qu'il mourut « aux environs de 1515».

par ses connaissances littéraires et par l'intégrité de sa vie.
Mais tous les biens que je viens de rappeler sont indiffé-
rents (ἀδιάφορα) et tiennent le milieu entre les vrais biens
et les maux, comme disent les stoïciens. Aussi je tiens
à ce que tu saches que, plus le sort nous a donné d'écla-
tantes faveurs, plus elles mettent celui qui les a, s'il se
sert mal de ces dons, en butte aux regards et à la langue des détracteurs, car la haine se glisse auprès de celui
qui possède, comme le dit si bien Sophocle. Ceux qui sont
les premiers par la naissance sont comme placés sur un
rocher élevé ; ils sont exposés aux traits de tous, aux
vents, à la foudre ; ils peuvent être facilement précipités
de leur élévation, bien qu'elle soit considérable, s'ils ne se
défendent pas, je ne dirai pas avec ce bouclier d'Ajax garni
de sept peaux de bœuf dont parle Homère, mais avec cette
espèce de rempart de diamant qui est la vertu. A un
homme qui aspire au bonheur est surtout nécessaire la
célébrité de sa patrie. C'est ce qu'a pensé Euripide ou l'auteur, quel qu'il soit, de l'éloge de la course de chevaux à
Alcibiade, et dans l'Hercule furieux, le même tragique dit :
« Quand la base de la famille n'est pas bien établie, c'est une
fatale nécessité que les enfants soient malheureux ». Bien
que ce soient là des biens qui ne sont pas peu désirables,
je préférerais cependant être Thémistocle de l'île de Séri-
phos ou Achille, fils de Thersite, que d'avoir eu pour père
Achille dans la plus brillante patrie et d'être semblable à
Thersite. Elle est toute différente de cette pensée d'Euripide, l'opinion de ceux qui ne voient rien de plus estimable
et de plus souhaitable que de surpasser par leurs qualités
personnelles celles des ancêtres et d'être pour leurs descendants un commencement de noblesse et un exemple de
vertu. Il faut que j'avoue ceci qui est très important : je
pense qu'il est d'autant plus grand et plus précieux de ne
pas se montrer indigne d'ancêtres éminents qu'il est plus
ignominieux de dégénérer de parents illustres, et qu'il est

plus rare de les surpasser ou tout au moins de les égaler, « comme si la destinée des hommes excellents voulait que leurs fils fussent inférieurs ». C'est une pensée que Démosthène paraît avoir emprunté au plus grand des poètes qui, dans le second chant de l'Odyssée, si je me souviens bien, dit que « la plupart des fils sont pires, que peu sont meilleurs que leurs pères ». Pour toi, mon cher Claude, si tu veux être compté parmi ceux qui sont nés d'illustres parents et qui, par leur vertu, sont devenus plus illustres encore, les moyens ne te manquent pas, les récompenses non minimes et agréables ne manqueront pas en temps voulu à ta vertu, et cela en France où, non seulement les nobles, mais encore ceux qui sont de la plus humble extraction, sont portés par la vertu aux honneurs les plus hauts. Il en est si bien ainsi que souvent je ne cesse de déplorer en moi-même la paresse, pour ne pas dire le malheur, de quelques-uns de tes compatriotes qui, nés de parents excellents et ayant une fortune abondante, perdent chaque jour de leurs richesses et de leurs dignités, aiors qu'aux plus pauvres et aux plus obscurs, surtout dans ce royaume, l'accès aux plus hautes charges s'ouvre si facilement. Tu vois cette très heureuse université de Paris, le modèle de la tranquillité et vraiment de la « franchise » attiques, où l'on trouve presque autant de milliers d'étudiants qu'il y en a dans les autres universités du monde chrétien, ou tout au moins dans les universités les plus nombreuses. Tu peux y compter beaucoup d'étudiants riches, à la vérité, et fils de princes et un bien plus grand nombre d'étudiants très pauvres et fils de quelque humble famille de laboureurs, auxquels leur père a donné la liberté, j'entends la liberté des écoles, En effet, dans cette bienheureuse université, le pauvre ne diffère en rien du riche, si ce n'est peut-être que les riches sont plus enclins à l'envie et plus sujets, par la licence qu'amènent avec elles les richesses, au luxe, aux vices et aux maladies (1).

(1) Aléandre a des raisons pour parler d'or sur ce point.

Les pauvres, étudiants, contents de peu, ne sont distraits de l'étude ni par des réunions, ni par des orgies ; ils ne considèrent personne comme supérieur à eux, à moins qu'il ne soit plus savant ; ils sont réfractaires aux menaces des princes et des soldats ; ils sont libres, par la ville, dans leurs manières et leur démarche ; ils sont égaux aux riches dans les discussions ; enfin ils deviennent des hommes illustres ; c'est d'eux que nous voyons chaque jour sortir les plus grands docteurs, les magistrats, les évêques. Il ne faut pas tant attribuer à l'heureuse destinée de la France qu'à la magnanimité des Français ce fait que ceux qui ont brisé ces liens de la pauvreté que des gens bornés reprochent en vain à la vertu, s'efforcent de réussir ni plus ni moins que ceux auxquels la fortune a souri largement. C'est ce qu'on voit rarement dans les autres pays, et c'est presque inouï dans l'Italie elle-même, la mère des sciences. Mais à quoi bon, me diras-tu, toutes ces paroles ? C'est afin que tu comprennes combien il serait déshonorant pour toi qui as été soutenu par tant de secours de la fortune dont la privation n'a pas empêché tant de pauvres de devenir des hommes illustres, de ne pas répondre aux vœux de tes parents et de ton maître. Personne ne saurait penser que je t'adresse ces paroles parce que je crains quelque chose de mauvais de ton caractère ; je ne le dis que pour te confirmer dans tes heureux commencements. Ce n'est pas sans raison que nous donnons de l'éperon au cheval qui court de lui-même, comme on dit dans le proverbe ; nous le faisons, non pas pour qu'il se précipite en une course trop vive, mais afin qu'il n'interrompe pas sa marche. Pourquoi quelqu'un soupçonnerait-il que nous t'écrivons ainsi pour te corriger, et non pour t'encourager ? Nous apprécions et nous admirons tous en toi un amour des bonnes lettres qui n'a rien de vulgaire, la gravité modeste que tu observes avec les jeunes gens de ton rang, ta politesse et ta courtoisie véritablement populaires, parmi les gens de condition ordinaire, une certaine modération philosophique, enfin, dans ta nourriture, tes habits, ton maintien, toutes qualités qui sont assurément rares parmi les nobles de notre temps. C'est à tort que je craindrais que les espérances que j'ai conçues à ton sujet, demeurent vaines. Ne cesse pas de feuilleter nuit et jour ce petit livre, pense que la vertu est la vraie et l'unique noblesse, propose-toi, pour les imiter, les exemples des hommes illustres que ta maison a toujours produits en abondance, pense qu'il ne te serait pas moins honteux de sortir vicieux d'ancêtres si glorieux que si l'on tirait d'un fourreau d'or une épée de plomb. Si tu agis ainsi, tu enflammeras ton esprit, animé déjà par l'affection que tu as pour ton oncle, à poursuivre l'éclat de plus hautes dignités et à connaître nos travaux. Et nous tous qui respirons en toi le très odorant parfum des fleurs de l'espérance, nous cueillerons enfin les fruits très doux de la vertu et du succès. Adieu. A Paris, le XV avant les calendes de décembre.

L'élève auquel Aléandre prédisait de si hautes destinées, en qui il célébrait de si éminentes qualités, entra, croyons-nous, dans l'état ecclésiastique, et nous le trouvons vers 1557, prieur de Notre-Dame du Château, à Loudun, situation qu'avaient possédée son oncle, Christophe de Brillac, et son frère, Clément de Brillac (1).

[*]

Il convient de rattacher à cette période pendant laquelle Aléandre, malade, dut renoncer à son profes-

(1) Beauchet-Filleau et Ch. de Chergé, *Dictionnaire historique et généalogique des familles du Poitou*, 2ᵉ édition, Poitiers, Oudin, 1891, t. I, p. 777.

sorat la publication d'une petite grammaire grecque
pratique qui devait avoir le plus grand succès et fut
très fréquemment réimprimée, soit à Paris, soit à
l'étranger. Cette grammaire grecque était intitulée :
*Tables très utiles à ceux qui désirent pénétrer dans le
sanctuaire des Muses grecques à l'aide d'un résumé* (1).
En voici la préface :

Jérôme Aléandre à ceux qui étudient les belles-lettres à
Paris, salut.

Ceux qui veulent faire un grand saut, vont parfois assez
loin en arrière ; de même nous avons interrompu depuis
plusieurs jours déjà nos leçons publiques, non certes pour
nous endormir dans un honteux repos, mais afin de recou-
vrer une santé complète et de revenir plus actifs à nos
anciennes occupations. En effet, en dehors des affaires, soit
publiques, soit privées, qui m'occupent beaucoup, comme
je n'ai fait qu'un adieu momentané aux lettres, j'ai chaque
jour enseigné soit du grec, soit du latin aux élèves mes
pensionnaires et j'ai pris soin de faire imprimer un lexique
de l'une et l'autre langue (2) et aussi une très élégante
grammaire de Théodore (Gaza). Comme il n'est pas donné
à tous ceux qui sont curieux des lettres grecques de donner
beaucoup de temps à les apprendre, ce que je sais vous

(1) Le titre latin est : *Tabulae sane quam utiles Graecarum
Musarum adyta compendio ingredi cupientibus.* Voir l'appendice.

(2) Jérôme Aléandre fait évidemment allusion à son dictionnaire
grec et latin. A-t-il publié un dictionnaire purement latin ? — Badius
avait réédité depuis longtemps : *Catholicon seu universale vocabularium ac summa grammatices F. Johannis Genuensis
(Balbi), ordinis Praedicatorum, auctum a Petro Egidio et
Jodoco Badio Ascensio,* Paris, 13-22 juin 1506, in-fol. Ce Jean
Balbi, de l'ordre de Saint-Dominique, était de Gênes, et vivait dans
le XIIIe siècle (cf. Ph. Renouard, t. II, p. 525).

être fort à cœur, j'espérais que ces tables vous seraient utiles et vous feraient honneur. Elles vous seront comme des guides très fidèles dans les lettres grecques. Je les ai imaginées à Orléans, cette heureuse cité, si féconde en savants (1). Je les ai revues à mes moments de loisir, et je les ai ramenées aux règles de la grammaire de Théodore Gaza que je dois vous exposer. Je les ai livrées à l'impression, beaucoup plus claires qu'auparavant et beaucoup plus utiles pour vous d'abord et par vous à d'autres. Tous ceux qui feront des progrès dans la langue grecque au moyen de ces *Tables*, seront redevables de cet opuscule à Paris où je me suis transporté, après avoir parcouru tant et de si difficiles chemins. Je voulais voir cette cité et l'illustrer, autant que je le pourrais, par l'enseignement de diverses langues. Ils devront aussi ce livre à Orléans où, pendant le trouble que causait la peste à Paris, j'ai été reçu de la manière la plus aimable et la plus honorable par les illustres docteurs de cette université. C'est dans cette ville où j'ai échappé au fléau, que j'ai imaginé, avec l'aide de Dieu, ce petit ouvrage qui vous sera utile, je l'espère. J'aurais pu, je l'avoue, dépenser les heures que j'ai données à ce travail à des études plus hautes et qui m'auraient acquis plus de gloire, mais j'ai pensé que la commune utilité

(1) Orléans paraissait un endroit très favorable pour revenir à l'étude des littératures anciennes. Déjà le droit romain qui devait y jeter tant d'éclat, avec Pothier, jusqu'à la fin du XVIIIe siècle, y florissait. Au douzième siècle l'école de Bologne avait remis en honneur le vieux droit civil romain, et son exemple avait été suivi par celle de Paris. Mais les préventions des théologiens et des autres docteurs de l'Université contre cette restauration des légistes païens, en amenèrent la suspension momentanée. Le pape Honorius III, à la demande du chancelier de Notre-Dame, interdit, vers 1219, l'enseignement du droit civil à Paris. Cet acte eut pour contre-coup la fondation, en 1305, de l'Université d'Orléans composée spécialement de juristes. Ainsi les amateurs parisiens des *Pandectes* et des *Institutes* purent se dédommager sans faire un long voyage. Cf. Lecoy de la Marche, *L'enseignement au moyen-âge*, dans les *Lettres chrétiennes*, n° 1, mai-juin 1880, p. 37-38.

devait être préférée aux avantages particuliers. Si en cela je n'ai pas fait quelque chose de bien courageux, je n'ai pas été, du moins, plus paresseux que si, pour ne pas perdre, pendant mon repos, les facultés de mon esprit, j'avais fait rouler de haut en bas un tonneau sur ma tête, ou si j'avais ramassé, sur le rivage, des galets ou des coquillages. Quelle que soit la valeur de ce petit livre, je voudrais, bien chers élèves, que vous l'acceptiez avec le même plaisir qu'il vous est offert. Soyez persuadé qu'il n'y a personne d'un esprit si obtus, d'une profession si éloignée des lettres, si âgé, si embarrassé de multiples affaires, qui ne puisse en peu de temps faire au moyen de nos tables des progrès dans les lettres grecques. La disposition de ces tables, leur concision, leur forme de manuel, afin qu'elles soient plus portatives, peuvent le démontrer rapidement à n'importe qui. Adieu.

A cette grammaire très élémentaire, Aléandre joignit quelques publications à l'usage des étudiants. C'étaient un recueil des *Sentences des philosophes*, un choix de *quelques traités de Plutarque*, semblable à celui qu'il avait déjà donné peu après son arrivée à Paris, une édition du premier livre de la *Grammaire* de Théodore Gaza. Toutes ces publications avaient pour but de mettre des textes à la disposition des jeunes hellénisants, soit pour suivre les explications des maîtres, soit pour leurs travaux personnels, et Aléandre n'avait pas jugé à propos d'y insérer quelque préface, quelque lettre dédicatoire, et même d'y mettre son nom.

***

Il n'avait pourtant pas, en ces derniers temps, laissé

de songer aux études latines. Ausone, son poète favori, l'occupait encore. Il avait poussé, en 1511, Michel Hummelberger à donner, chez Josse Badius (1), une édition de ce poète. Le 1ᵉʳ octobre 1513, il déterminait Badius à en publier une nouvelle.

Dans sa préface, l'imprimeur rappelait et vantait les services immenses qu'avait rendus Aléandre au texte si fort altéré du poète de Bordeaux. Il souhaitait que le commentaire que préparait Aléandre sur cet auteur parût bientôt pour jeter la lumière sur les passages encore obscurs du poète. Il priait le public de se contenter, en attendant, de cette édition due aux soins d'un certain Homedeus qui avait mis à profit les notes et l'enseignement oral d'Aléandre. Voici, d'ailleurs, la traduction de cette préface :

Josse Badius Ascensius à tous ceux qui aiment la littérature, salut.

Tu dois beaucoup, jeunesse studieuse, à Jérôme Aléandre, cet homme si docte, comme tu sais. C'est lui qui le premier a rendu à Ausone de Bordeaux, ce poète si spirituel, non seulement son nez, ses ongles, ses cheveux et ces autres parties du corps qui sont plus sujettes à la vieillesse ; mais il lui a même comme refait une tête et des pieds et une bonne partie de son corps qu'avaient fait disparaître la dent du temps, la négligence et les injures des siècles. Tu lui seras pourtant plus obligée encore dès qu'il aura mis au jour le travail sur ce poète dont il a jadis conçu le pro-

(1) Sur Josse Badius et ses origines, cf. la précieuse brochure de M. Alphonse Roersch, *J. Badius Ascensius Gandensis*, Paris, Champion, 1909.

jet et auquel il travaille depuis longtemps. Nous espérons que cette publication sera prochaine. En attendant tu dois remercier Homedeus qui a si bien disposé et les notes d'Aléandre lui-même et ce qu'il avait entendu dans les cours d'Aléandre et les découvertes de sa divine intelligence qu'on ne peut vraiment se plaindre que de rares lacunes dans le texte intégral d'Ausone. Aussi approuve ce travail et, comme je viens de t'en avertir, lis le avec reconnaissance. Adieu. Aux calendes d'octobre, 1513.

Qu'était cet Homedeus ? Faut-il ou ne faut-il pas l'identifier avec Michel Hummelberger ? Le philologue allemand Peiper (1) a identifié ces deux personnages, mais à tort, croyons-nous. Michel Hummelberger avait déjà, comme nous le savons, quitté Paris depuis 1511. De plus il ne nous apparaît aucun rapport entre ces deux vocables d'Hummelberger et d'Homedeus dans lequel nous reconnaîtrions plus volontiers la forme italienne *Omodei* (2). Nous n'avons pu reconnaître d'une façon précise ce personnage, mais nous avons rencontré ces vers d'Humbert de Montmoret, placés à la fin de son *Bellum Rauennae* (3) qui pourront peut-être, à quelque jour, servir à l'éclaircissement de cette question :

(1) Peiper, *Die handschriftliche Ueberlieferung des Ausonius*, Leipzig, Teubner, 1879.

(2) C'est ce que fait M. Philippe Renouard, t. III, p. 500, mais sans s'expliquer à ce sujet.

(3) Humberti Montismoretani *Bellum Rauennae*, chez Hemon Le Feure (Bibl. Nat., Réserve, G. 2808).

De Homedei Epicedio (1)
Exustum Homedei violento frigore Bacchum
Una compositum nocte poema gemit.

Cette édition d'Ausone de 1513, reparut, d'ailleurs revisée, en 1517 chez Josse Badius, en même temps que Jean Petit redonnait le texte de 1513.

Il convient de rattacher ici aux trois éditions ascensiennes et à cette édition donnée aussi en 1517, d'après l'ascensienne de 1513, par Jean Petit, l'édition que publia à Leipzig, en 1515, d'après l'édition de 1511, cet étudiant de l'Université de Paris, l'anglais Crook, *Richardus Crocus Anglus* (2), qu'Aléandre, avait si chaleureusement recommandé à Erasme.

Crocus, en s'occupant d'Ausone à Leipzig, n'avait pas caché que l'édition et les commentaires qu'il publiait, lui avaient été inspirés par l'enseignement d'Aléandre :

Paraui quidem, — disait-il dans son *Encomium Academiae Lipsicae*, — quod pro munere offeram meos, Inquam, labores In eo poeta enarrando qui, ut est difficillimus, ita

(1) *Epicedion*, poème funèbre.

(2) Cf. Gottlob Bœhm, *Specimen litteraturae Lipsicae saeculo XVI° in quo de Richardo Croco Britanno, graecarum litterarum in Academia Lipsica instauratore, exponitur* (Bibl. Nat., Nx 435). Les principaux ouvrages de ce professeur anglais de grec, en Allemagne et, plus tard, en Angleterre, sont, en dehors de son édition d'*Ausone*, Leipzig, 1515 : *Theodori Gazae libri de verborum constructione latina ciuitate donati*, Leipzig, 1516, in-4°; — *Grammatica graeca tabulis comprehensa et introductio in linguam graecam*. Cologne, 1520, in-4° ; — *Orationes Ricardi Croci duae, altera a cura qua utilitatem laudemque graecae linguae tractat, altera a tempore qua hortatus est Cantabrigienses ne desertores essent eiusdem*, Lutetiae Parisiorum, apud Simonem Colinaeum, 1520, in-4° (Bibl. Nat., X. 1770) ; — *Encomium Academiae Lipsiensis*.

diligentissima docti interpretis opera eget. Quam quidem prouinciam ausim ego polliceri me vel eo felicius obiturum quam divinum vatem, praelectore Aleandro, ipsarum Musarum alumno, Lutetiae audierim.

« J'ai fait en sorte de vous offrir en présent mes travaux sur l'explication de ce poète qui est très difficile et qui réclame les travaux attentifs d'un interprète éclairé. J'ose me promettre que je remplirai avec d'autant plus de bonheur cette tâche que j'ai entendu à Paris ce poète divin expliqué par Aléandre, le nourrisson des Muses elles-mêmes ».

Crocus s'occupa aussi de l'enseignement du grec et là encore il imita Aléandre. Il publia, comme lui et à son imitation, des *Tables* de grammaire grecque qu'accompagnait une pièce de vers en l'honneur de Conradus Mutianus, — *ut Mutianum, amicum suum plurimum venerandum, salutet*, — ainsi que deux odes « sur la bienheureuse tranquillité de Mutianus », — *in beatam Mutiani tranquillitatem*. S'il était devenu en Allemagne l'ami de Conrad Muth, Crocus avait fait en France la connaissance de Budé auquel il s'était lié, par suite de la similitude de leurs goûts littéraires, d'une étroite affection.

*
* *

On peut deviner quelle autorité dût avoir dans l'Université de Paris un maître qui avait en si peu de temps accompli tant de travaux, publié tant d'éditions, doté si rapidement l'enseignement du grec de textes, de grammaires, d'un dictionnaire, répandu avec tant d'ardeur le goût de l'hellénisme, rendu des services à ce point signalés à la cause de l'humanisme. Combien son élévation au rectorat de cette Université parut méritée, c'est ce que nous va dire Josse Badius Ascensius dans une lettre dédicatoire à Jérôme Aléandre que le célèbre imprimeur mit, aux calendes de décembre 1514, en tête d'une traduction latine des *Vies parallèles* de Plutarque. Aléandre quittait alors Paris, et cette lettre de Josse Badius semble comme un juste retour de reconnaissance de la part de la destinée pour les certificats si aimables qu'Aléandre lui-même avait jadis rédigés, soit, par exemple, pour Wolfgang de Bavière, soit pour Claude de Brillac :

Josse Badius Ascensius à Jérôme Aléandre de Motta, homme très illustre et le rare honneur des lettres et des lettrés.

Il y a bien des motifs, tu le sais, excellent Aléandre, si docte et si éloquent, pour dédier un ouvrage ; mais il y en a, me semble-t-il, trois principaux : le premier, c'est de louer celui à qui l'on dédie cet ouvrage et de mériter ses faveurs ; le second, c'est de recommander et de louer l'ouvrage lui-même ; le troisième, de vanter le courageux labeur et les travaux du correcteur. Tous ces motifs se rencontrent pour te dédier et placer sous ton nom qui est, par lui-même, digne de tout respect, ces souvenirs des hommes illustres et ces beaux exemples, puisque tu es tout à fait digne de cet hommage, puisque l'ouvrage lui-même, bien qu'il ait été loué souvent et beaucoup, trouvera, grâce à toi, encore plus de panégyristes, puisque le correcteur dit te rapporter toute la petite gloire qu'il pourrait retirer de ce travail.

Pourtant j'aurais hésité, je l'avoue, à t'adresser, à toi qui es si grand dans les lettres, ces lignes quelconques, écrites d'une plume rapide et affairée, si je n'étais assuré par des preuves nombreuses qu'à l'excellence de la science se joignait en toi comme une bonté et une sagesse naturelle. J'ai espéré que tu accepterais ce modeste hommage avec tes sentiments ordinaires de bienveillance et que tu pardonnerais à sa faiblesse en faveur de ma grande affection pour toi. Bien que tu sois assez illustre par toi-même et que tu n'aies en rien besoin de notre témoignage, — car qu'est-ce que le clairon de Badius pour faire entendre de si grandes louanges? — souffre que cette humble couronne de lierre se glisse autour de tes tempes parmi les lauriers d'Apollon qu'on t'a jadis décernés à si juste titre (1). Car à qui, moi, libraire, pourrais-je avec plus de justice et plus de convenance adresser cet hommage, qui pourrais-je louer plus dignement que celui que tous les amis des bonnes lettres admirent, exaltent, vénèrent, à cause de ses connaissances dans les trois langues fondamentales, l'hébreu, le grec et le latin, et dans tout cet ensemble de sciences que les Grecs appellent encyclopédie. Ce n'est pas à tort, car c'est toi qui, le premier, as excité les Français et les étudiants des autres nations, tant septentrionales qu'occidentales, qui affluent en France pour y étudier, à apprendre avec soin et avec ardeur les lettres grecques, non pas seulement ces éléments du grec que quelques autres avaient déjà enseignés, mais ces lettres rares, sérieuses, dues à des hommes consommés et sans lesquelles les connaissances latines sont incomplètes et inutiles. Tu as fait la même chose dans l'éloquence latine pour les étudiants de notre université, si bien que, seul, tu as mérité d'être appelé ici, par un éloge vrai et public, l'instituteur des jeunes gens distingués et le maître de ceux qui pouvaient déjà nager sans liège. Car, alors que ceux qui,

(1) Allusion au titre de *poète lauréat* que la nation germanique de l'Université de Paris avait accordé à Aléandre.

avant toi, ont donné des leçons d'une littérature plus élevée, se sont efforcés seulement de faire de nouvelles bou-
tures ou de nouvelles greffes suivant une disposition et des
règles plus justes, toi, tu as planté en quinconce des cèdres
antiques et des chênes sacrés, tous d'une taille élevée, et tu
as appelé au pied de ta chaire en nombre innombrable des
hommes d'un grand nom, d'une grande dignité et de n'importe
quelle profession, avec un bonheur et une gloire digne d'Orphée et d'Amphion, et tu as tenu suspendue, bien qu'elle soit
très peuplée, l'université de Paris tout entière à tes lèvres. Tu
t'es concilié si bien les cœurs et la faveur générale que, peu
après que tu avais obtenu le doctorat ès arts avec le plus
grand succès et malgré la loi *annuelle* (1) qui est observée
en cette ville, tu as été appelé, par un privilège qui a été
accordé à bien peu, sans aucune brigue, sans aucun dissen-
timent, sans aucune bataille, comme il arrive ailleurs la
plupart du temps, mais par les vœux, les désirs, les suffrages et les acclamations de tous, au rectorat de la très illustre université de Paris, magistrature très haute, très
recherchée, très vénérée. Elle n'a pas été divisée entre
deux personnes, elle n'a pas été transformée comme dans
la plupart des autres universités, inférieures a elle, du
monde chrétien. Ici, le recteur, mis seul à la tête de tous
les docteurs et de tous les étudiants de cette immense université et modérateur unique de toutes choses, garde intac-
tes et inviolées cette ancienne constitution et cette majesté
avec laquelle le rectorat a été créé depuis des siècles. Tu
as exercé cette charge avec le plus grand honneur, non-
seulement dans la littérature, mais encore dans les affaires
nombreuses et ardues dont on déféra, pendant ton rectorat,
l'étude et l'examen à notre université par suite des dissentiments des princes chrétiens. Au jugement général la
postérité admirera tes grandes actions et cherchera à les

(1) Josse Badius veut dire qu'il fallait être maître ès arts depuis
un an au moins pour devenir recteur de l'Université de Paris.

imiter plutôt qu'elle ne pourra rivaliser avec elles. Je laisse de côté tes autres vertus, une certaine ingénuité, un désir d'être agréable qui a attaché à ta personne d'une manière étonnante non seulement ceux qui te connaissent, mais encore les membres de notre université dont le très grave témoignage ne permettra pas que je sois suspecté de mensonge. Aussi la renommée de ta probité et de ta doctrine et l'appui du très grand et très sage évêque de Paris t'ont-ils fait appeler très honorablement à la cour très auguste de Louis, le roi très chrétien, et auprès de cet évêque, comme des gens les plus illustres de la cour, tu as le plus grand crédit et la plus grande influence. Que celui qui n'a pas chanté tes louanges, quand il l'a pu, soit réputé pour un envieux, et non pour un oublieux ou un négligent. Mais pourquoi vais-je rappeler tous ces détails élogieux à ton sujet? C'est comme si j'essayais de compter les coquillages de la mer Egée et les grains de sable de la Lybie et les étoiles qui brillent dans la silence de la nuit. Ces éloges doivent être réservés à une trompette plus éclatante. Tes hautes qualités seront mieux connues de tous, lorsque les nombreux ouvrages que tu as composés tant en grec qu'en latin, après la révision prescrite par le jugement des critiques, auront été publiées; ils montreront abondamment quel grand esprit tu es.

Je ne sais rien de plus beau, de plus agréable, de plus aimable que ce remarquable ouvrage dans lequel la vie des hommes illustres a été écrite avec charme par Plutarque de Chéronée, ce grand auteur, et par d'autres écrivains réputés, surtout par Aemylius Probus. Dans ce livre on peut voir et les dits et les faits de ces grands hommes de la Grèce comme à travers une pierre diaphane. Car il n'a pas suffi à ces auteurs, et surtout à Plutarque, de noter les actions de chacun dans une narration simple et rude et maigre à la façon des annales. Il nous explique, avec force détails, sans nous ennuyer pourtant, quels ont été le plan et le succès des événements. Aussi peut-on se demander si, dans n'importe quel autre livre, on pourrait lire autant d'exemples de paroles et d'actions remarquables. Ces écrits sont par eux-mêmes fort beaux et bien au-dessus de nos petits éloges qui ne sauraient en dire la beauté. Je ne doute pourtant pas qu'ils n'obtiennent plus de crédit et de faveur, ainsi que je l'ai dit au commencement, s'ils sont recommandés par toi. Tu es le plus grand honneur de l'enseignement des langues classiques : aussi peux-tu porter le jugement le meilleur et, pour ainsi dire, le suffrage suprême et définitif *(suffragium colophonium)* sur ce livre né en Grèce et traduit en latin, si bien que, par ce seul motif, ma dédicace, à ce qu'il me paraît, t'était due en quelque sorte légitimement.

Quant à la vigilance incessante de la révision et de la correction, je m'en attribue la plus petite part. Il n'y a rien là dont je puisse me glorifier, mais bien notre cher Gérard de Vercel, ton élève et ton infatigable panégyriste, et aussi mon ami que je connais intimement. Si quelqu'un entend Gérard de Vercel parler de grec et de latin, il reconnaîtra aussitôt que ce lettré distingué est sorti de ton école. Gérard, après avoir comparé plusieurs exemplaires et après avoir employé à ce travail une activité peu commune, a établi nombre d'endroits du texte avec une bien plus grande correction que ne le faisait le travail de Pylade de Brescia. Il aurait, je pense, tout corrigé s'il avait eu à sa disposition un manuscrit grec. S'il a laissé à dessein quelques erreurs, non des copistes, mais des interprètes, c'est pour ne pas être, par une sorte de malhonnêteté, ingénieux dans le livre d'un autre et, comme dit le proverbe, mettre sa faulx dans la moisson d'autrui. Pour le reste il a eu un tel goût et un tel jugement que, bien qu'il n'ait pas eu, comme je l'ai dit, de manuscrit grec, il a restitué force passages, et il n'y a personne qui ne puisse croire qu'il ait conféré des manuscrits grecs. Bien que Gérard de Vercel, cet homme très savant, se

soit ainsi acquis une gloire non petite, il te la donne et te
l'offre pourtant ; en effet, il ne fait pas seulement l'aveu, mais
il se glorifie d'avoir été formé sous ta discipline et il espère
que, sous ta protection, ses travaux seront facilement à l'abri
des attaques malveillantes. Cet ouvrage qui t'est dédié, non
moins dans l'intérêt du livre et du correcteur qu'à cause de
toi, sortira de notre imprimerie sous ton patronage pour
aller dans le public où il sera certainement bien accueilli.
Je parle par expérience et avec certitude ; car dans mes
autres impressions où ton nom a figuré en tête, j'ai souvent
fait une heureuse, une excellente entreprise. Telles sont
les graves et justes raisons qui m'ont fait te dédier cet
ouvrage. En voici une autre qui n'est en rien peut-être
inférieure aux précédentes. Je ne veux pas qu'une marque
d'ingratitude qui me serait non moins odieuse que jadis
aux Perses, soit mise sur mon front, même à bon droit. En
effet, à cause de ta politesse, de ta bonne grâce, de ton
amabilité, de ton caractère charmant, de tes prodigieuses
connaissances littéraires, tu peux tout à la cour. Aussi le
roi très chrétien, dans sa munificence et sur l'intercession
très bienveillante en ta faveur de l'évêque de Paris, m'a
accordé pour cet ouvrage et quelques autres que je dois
bientôt publier, un privilège par lequel personne, pendant
ces trois prochaines années, ne pourra imprimer ces ouvrages. Je serais plus ingrat que Laomédon lui-même si je ne
faisais nulle part dans ce livre mention de ton nom et de
ce bienfait. Que sont mes paroles pour tous ces services ?
A coup sûr bien peu de chose. Mais, selon l'expression de
l'antiquité, celui qui n'a pas d'encens n'offre que de la farine
salée. Accueille bien ce livre et porte-toi bien. De notre
imprimerie, aux calendes de décembre 1514.

Cette lettre de Josse Badius est, pour employer l'une
des expressions dont il se sert lui-même, « le jugement
suprême et définitif », — *suffragium colophonium*, —

sur les travaux d'Aléandre à Paris, et traduit l'universelle impression d'estime qu'avait causée l'enseignement du professeur italien.

L'élève d'Aléandre, si glorieux de l'avoir eu pour maître, Gérard de Vercel dont il est ici question, était né, vers 1480, à Vercel (1), petite ville de « la » comté de Bourgogne dont il prit le nom, le seul sous lequel il soit connu. Suivant Gilbert Cousin, Gérard se nommait *Burnel* ou *Bournel, Burnellus.* Il était venu jeune à Paris pour y perfectionner ses connaissances, et voici les termes dont se sert ce même Cousin en parlant de Gérard : « Hic natus est Gerardus Burnellus Vercellanus, uir tum miri candoris, tum eruditionis, …summo docendi studio et peracri prorsus ingenio ac singulari doctrina praeditus » (2). On pourrait conjecturer par ces mots *summo docendi studio …praeditus* qu'il enseigna la langue latine dans quelque collège. Dans tous les cas il fut souvent chargé par Josse Badius de réviser les textes des auteurs latins qu'il publiait.

Gérard de Vercel était en relations avec Budé. En 1511 paraissait chez Badius une édition des œuvres de rhéto-

(1) Vercel, auj. chef-lieu de canton, arrondissement de Baume-les-Dames (Doubs). C'est à tort que M. Ph. Renouard en fait absolument un Bourguignon (t. III, p. 520). Gérard de Vercel est un Franc-Comtois. Il ne faut pas confondre *Vercel* et *Verceil*, ville d'Italie. Le savant abbé Paquier écrit toujours, et à tort : *Verceil.*

(2) Gilberti Cognati *Opera*, Basileae, 1562, t. I, p. 388. — Gilbert Cousin, plus connu sous le nom latin de *Cognatus*, né à Nozeroy (Franche-Comté), le 21 janvier 1506, mort à Besançon en 1567. Il fut pendant cinq ans au service d'Erasme, suivit Claude de la Baume, archevêque de Besançon, en Italie, et séjourna quelque temps à Padoue. On l'emprisonna comme suspect d'hérésie ; il mourut peu après. Il a beaucoup écrit.

rique et des discours de Cicéron (1). L'éditeur, dans sa lettre dédicatoire à Guillaume Budé, écrivait qu'une grande partie de ces œuvres de Cicéron avait été revue, d'après des exemplaires corrigés en beaucoup d'endroits par Budé, grâce aux soins de « Gérard de Vercel, homme très lettré ». Avant ces ouvrages de Cicéron venait aussi un poème, adressé à Budé, où Gérard de Vercel le félicitait des grands services qu'il avait rendus au texte de Cicéron :

> Debemus tibi, et hoc fatemur omnes,
> Acceptum licet tibi referre,
> Quod sic prodeat elegantiarum
> In lucem ille parens decusque summum,
> Quod nec dissimilis sui legetur
> Nec crebris lacer usquequaque plagis,
> Quantum nuper erat. Tuus sit iste,
> O Budaee, labor, tuumque munus,
> Isthaec laus tibi vindicetur omnis, etc. (2).

Gérard de Vercel participa encore à la recension du *Tite-Live* (1513) (3), du *Lucrèce* (1514 et 1519) (4), et des *tragédies de Sénèque* (1514) (5) que procura au public Josse Badius.

(1) Ciceronis *opera rhetorica, oratoria et forensia*, Paris, in aedibus Ascensianis, 1511, in-fol. — Cf. Ph. Renouard, t. II, p. 297 ; L. Delaruelle, *Guillaume Budé*, Paris, Champion, 1907, p. 92.

(2) On retrouve cette pièce de vers dans la reproduction de cette édition que Badius donna en 1521 ou 1522.

(3) Ph. Renouard, t. III, p. 11-12.

(4) Ph. Renouard, t. III, p. 28.

(5) Ph. Renouard, t. III, p. 252.

Gérard de Vercel a publié, en outre, quelques vers latins en tête d'une « sylve » d'Ange Politien, le *Rusticus*, imprimée aussi par Badius vers 1519 (1). Il a également composé une épitaphe, en quatorze vers latins, de la reine Louise de Savoie, mère de François Ier, que Gilbert Cousin a reproduite à la fin de sa *Descriptio Galliae* (2). Il avait encore contracté une vive amitié avec le fameux Geoffroy Tory, humaniste et artiste à la fois, comme on le voit par la pièce en vers hendécasyllabiques qu'il lui adressa contre les mauvais imprimeurs, et que Tory publia dans les prolégomènes de son édition de l'*Itinéraire d'Antonin* (3).

Il est agréable de constater que Jérôme Aléandre a contribué, avec Josse Badius et Gérard de Vercel, à une plus grande diffusion en France, à l'aide d'une traduction latine, de ces *Vies parallèles* de Plutarque qui devaient, avec la traduction en notre langue d'Amyot que les travaux antérieurs ont nécessairement inspiré, avoir une si grande influence sur l'esprit français.

*
**

Quelques mots de la lettre de Josse Bade nous ont appris que Jérôme Aléandre avait obtenu une situation

(1) Ph. Renouard, t. III, p. 186 ; M. Pellechet, *Catalogue des livres d'un chanoine d'Autun*, dans les *Mémoires de la Société éduenne*, t. XVIII, p. 159-160.

(2) Basileae, 1550, in-8°.

(3) Paris, 1512. — Cette pièce hendécasyllabique a été recueillie par Maittaire, *Annales typographiques*, t. II, p. 90.

et une influence à la Cour de France, grâce à la protection de l'évêque de Paris. Il nous apprend ainsi que la situation d'Aléandre avait changé, s'était orientée vers la politique et la diplomatie, et il nous faut montrer comment elle s'était transformée. Nous avons sans interruption suivi sa carrière intellectuelle, énuméré ses travaux ou les travaux qu'il a provoqués. Il convient maintenant de revenir un peu en arrière, et de voir quelle était, sous l'éclat de ces occupations littéraires, la vie matérielle d'Aléandre.

Qui voudrait, grâce au *Journal* d'Aléandre, entrer dans les détails de l'existence d'un professeur étranger dans l'Université de Paris en ces années 1512 et 1513, pourrait interroger les comptes que renferment les carnets du professeur italien. Ici ce sont les comptes de Désiré, le « pelletier », le « fourreur », — Aléandre, tout transi qu'il était sur les bords de la Seine, devait être un client excellent ; là on rencontre les notes du « parfumeur », — *aromatarius,* — près de Saint-Benoît ; plus loin l'argent reçu du principal de la Marche, Richard de Wassebourg ; plus loin encore les mémoires des fournisseurs divers. Aléandre, malgré ses plaintes fréquentes sur la vie, avait une nombreuse domesticité. Lorsqu'il quitte Paris, nous le voyons régler leurs salaires à dix ou onze domestiques, hommes ou femmes. Il est assez peu probable que nos professeurs actuels de la Sorbonne ou des lycées de Paris, et surtout de l'enseignement libre, aient souvent à leur disposition un aussi nombreux personnel.

Aléandre, surchargé de cours et de leçons et, surtout, souffrant, avait souvent formé le désir d'avoir quelque moyen plus doux de vivre, quelque emploi ecclésiastique, où les exigences du combat pour l'existence se fissent moins sentir.

Au mois d'août 1512, Jérôme Aléandre écrivait à l'évêque d'Orléans, Christophe de Brillac, une lettre par laquelle il le sollicitait de lui faire obtenir un bénéfice vacant :

A Christophe de Brillac, évêque d'Orléans

Si jamais quelque espoir d'une fortune meilleure m'a souri, s'il est arrivé un moment où Votre Grandeur pourrait, non seulement se libérer de ses promesses, mais encore mériter la reconnaissance de bien des hommes illustres qui désirent que je demeure dans ce royaume et m'acquérir comme un perpétuel esclave et de vous et de toute la famille de Brillac, je puis bien dire que ce moment est arrivé. De nombreux bénéfices se sont trouvés vacants, à ce que j'ai entendu dire, ces jours derniers. Si Votre Excellence me croyait digne de quelqu'un d'entre eux, j'oserais la prier de ne pas s'en montrer avare à mon égard. Votre Excellence est pour les autres, même spontanément, si libérale ! Ce n'est point l'avidité qui me pousse à ces sollicitations, mais la conscience de ma situation. Je sais que je suis un homme mortel, un étranger brisé par les études et, à cause de cela, sujet à mille maladies (1). Ajoutez encore que je suis bien loin de ma patrie qui est accablée par les guerres, à ce point que je ne puis maintenant espérer aucun secours de mon patrimoine. Toutes ces circonstances m'incitent à me ramasser un pécule pour ma

____

(1) Ces mots rappellent toujours le triste sujet des préoccupations d'Aléandre.

vieillesse. Depuis plusieurs années j'ai enduré bien des fatigues en enseignant dans ce royaume. Aussi je recherche les amitiés des personnages éminents. C'est pourquoi, enfin, je me suis consacré tout entier au service de Votre Grandeur. Si, comme je l'espère, Votre Grandeur tire pour moi du trésor de ses bontés ce qu'elle m'a promis, ainsi que je l'espère, je n'aurai plus d'autre souci que d'instruire votre neveu, de prier Dieu pour vous et d'écrire, à mes heures de loisir, quelque pièce en l'honneur et la gloire de votre très illustre maison. Je veux vous apprendre, en finissant cette lettre, que je prie Dieu chaque jour de vous conserver longtemps dans la prospérité et de me rendre digne du bienfait que je vous demande. Je fais des vœux pour la santé de Votre Grandeur. Paris, 1512, au mois d'Août (1).

Il sollicitait, en même temps, la même faveur de l'évêque de Paris.

A la fin de son rectorat (13 juin 1513) (2), Aléandre dut chercher d'autant plus à se procurer une situation stable et assurée.

Le dimanche 4 décembre 1513, comme nous l'appren-

(1) Cette lettre dont on trouvera le texte à l'appendice, a été publiée par J. Paquier. Elle se trouve dans le « Vat. 8075, f. 221, rº, copie. — De plus, on lit au t. LI des *Archives de l'Université de Paris* (Paris, Bibl. nat., *Rotulus nominandorum*, non folié, rectorat de Gérard Regnault) : « Magister Jheronimus Aleander in artibus magister et in Universitate Parisiensi latinae et graecae linguarum publicus professor se nominat *(se présente)* ad collationem domini episcopi Parisiensis. Idem se nominat ad collationem domini episcopi Aurelianensis ». Cette présentation doit être du mois de mars ou d'avril 1512. Aléandre venait d'être reçu maître ès arts. Les présentations de l'Université de Paris étaient presque toujours suivies d'effet » (J. Paquier, *Jérôme Aléandre,* p. 95).

(2) Le 13 juin 1513, Aléandre cessait d'être recteur de l'Université de Paris, et était remplacé par Etienne Laffilé, Parisien, d'après du Boulay.

nent les notes d'Udine, il commença d'habiter avec Etienne Poncher, évêque de Paris et prochancelier (1) de France.

Fils de Martin Poncher, échevin de Tours et receveur des aides au pays du Maine en 1474, et de Catherine Belin, il était chanoine de Saint-Gatien et de Saint-Martin de Tours, quand il fut reçu conseiller clerc au Parlement de Paris en 1485, à la place de Jacques du Drac, par lettres données à Dun-le-Roi, le 18 octobre 1485. Il avait obtenu une prébende en l'église de Saint-Aignan d'Orléans, sur la résignation de son oncle, André Poncher, en 1493, et avait été nommé président aux enquêtes en 1498. Enfin, grâce à son ambitieuse activité, son expérience politique et sa science, il fut élu évêque de Paris en 1503. En 1507 il accompagna Louis XII en Italie et sa facilité à parler *rhétorique langage*, en latin comme en français, lui fit donner les fonctions d'orateur royal (2) à Milan et à Pavie : aussi Paul Jove lui a-t-il donné le titre de « très éloquent orateur ». Il fut fait chancelier de Milan et, après la mort du chancelier Ganay, il eut la charge de garde des sceaux de France qu'il tint jusqu'au 2 janvier 1514.

(1) Etienne Poncher ne fut pas chancelier, mais seulement garde des sceaux, et remplit, par intérim seulement, l'office de chancelier.

(2) *Orator*, au XVIᵉ siècle, c'est, selon une acception que l'on trouve déjà chez les auteurs anciens, l'ambassadeur. — La race italienne, « passionnée pour les beaux discours, s'est toujours servie pour l'avancement de ses affaires temporelles, du prodige et des surprises de la conversation. Ce n'est pas sans raison que, dans l'âge d'or de leur diplomatie, les Italiens appelaient *orateurs* les envoyés de leurs princes ou les ambassadeurs de Florence et de Venise ». (Emile Gebhart, *Les Conteurs Italiens*, dans la *Revue*

Evêque de Paris, prochancelier de France, abbé de Saint-Benoît-sur-Loire, Poncher était donc un personnage alors tout puissant dans l'Etat et très admiré de ses contemporains, nationaux et étrangers. Jean Raulin l'appelait « homme puissant par sa connaissance approfondie et de la vie pratique et des sciences », — *vir pollens gemina scientia vitae et doctrinae* (1), et Erasme écrivait

des Deux-Mondes du 1er décembre 1894). Nos latinistes français de cette époque reprirent cette expression.

(1) Cité d'après P.-L. Jacob, *Histoire du XVIe Siècle*, Paris, 1834, 4 vol. Cf. la notice sur Etienne Poncher dans Charpentier, *Description historique et chronologique de l'église métropolitaine de Paris*, Paris, 1767, et dom Housseau, *Histoire littéraire de Touraine* (Bibl. Nat., mss). Le *Gallia christiana*, édition de 1656, t. I, p. 460, en parle ainsi dans l'histoire résumée des évêques de Paris :

« Stephanus Poncher, Senator Parisiensis, iurisque Pontificij et ciuilis interpres celeberrimus, Cancellarius Mediolanensis, et Ordinis Sancti Michaelis, Franciae vero sigillorum custos post Joannem de Ganay Nomophylacem, designatur [Episcopus] Parisiensis 1503, quo anno Regi Ludovico XII fidem hominij iurauit, et 21 Maij solemni apparatu urbem ingreditur, ad eam celebritatem vocatis nobilibus clientibus Episcopatus, nempe Baronibus de Caprosia, Montmorencij, Maciaci, Montisgaij, Caudae et Lusarchiarum, qui eum ad Ecclesiam Cathedralem pro more subuexerunt : nominatur 1506 cum Nannetensi Praesule in contractu matrimonij Francisci Valesij Ducis, postea Franciae Regis huius nominis I. cum Claudia, Ludovici XII filia, quem in Italiam secutus 1507. Regij Oratoris munere in hac expeditione perfunctus, luculentas orationes habuit in ingressu Patauij et Mediolani, auctore Joanne d'Authon, Historico Regio, qui Antistitem vocat facundissimum Rhetorem. Anno vero 1512 delectus est arbiter Joannis de Albreto, Regis Nauarrae, et Catharinae uxoris, pro causa controuersiae hominij Bearnensis principatus ; legatus item missus cum Arturo Gouffier, magno Franciae magistro, in tractatu pacis Nouiomensi 1516. August. 13, inquirit auctoritate Apostolica de vita et miraculis Sancti Francisci de Paulâ pro eius canonisatione, cum Autissiodorensi et Gratianopolitano Episcopis ; et Claudiam Reginam Francisci I conjugem in templum Virginis (= *Notre-Dame)* ingredientem excipit 1517, hoc anno destinatus Orator ad Carolum V Imperatorem in Hispaniam. Demum ad Archiepiscopatum Senonensem assumitur... »

Ce même *Gallia christiana*, édition de 1656, t. I, p. 649, dit

à Guillaume Hue, doyen de la cathédrale de Paris (1),
que la renaissance des lettres était due en grande
partie à Etienne Poncher :

J'attribue cette renaissance en partie à l'aimable candeur
du caractère français, en partie à la sagesse de l'évêque
Etienne Poncher, homme divinement inspiré pour restaurer
les meilleures disciplines littéraires et la vraie piété (2).

encore d'Etienne Poncher dans l'abrégé de l'histoire du Diocèse
de Sens : « Stephanus Poncher, Franciae Procancellarius, Turonis
honoratâ familiâ oriundus, ex Parisiensi ad hanc Cathedram assumitur, solemniterque urbem ingressus 1519, Dominicâ ultimâ Julii :
hoc anno fidem hominij pro temporali Ludovico XII iurauit : eius
quidem ingenij, virtutisque praemium fuit sacri Sigilli custodia,
qua donatus est defuncto Joanne de Ganay Nomophylace 1512, et
suprema Ducatus Mediolanensis Cancellarij, ac militiae S. Michaelis
dignitate. In obeundis Legationibus, quas sub Ludouico et Francisco Regibus confecit, non mediocrem laudem sibi parauit ; ipsum
vero Ecclesiae suae probe memorem fuisse in his Reipublicae muneribus testantur statuta diocesana, quae pro regimine Cleri edenda
curauit ; multis et doctrinae nominibus celebratur a Iodoco Ascensio cum opera S. Basilij ei dicat. Domum Archiepiscopalem Seno-
nis a fundamentis egregio opere construere incepit, et sacrarium
basilicae pretiosissimis ornamentis ditauit. Lugduni denique mor-
tuus est 1524. Hujusmodi Epitaphium in Metropoli ante cathedram
tumulo affixum est :

STEPHANUS PONCHER

Turonensis, primum Episcopus Parisiensis, deinde Archiepiscopus
Senonensis, Mediolani Cancellarius, ac Franciae intercancellarius,
sub Ludouico XII, Ordinis item Regij Cancellarius sub Francisco I.
quorum Regum utrique ob multiplicem doctrinam, maximam probitatem, summamque prudentiam, rectissimum concilium gratissimus fuit. Tandem multis Legationibus magno sui nominis honore,
âc Christianorum Principum concordiâ functus, Lugduni obiit
annos natus LXXVIII, Christi anno MDXXIV, sexto Calend.
Martii. »

(1) Sur Guillaume Hue, doyen de l'église de Paris en 1517, cf.
Gallia Christiana, édition de 1656, t. I, p. 472.

(2) « Id partim gallici ingenii tribuo candori, partim eximii praesulis Stephani Poncherii sapientiae, viri instaurandis optimis litteris ac verae pietati diuinitus facti ». — D'après Rebitté, *Guillaume Budé*, p. 184. Josse Badius, dans la lettre dédicatoire des
Œuvres de saint Basile qu'il publia en 1520, a fait aussi un grand
éloge d'Etienne Poncher (cf. Ph. Renouard, t. II, p. 145 et *passim*).

Aléandre crut avoir trouvé dans ce prélat influent et cultivé l'homme qui allait lui ouvrir le chemin des honneurs et d'une fortune définitive, et, dans ses notes, il joignait à la date de son entrée auprès d'Etienne Poncher quelques lignes très élogieuses pour son nouveau patron :

Etienne Poncher est certes très habile et très docte. Par dessus tout il est d'une extrême modestie. Que Dieu m'accorde de vivre avec lui longuement et heureusement !

Il m'avait offert un salaire, mais je l'ai complètement refusé. J'ai pleine confiance dans sa seule bienveillance qui surpasse toute bienveillance humaine. Ce n'est pas un maître, c'est un père plein de bonté que j'ai trouvé. Que Dieu ne change pas ma condition présente à laquelle j'attribue tout ce qu'il m'est arrivé d'heureux et je l'écris ici non par orgueil, mais pour la gloire de Dieu.

Etienne Poncher et Jérôme Aléandre entretinrent d'abord des rapports excellents :

Le mercredi 21 décembre 1513, — écrit Aléandre parmi ses recettes, — mon très révérend Seigneur m'a envoyé par René, son barbier et son valet de chambre, vingt écus d'or que j'ai repoussés avec indignation. Comme le porteur ne voulait pas les remporter, je les ai reportés moi-même le soir. Là, après beaucoup de refus, je fus forcé, à moins de vouloir perdre l'affection de mon maître, de recevoir lesdits vingt écus d'or, et mon maître me parut les donner avec des sentiments plus bienveillants que n'en aurait quelqu'un, même pauvre, qui les recevrait (1). Bien plus, je n'ai jamais vu un maître aussi anxieux sur les mots plein de bonté et de douceur qu'il emploierait pour me persuader : ainsi je

(1) Est-ce à lui-même que songe Aléandre ?

dus recevoir cet argent. Que Dieu accorde à mon seigneur
tout ce que je voudrais pour moi-même !.... 20 écus (1).

Peut-être Etienne Poncher avait-il désiré avoir auprès
de lui Aléandre, Italien et excellent humaniste, à cause
des rapports qu'il entretenait avec la curie romaine et
des affaires qui lui étaient déférées en sa qualité de
chancelier de Milan. Peut-être avait-il eu déjà recours à
l'habileté diplomatique et aux connaissances d'Aléandre,
en 1512, au moment où il avait été l'arbitre de Jean
d'Albret, roi de Navarre et de sa femme Catherine de
Navarre, touchant l'hommage de la principauté de
Béarn, au moment où il avait été nommé commissaire
pour la canonisation de François de Paule au sujet de
laquelle il avait écrit à Léon X en lui envoyant, le
14 avril 1513, les procès-verbaux qui avaient été dressés.
Peut-être encore en avait-il besoin pour la rédaction de
ses *Constitutions synodales* (2).

Le 9 janvier 1514, nous trouvons Aléandre à Blois (3).
Il y fut amené sans aucun doute par ses fonctions

(1) Omont, *Journal autobiographique....*, p. 24.

(2) Ces *Constitutions synodales* parurent à Paris, en 1514, in-4°.

(3) Victorelli et, à sa suite, Mazzuchelli, Liruti, Burigny, Roscoe,
mentionnaient ce séjour d'Aléandre à Blois, sans en préciser l'époque. M. Rebitté, *Guillaume Budé*, 1846, p. 132 et suiv., refuse d'en
croire ces historiens sur leur parole et, en particulier, attaque
Roscoe : « Roscoe dit encore : « Ce littérateur....après une rési-

auprès d'Etienne Poncher. D'ailleurs Blois était alors la résidence de la cour et un centre littéraire où brillaient quelques renommées que le temps a un peu découronnées : Marc de Villebresme, Jean Le Maire, Jean d'Authon. Beaucoup d'Italiens y résidaient ou y venaient, appelés ou attirés par l'immixtion constante de la France dans les affaires italiennes. C'était un

dence de quelques années, quitta Paris par crainte de la peste. Il parcourut alors diverses parties de la France et donna des leçons publiques de grec à Orléans, à Blois et ailleurs. » Récit étrange ! Sommes-nous en Grèce, à l'époque où les sophistes florissaient, ou bien en France au commencement du XVIe siècle ? Nous parle-t-on d'un déclamateur célèbre et de choses qui se soient passées dans l'Asie mineure, sous les empereurs, au temps des Antonins, par exemple, ou bien ne s'agit-il vraiment que d'un étranger venu dans ce rude pays où, vers la même époque, des franciscains arrachaient ses livres grecs à un jeune moine dans un couvent de Touraine. Aléandre enseigna le grec à Blois et ailleurs ! A Amboise, sans doute ! Pourquoi pas à Chinon ? Et il en donna des leçons publiques ! Combien de temps fit-il ce métier ? » Il y a dans ces lignes quelques erreurs : 1º Il est incontestable, d'après le témoignage même d'Aléandre, qu'il alla de Paris, et non pas d'Orléans, à Blois ; il est vrai qu'il n'y enseigna pas le grec, — et encore qu'en sait-on ? — mais qu'il s'y occupa très probablement de politique et de diplomatie. — 2º Il y avait alors, comme aux précédentes époques, des professeurs errants et aventureux qui allaient porter leur enseignement d'université en université, de ville en ville. Cette vie errante était, pour les professeurs et les écoliers, une des nécessités du temps. En plein moyen-âge, à une époque qui rappelle encore moins l'époque des Antonins que les premières années du XVIe siècle, on voit Albert le Grand professer successivement, en quelques années, des cours sur les sciences naturelles et les sciences sacrées à Cologne, Fribourg, Ratisbonne, Strasbourg, Hildesheim et Paris. L'époque dont parle M. Rebitté, était celle des étudiants-touristes qui disaient aux simples qu'ils avaient été au Venusberg, et qu'ils y avaient appris la magie. Le *Liber vagatorum* qui parut après 1509 et qu'on attribuait à Thomas Murner ou à Sébastien Brant (cf. P. Ristelhuber, *Faust dans l'histoire et dans la légende*, Strasbourg, Berger-Levrault, 1863, p. 284) traitait, en particulier, dans son chapitre VII, de ces étudiants libres et bohèmes.— 3º Rabelais est allé chez des Franciscains du Poitou, à Maillezais, et non de Touraine.

italien, Fausto Andrelini (1) qui était à Blois le chantre
officiel du roi Louis XII dans la langue de Virgile. Les
médiocres poésies de ce latiniste assez pauvre qui,
venu à Paris sous Charles VIII, avait cependant contribué, dans la mesure de ses forces, à y faire connaître le

(1) « Tandis que Louis XII surveillait les opérations de la guerre
en Italie, la reine Anne, restée au château de Blois, y ouvrait une
lice de poésie où l'on s'efforçait de célébrer les exploits guerriers
du roi. Au premier rang des panégyristes rimeurs, on comptait
l'italien Fausto Andrelini qui chantait en latin le monarque fran-
cais. Or, comme la reine qui, en fait d'idiomes étrangers, ne devait
guère pratiquer que le breton, se faisait traduire les pastiches
latins de Faustus par un poète blésois, nommé Marc de Villebresme, texte et traduction atteignaient le genre grotesque, sans y
viser, bien entendu.... De son côté Louis XII voiturait à sa suite
parmi ses bagages de guerre, des poètes chargés de répondre aux
épîtres plus ou moins louangeuses qui lui parvenaient de Blois. »
(La Saussaye, *Histoire du château de Blois*, Paris-Blois, 1840,
p. 91 et suiv.). Voyez encore sur Fausto Andrelini, G. Touchard-
Lafosse, *Histoire de Blois*, Blois, 1846 ; P. L. Jacob, *Histoire du
XVI° siècle*, Paris, 1834, t. II, p. 242 ; D. Rebitté, *Guillaume Budé*,
p. 132-139 ; Dʳ Louis Pastor, *Histoire des Papes*, trad. fr., t. VI,
p. 408 ; Ph. Renouard, t. I, p. 74 et *passim*. La Cour, d'ailleurs,
pouvait bien se tromper sur la valeur des vers de Fausto Andrelini
puisqu'Erasme lui même avait partagé l'engouement général et
réclamé la protection du poète royal pour son livre des *Adages*,
protection que celui-ci avait généreusement accordée. Il est vrai,
qu'il se vengea bien par la suite de ses propres adulations. Il pour-
suivit de ses sarcasmes les vers d'Andrelini auxquels il ne manquait, disait-il, qu'une syllabe, νοῦς en grec, *mens* en latin, c'est-à-
dire, en français *le bon sens*. Nicolas Bourbon a dit des vers de
Fausto :

    Quod, scabra adhuc et inconcinna, saeculi
    Quamdam sui barbariem oberrent gothicam.

(Nicolas Bourbon, *Nugarum liber* VIII, carm. 47, d'après Rebitté,
Budé, p. 131). Nous avons parcouru à la Bibliothèque nationale
les opuscules suivants de Fausto Andrelini : *De regia in Genuen-
ses victoria libri tres* (dédicace à Germain de Ganay), Josse Bade,
juillet 1509 ; — *De captiuitate Ludouici Sphorciae*, Robert de
Gourmont ; — *De secunda victoria Neapolitana*, impressum apud
Denys Roce pro Johanne Paruo, 1504 ; — *De triumphali atque
insigni christianissimi inuictissimique Francorum regis
Ludouici duodecimi in Venetos victoria*, de Marnef ; — *De*

génie de l'antiquité, faisaient l'admiration de la cour. Le goût du jour était tellement porté vers les anciens qu'on admirait jusqu'à leurs plus pâles imitateurs. Des italiens, amenés par Charles VIII, ce monarque que l'Italie avait enchanté (1), dessinaient les jardins royaux à l'instar du « Poggio Reale » de Naples ; c'étaient messire Passelo de Mercogliano et son fils Edme, jardiniers concierges du jardin du roi, qui, les premiers, apportèrent l'oranger en Touraine (2). Les voyageurs

gestis legati Georgii Ambosii, cardinalis Rhotomagensis ; — In Annam Francorum reginam panegyricon, Josse Bade. Mlle Pellechet, dans son *Catalogue de la bibliothèque d'un chanoine d'Autun (Mémoires de la Société Eduenne,* t. XVIII, p. 11), cite le titre d'un autre ouvrage : *Epithalamium de Claudia regina et Francisco, Valesiorum duce.* Dans le Gaguinus, *Super Francorum gestis,* Parisiis, Bonnemere, 1514, sont quelques vers d'Andrelini, au folio 307. On trouve dans Ph. Renouard, t. II, p. 27 et suiv., l'indication d'autres ouvrages de Fausto Andrelini.

(1) Charles VIII, dans une lettre à son beau-frère, le sire de Beaujeu, disait de l'Italie : « Au regard du pays, il n'est rien en ce monde plus plaisant et meilleur. Beaux lieux de plaisance, fontaines, jardins où il y a citrons, oranges et toutes autres choses qu'il est possible de désirer, roses et autres fleurs de toutes sortes, oiseaux chantant plus plaisamment que rossignols.... Vous ne pourriez croire les beaux jardins que j'ai vus en cette ville [de Naples], car, sur ma foi, il semble qu'il n'y faille qu'Adam et Eve pour en faire un paradis terrestre ».

(2) « Charles VIII ramena avec lui, de Naples, messire Passelo de Mercogliano, fameux horticulteur du temps. Cet artiste, car nous ne saurions lui donner un autre nom, dessina et planta le parterre du château d'Amboise, tel que nous le voyons reproduit dans l'œuvre de Ducerceau, disposa le parc qui couvrait une partie de la colline et établit le potager royal de Château-Gaillard, sur les bords de l'Amasse, avec des serres naturelles dans les flancs du coteau. Louis XII qui fit de Blois sa résidence favorite, emmena messire Passelo avec son fils Edme, lui confia la création et la direction des jardins royaux avec le titre de jardinier-concierge du roi, aux gages de trois cents livres par an, et lui donna l'un des canonicats de la collégiale de Saint-Sauveur de Blois. En 1505, il lui avait

italiens de haut parage, les ambassadeurs des cités et
des provinces de Toscane et de Lombardie n'y man-
quaient pas non plus. En 1510, Machiavel (1) y était,
venu pour la seconde fois, défendre les intérêts de la
république florentine et, sans doute, s'opposer sour-
dement aux cupidités dont l'Italie était alors l'objet.
Navagero, l'élève de Musurus et de Pomponace, qui
avait fait partie de la réunion littéraire établie à Pordenone par Barthélemy Alviane, devait y mourir en 1529.
On pouvait, en un mot, dire du Blois de cette époque
que c'était presque un coin de la terre d'Italie transporté
sur les rives de la Loire (2). Tout cet italianisme de
la cour dut faire plaisir à Aléandre. Peut-être put-il
voir aussi cette bibliothèque où s'entassaient et les livres

accordé comme récompense le Château-Gaillard, en chargeant ce
domaine, entre autres redevances envers le roi, d'un bouquet de
fleurs d'oranger tous les ans, sans doute pour rappeler que cet
arbuste venait d'être introduit en Touraine par le jardinier italien ».
(L'abbé C. Chevalier, *Naples, le Vésuve et Pompéï*, Tours, 1871,
p. 85).

(1) Voir sur Machiavel le livre de Pasquale Villari, *Nicolo
Macchiavelli e i suoi tempi illustrati con nuovi documenti*,
Firenze, Le Monnier, 1877, 3 vol. in-8°. Sur Navagero, cf. un jugement de Baschet, dans Dr Dufay, *Un érudit du XIXᵉ Siècle,
Armand Baschet (Mem. de la Soc. des Sciences et Lettres de
Loir-et-Cher*, t. XII, Blois, 1883). Le corps de Navagero fut transporté à Venise et inhumé dans la petite église de San-Martino,
dans l'île de Murano. La légende de l'inscription qui orne son
tombeau, rappelle sa mort à Blois : *Blaesio in oppido ad Ligerim.*

(2) Blois n'avait alors ni écoles ni université. Cf. A. de Martonne,
*Les Grandes Ecoles et le Collège de Blois (Mémoires de la So-
ciété des Sciences et Belles-Lettres du Loir-et-Cher*, t. V, p. 27) :
« On ne trouve aucune trace d'instruction publique à Blois avant
1569. ....Un nommé Laurent Le Tellier est alors nommé maître des
Grandes Ecoles de la ville. »

du vieux fonds royal et ceux qu'on avait arrachés à
Naples et à Pavie (1).

Aléandre rencontra et fréquenta, en effet, de nobles
Italiens en exil à Blois. Il les a énumérés dans ses
notes : Guarnerio de Guascis, son frère Lodovico de
Guascis, Francesco de Guascis, Paolo de Vottis. Ils
étaient d'Alexandrie.

Peu après son arrivée dans cette ville où il resta jusqu'au printemps, Anne de Bretagne mourut :

J'habitais alors à Blois, occupé *en partie* aux affaires
du royaume de France sous la direction de l'évêque de
Paris qui gardait alors les sceaux.

Ces mots *en partie* semblent indiquer qu'il n'avait
pas renoncé à tout enseignement ou, au moins, à toute
étude du grec. Il avait emporté à Blois un assez grand
nombre de livres dont il nous a transcrit la liste. Il
devait, à son départ de cette ville, les laisser « en la
grande chambre neuve, dans un grand coffre de bois »
dont il déposa la clef chez la « dame qui avait été l'hô-
tesse de l'évêque de Paris » (2).

La façon dont cette bibliothèque, d'une soixantaine
de volumes, a été composée, indique assez nettement les

(1) « Tropaea illa librorum, ex hostium rapta manubiis », comme
dit un contemporain, Guillaume de La Mare, dans une lettre
enthousiaste sur l'expédition d'Italie, adressée à Paul Emile. —
André Navagero, dans son *Viaggio in Francia* (Andreae Nau-
gerii *Opera omnia*, Patavii, M.D.CCXVIII, p. 398-419) dit, en parlant de Blois : « In Blais e la Libreria de i Duchi di Milano, che
solea esser nel Castello di Pavia, laqual portò Re Alvigi d'Italia,
quando tolse lo Stato al Duca Lodovico ».

(2) Les livres d'Aléandre étaient encore à Blois le 25 janvier 1518,
d'après une lettre adressée de Rome par Aléandre à Evrard de la
Marck, prince-évêque de Liège.

préoccupations, littéraires ou politiques, qu'avait alors notre humaniste. On y trouve tout naturellement beaucoup d'auteurs grecs et latins, tant profanes qu'ecclésiastiques. Quelques titres, la *Mer des histoires*, l'*Histoire de Grégoire de Tours*, la *Chronique de Froissard*, montrent que l'attaché au cabinet du prochancelier de France avait le souci de s'instruire du passé de la nation française. Un texte hébreu du Pentateuque fait voir qu'il n'avait point cessé de s'intéresser aux langues orientales. Quelques livres, comme des traités *sur le concile*, les *Vespéries*, de Marc de Grandval, nous font entrevoir qu'il se préparait et s'armait toujours pour défendre la suprématie de l'autorité pontificale sur le concile contre tous les conciles de Pise de l'avenir. C'est à ce genre de recherches que doit se rattacher la mention du nom de Dante, et c'est sans doute, non pas la *Divine Comédie*, mais le *De Monarchia mundi* qu'Aléandre étudiait à propos des relations des pouvoirs spirituel et temporel.

Les rapports entre Etienne Poncher et Aléandre demeuraient cordiaux. Le 7 mars, Jean Poncher, prévôt de l'église de Tours et neveu du très révérend évêque de Paris, lui donnait à Blois un anneau d'or avec un camée sur agate. De septembre à novembre, le prélat accordait à l'Italien des gratifications de 40, 14, 45 et 20 écus.

En compagnie de l'évêque de Paris, Aléandre revint à Paris. Sa santé était toujours débile, et son ambition d'obtenir quelque bénéfice avantageux ne se réalisait toujours pas. Il a noté, dans son *Journal*, les accidents de sa santé et ses désespérances :

Le dimanche 11 juin [1514] on vit de la glace à Paris.

Le lundi 19 juin et aussi le mardi 20, il y eut une aussi grande chaleur que j'en aie jamais ressenti en Italie. Pendant ces deux nuits, et surtout celle du lundi, la plupart des gens ne purent dormir ; elles me furent, à moi surtout, très nuisibles ; m'étant découvert, par suite de la chaleur, sur mon lit, je me suis trouvé si mal que j'ai cru souffrir de la podagre à cause de la douleur que je ressentais dans les jambes ; je ne me porte pas bien encore, et je vais plus mal de jour en jour. J'ai écrit ceci, le dimanche 25 juin.

Le jeudi 22 juin, il y a eu, à Paris, un très grand froid, et tel qu'en hiver.

En juillet et août il passe six semaines, avec le prochancelier, auprès du roi, à Saint-Germain-en-Laye, au moment où était conclue la paix avec l'Angleterre. Il était le secrétaire de la Cour pour les lettres latines. Ce fut lui qui composa la lettre par laquelle Louis XII annonçait au pape la conclusion de cette paix. Il disait vingt-cinq ans plus tard à Cervini qu'il avait écrit, au nom du roi de France, de nombreuses lettres au roi d'Écosse pour l'engager à rester dans l'obéissance au Pape.

Si entouré de déférence qu'il fut à la Cour, son caractère, probablement un peu bergamasque, n'avait pas conquis les gens de la suite de l'évêque qui le servaient et qui firent à notre pauvre malade, toujours geignant sur les misères de sa constitution et de sa vie, une assez jolie peur :

Le 10 août 1514, jour de la Saint-Laurent, vers dix heures
du soir, comme je revenais de Saint-Germain où j'étais
auprès de l'évêque de Paris, et comme je me trouvais près
du bourg de l'Etang (1), quelques-uns de nos domestiques,
s'étant masqués et cachés sous des arbres, m'attaquèrent,
l'épée à la main. Ce n'était que par plaisanterie. Cependant,
comme je ne reconnaissais point ces hommes et comme
j'ignorais qu'ils agissaient ainsi par plaisanterie, j'éprouvai
une telle frayeur que je suis malade depuis neuf jours et
que je ne me porte pas bien encore. Dieu soit loué, et qu'il
pardonne à ceux qui ne savent pas ce qu'ils font !

Le 23 août, il quittait Saint-Germain avec Etienne
Poncher :

Le 23 août [1514], nous sommes revenus à Paris, de Saint-
Germain où nous avions demeuré auprès du roi Louis
pendant six semaines.

Le mariage de Louis XII avec Marie d'Angleterre
était décidé. Cette princesse fut reçue à Boulogne par
le comte d'Angoulême. Le mariage fut célébré le
9 octobre 1514 à Abbeville. Aléandre y accompagna
Etienne Poncher, et d'Abbeville se rendit à Amiens
dont la réputation l'attirait sans doute :

Le 16 octobre, à trois heures de l'après-midi, à Abbeville,
par un ciel nuageux et un peu pluvieux, on entendit tout
à coup le tonnerre ; la tour de Saint-Pierre de cette ville
fut frappée de la foudre ; ensuite on n'entendit plus qu'un
faible coup de tonnerre. Jamais, d'après mes souvenirs, la
foudre ne parut plus inopinée et plus hors de saison, et

(1) L'Etang-la-Ville, canton de Marly-le-Roi (Seine-et-Oise).

surtout dans des endroits rapprochés de la mer. En outre
la pluie dura vingt-deux jours et plus, avec de la grêle, si
bien qu'il se passait à peine quatre ou cinq heures sans
pluie.

La reine quitta Abbeville le lundi 23 octobre. Je gagnai
Amiens où je trouvai une magnifique cathédrale, les reli-
ques de beaucoup de saints, et surtout la chair et la peau
du chef de saint Jean-Baptiste (1) jusqu'aux dents. J'y trouvai aussi le bois de la Croix du Seigneur dans un reliquaire
d'un travail grec, avec les noms en lettres grecques de
beaucoup de saints dont le trésorier de cette église prit par
écrit l'explication que je lui en donnai....

Pendant son séjour à Saint-Germain, Aléandre avait
rencontré Evrard de la Marck, le prince-évêque de
Liège, qui lui avait offert de venir auprès de lui. Il
avait refusé ces offres ; mais, décidément, rien de
sérieux ne venait de la part d'Etienne Poncher. Dans
le cortège qui ramenait Marie d'Angleterre et le roi
vers Paris se trouvait le prince-évêque. Aléandre songea
à lui rappeler, par l'intermédiaire d'un ami, François
Médulla, les promesses qu'il lui faisait à Saint-Germain
et à lui faire savoir que, maintenant, il entrerait volontiers à son service :

1514, 27 octobre, au coucher du soleil, je réfléchissais à
Beauvais, que je n'avais pas voulu du traitement de l'évêque
de Paris, afin qu'il me procurât plus promptement ou des
bénéfices ou un traitement du roi, comme il me l'avait souvent promis ; mais rien n'est venu, soit à cause de la très
grande réserve qu'observe plus qu'il n'est juste cet homme

(1) Cf. Du Cange, *Traité historique du chef de saint Jean-
Baptiste*, Paris, 1665, in-4°, p. 137-143.

qui ne sera, d'ailleurs, jamais assez loué, soit parce qu'il réserve, comme quelques-uns le pensent, pour lui et les siens toute la faveur royale, soit parce que le prince, ce que je croirais plus facilement, ne voit pas volontiers ceux qui lui demandent quelque bienfait. Pour moi, considérant que l'évêque de Paris n'avait pas voulu, alors qu'il le pouvait, me pourvoir sur les bénéfices à sa disposition, ne croyant pas même qu'il m'aimait autant que je l'ai su depuis, pressé aussi par des dettes, je me souvins des conditions honorables que m'avait offertes le révérendissime évêque de Liège, à Saint-Germain, l'été passé, et que, d'ailleurs j'avais refusées, ne devant même jamais les accepter si le seigneur évêque de Paris m'avait pourvu même médiocrement. Emu par toutes ces raisons, je priai François Médulla de sonder les dispositions du révérendissime évêque de Liège et de savoir s'il consentirait encore à me recevoir, comme il l'avait voulu jadis. Cet homme, plein de prudence, ayant appris les raisons qui me poussaient, ne se refusa pas à le faire, mais il me demanda de réfléchir encore. Puis, le lendemain matin, une occasion s'offrit: voyant, dans le palais épiscopal de Beauvais, l'évêque de Liège inoccupé, il lui demanda, contrairement à ce qu'il avait résolu, s'il voudrait me recevoir, et aux conditions qu'il m'avait jadis offertes. « Mais, dit-il, Aléandre consentirait-il lui-même à me servir ? » François Médulla répondit qu'il l'ignorait, qu'il s'en informerait. Ce fut convenu entre eux, non sans que l'évêque de Liège ajoutât tout d'abord ces paroles : « J'ai offert ailleurs à Aléandre mes conditions et j'ai désiré vivement et souvent qu'un tel homme fût auprès de moi. Aléandre a méprisé ces offres ; il cherchera un évêque de Liège et n'en trouvera pas. » Le même jour, auprès de Beaumont, François Médulla me rapporta cet entretien ; il me demanda, sur l'ordre de l'évêque de Liège, quels appointements me satisferaient ; de lui-même, cependant, il offrait vingt francs par mois, mon entretien, celui de mon domestique et de deux chevaux, sa table et les avantages les plus honorables. Je répondis à François que je voulais, après avoir invoqué le Saint Esprit et entendu la messe en son honneur, réfléchir encore, ce qui lui plut beaucoup. Le lendemain, c'est-à-dire le dimanche 29 octobre, auprès de Beaumont (1), je ne trouvai pas de prêtre qui pût célébrer cette messe en l'honneur de l'Esprit Saint ; je répandis devant Dieu mes prières, et lorsque François me vint voir, je lui donnai pleins pouvoirs pour conclure l'affaire pour cinq cents francs, mon entretien, celui de deux serviteurs et de deux chevaux. Lorsque François Médulla eût fait connaître ces conditions, auprès de Saint-Denis, à l'évêque de Liège, il acquiesça à mon entretien, à celui des chevaux et des serviteurs, mais il dit qu'il ne donnerait jamais de tels appointements, de peur d'être raillé par les autres princes ; si je voulais me contenter de ce dont se contentaient les autres, il était prêt à me donner autant et plus que n'importe quel cardinal ou évêque de Rome ou de France donnait à son secrétaire.

Ensuite, le lundi 13 novembre, le matin, il fut convenu que le Révérendissime Evêque de Liège m'entretiendrait, ainsi que deux serviteurs et deux chevaux, donnerait, tout d'abord, dans les premiers jours, cent écus d'or, et en outre, chaque année, trois cents francs comme appointements. Puisse ce marché avoir été conclu pour la gloire et selon la volonté de Dieu ! Il promit qu'il me donnerait ces gages jusqu'à ce qu'il m'eût fait obtenir des bénéfices d'un revenu de quatre cents francs. Je répondis que j'acceptais cette promesse, pourvu qu'elle ne fût pas en désaccord avec les saints canons. S'il me faisait, par sa bienveillance, obtenir de pareils bénéfices, nous réglerions alors d'une autre façon cette question des appointements.

(1) Beaumont-sur-Oise, auj. canton de l'Isle-Adam, arrondissement de Pontoise (Seine-et-Oise).

L'affaire était donc conclue. Evrard de la Marck fit payer à son futur secrétaire les cent écus qu'il lui avait promis tout d'abord, par Godefroi de Bernay, son vicaire dans l'évêché de Chartres dont il était aussi titulaire. Il ne restait plus à Aléandre qu'à annoncer à Etienne Poncher sa volonté bien arrêtée de partir.

Il assista au couronnement à Saint-Denis et à l'entrée solennelle, à Paris, de Marie d'Angleterre, et notait, à propos des fêtes qui se donnèrent à cette occasion, la vigueur et l'adresse des Anglais :

Le 10 novembre Marie, la très chrétienne reine de France, fut couronnée à Saint-Denis ; puis, le 12, elle entra avec un appareil royal à Paris. Jamais je n'ai vu tant de précieux vêtements brochés d'or, tant de fourrures précieuses, tant de noblesse. On célébra ensuite, pendant plusieurs jours, des tournois où les Anglais, selon l'expression française, se comportèrent brillamment et avec vaillance, et remportèrent le prix.

Les occupations du prochancelier, dans de telles circonstances, ne permirent sans doute pas à Aléandre de s'entretenir avec son maître sur le sujet malaisé de son départ. L'occasion arriva pourtant :

1514, novembre, le soir, comme j'avais recommandé mes affaires à mon révérend seigneur, l'évêque de Paris, et qu'il paraissait, soit sérieusement, soit par affectation, beaucoup plus froid que d'ordinaire, au moment où tous et moi-même, nous espérions que j'obtiendrais quelque chose de lui, je résolus de me séparer tout à fait de lui, et de confier ma destinée au révérendissime seigneur et évêque de Liège qui, autrefois, m'avait en vain sollicité. J'avais

décidé, en effet, de n'abandonner jamais mon seigneur de
Paris, pour n'importe quel prix, si élevé fût-il, si, du moins,
il me repaissait de bonnes paroles. Bientôt, le mardi 14
novembre, à deux heures environ de l'après-midi, dans la
cour de Sainte-Catherine, je signifiai ouvertement à l'évêque
de Paris que je voulais m'en aller, après lui avoir rappelé
tout d'abord ce que j'avais fait en France pendant près de
sept ans, ce que j'y avais souffert et combien ce temps
d'une longue servitude était perdu pour moi.

Tout d'abord l'évêque de Paris pensa que je ne lui parlais
pas sérieusement ; il me dit qu'il ne voulait pas me retenir
si je trouvais ailleurs quelque bonne condition. Mais dès
qu'avec cette approbation du révérendissime évêque, j'eus
commencé le lendemain à rassembler mes bagages, celui-ci,
déjà tout changé, irrésolu et hésitant, me conseilla de n'être
pas si pressé ; il ajoutait qu'il avait toujours pensé à me
donner un salaire excellent, jusqu'à ce qu'il rencontrât des
bénéfices. Ces bénéfices, il aurait pu, cependant, me les
trouver, parmi ceux qui sont à la collation soit de lui, soit
du roi, s'il n'avait pas été toujours aussi indifférent. Mais
alors survint le président Baillet(1) et l'entretien fut rompu.
Puis le 16 novembre, au soir, j'interpellai notre homme avec
de bonnes paroles ; pendant l'intervalle, il avait averti son
maître d'hôtel de me traiter comme lui-même, et il m'avait
promis bien des avantages, cent vingt écus d'or par an, et il
me défraierait de mes dépenses. Mais, ce même soir, je priai
notre homme de me permettre de m'éloigner avec son assentiment et sans troubler en rien la tranquillité de sa maison ;
il me donna seulement du temps pour réfléchir. Cette nuit-
là, comme il l'a rapporté par la suite à François Médulla, il
ne dormit point ; le lendemain [17 novembre], de grand

—————

(1) Thibaud Baillet était « Président au Mortier » du Parlement
de Paris. On l'appelait, à cause de son intégrité, le *Bon Président.*
Cf. Moréri, *Le grand dictionnaire historique,* Paris, 1699, t. I,
p. 384.

matin, il fit venir son neveu et l'archidiacre ; il ordonna qu'on me retînt de toute manière et en me proposant le salaire qui pourrait m'agréer. Il m'offrit vingt francs par mois et tout ce que je voudrais en plus, et en outre je ne sais quoi de secret qu'il se réservait de révéler plus tard, puisque je lui avais découvert mes sentiments ; c'était, à ce que je crois, le secrétariat de l'évêché de Paris qui vaut quatre cents francs par an. Comme il ne gagnait rien sur moi et qu'il eût appris d'une façon quelconque que je m'étais presque engagé vis à vis de l'évêque de Liége, il se ressaisit alors et dit à Médulla qu'il ne voulait plus avoir l'ennui de me regretter, que, ces nuits dernières, il n'avait pas dormi à cause de ce souci, ainsi qu'il l'avoua à Médulla et comme me l'avait dit son maître d'hôtel. Aussi me permettait-il d'aller où je voudrais, et il me pria d'être son bon ami, puisqu'il le serait pour moi. Il avouait en toute ingénuité qu'il n'avait en rien à se plaindre de moi, que, pour moi, je ne devais me plaindre en rien de son affection et de son désir de me promouvoir, et lui reprocher seulement une certaine négligence où il était tombé en partie par sa faute, en partie par suite de préoccupations diverses et graves. Il était, en outre, prêt, si toutefois je le voulais, à rendre un témoignage très honorable à mon sujet auprès de tous et, en particulier, auprès de l'évêque de Liége, il me recommanderait à lui et le louerait de sa décision de m'appeler auprès de lui : ce qu'il fit en effet, comme me l'a rapporté l'évêque de Liége. Ensuite, le lundi 21 novembre, au soir, il me donna toute liberté de partir avec sa sainte bénédiction. D'ailleurs, comme je n'avais pu mettre en ordre mes affaires si promptement, je restai jusqu'au 29 novembre, auprès du seigneur évêque, en fort bons termes. Le seigneur évêque et tous ses serviteurs n'ont pas avoué qu'il avait supporté avec beaucoup de peine mon départ ; pour moi je déclare franchement que je ne me serais jamais séparé de lui s'il m'avait procuré un traitement de la part du roi, comme il me l'avait souvent promis, ou s'il m'avait fait obtenir des bénéfices sur lesquels j'aurais pu vivre honorablement et qu'il m'avait aussi promis, ou si du moins il m'avait accordé ces appointements qu'il m'a offerts après que je m'étais engagé envers l'évêque de Liège.

Aléandre fit ses derniers préparatifs. Il achète encore, le 27 novembre, pour neuf francs de livres chez Jean Petit qui lui avait vendu auparavant le *Polycraticus*, les *Tusculanes*, un petit *Aulu-Gelle*, de petites *Histoire ecclésiastique* et *tripartite*, les *Illustrations de la Gaule*, un *Pomponius Mela*, le *Canon* de Boussard, les *Sermons* de Raulin, un *Térence*, édition de Paris, un petit texte des *Sentences*, une petite *Bible* de Paris. C'est à ce moment qu'il fit sans doute don à l'évêque de Paris des *Œuvres* de Cicéron bien reliées, de divers autres ouvrages et de deux cartes, l'une du monde, l'autre d'Europe (1).

Le 29 novembre 1514, vers quatre heures de l'après-midi, Aléandre quittait Paris. Il nous a laissé, dans ses comptes, quelques indications sur les incidents de son voyage.

Le 9 décembre, il était à Dinant, sur les terres du prince-évêque de Liège. Il y rencontrait son protecteur.

Le 23, il arrivait, malade, d'ailleurs, à Liège.

(1) On s'expliquera très bien ce cadeau de cartes géographiques en songeant au goût, encore subsistant, que le siècle précédent avait eu pour les études géographiques, et aux grands progrès que leur avait fait faire Grégoire Reisch, prieur du couvent des Chartreux de Fribourg, Martin Waldseemüller, Regiomontanus, Peuerbach, Behaim et Peutinger.

Ce second départ de Paris (1) est pour nous la limite exacte de cette étude sur Aléandre humaniste et très ardent promoteur de l'hellénisme en France.

Nous mentionnerons, cependant, brièvement quels furent les premiers continuateurs de son œuvre, et nous examinerons rapidement ce que l'on aperçoit encore de l'humaniste dans le diplomate et le personnage ecclésiastique important que devint Aléandre.

Après la disparition d'Aléandre, il semble bien qu'il y ait eu, du moins de 1514 à 1517, une diminution des études helléniques françaises. Cependant l'enseignement du grec ne devait pas périr. « Vers 1514, Gilles·de Gourmont réimprimait la *Grammaire* d'Urbain Bolzani de Bellune (2), puis, en 1515 et 1516, la *Grammaire* de Théodore Gaza, d'après les éditions d'Alde Manuce (3), et, l'année suivante, une seconde édition de la *Grammaire* de Chrysoloras, déjà imprimée par lui et par les soins de Vatable en 1512 (4) .. Avant l'année 1517, un nouveau venu, Jacques Musurus de Rhodes éditait aussi, chez Gilles de Gourmont, les *Sentences des Sept*

(1) Nous considérons le séjour à Blois et à Saint-Germain d'Aléandre comme des espèces de *villégiatures.*

(2) H. Omont, *Essai sur la typographie grecque*, Paris, 1892, p. 34.

(3) *Eodem libro*, p. 36, nᵒˢ XXII et XXIII.

(4) *Eodem libro*, p. 38, nᵒ XXV.

Sages (1). » Glaréanus (2) vint aussi professer le grec à Paris.

La succession d'Aléandre nous paraît avoir été prise surtout par Jean Chéradame, de Seez (3), *Cheradamus Sagiensis* (4). « Environ l'an 1517, dit Théodore de Bèze, la langue grecque fut enseignée publiquement par un Français, nommé Chéradame, homme bien versé tant ès lettres hébraïques que grecques ». Gilles de Gourmont se montrait toujours animé du même zèle et ne cessait pas ses publications grecques. Nous le voyons donner en 1521 la *Grammatica isagogica Ioannis Cheradami* (5), en 1525, les *Demetrii Chalcondylae gramma-*

(1) *Eodem libro*, p. 13, 37 et 63. — Voy. *Bulletin de la Société de l'Histoire de Paris* (1886), t. XIII, p. 108-110.

(2) Melior Adamus, *Vitae Germanorum literis clarorum*, Francofurti, 1515, t. I, p. 236 ; Jodocus Castner, *Epicedion et epigrammata quaedam funebria de obitu Henrici Loriti Glareani*, Basileae, 1563 ; Schreiber, *Heinrich Loriti Glareanus, gekrœnter Dichter, Philolog und Mathematiker aus dem 16 Iahrhundert*, Freiburg im Breisgau, *1837*.

(3) Cf. sur Chéradame, l'abbé L. Hommey, *Histoire générale ecclésiastique et civile du diocèse de Séez*, Alençon, 1900, t. III, p. 386. Chéradame était en réalité d'Argentan, au diocèse de Séez.

(4) En 1515 parut à Venise la grammaire grecque d'Alde l'ancien : Aldi Manutii Romani *grammaticae institutiones graecae* (Bibl. Nat. X. 342, 135 ff, exemplaire relié aux armes de France et au chiffre et croissant de Diane de Poitiers), par les soins de son ami Marc Musurus, qui dédia cette édition à Grolier : « M. Musurus Ioanni Groliero Lugdunensi, christianissimi Francorum regis a secretis ac Insubriae quæstori primario s. p. d. ». Il déplore dans cette lettre liminaire la mort d'Alde : « Mihi vero filiolam parvulam *(cette grammaire)* ....tradidit expoliendam.... Venetiis, Idibus novembris, M.D.XV ».

(5) Bibl. Nat., Invent. X. 1921. — *Grammatica isagogica*, Ioannis Cheradami Sagiensis ex diuersis autoribus ad studiosorum utilitatem multo labore selecta, 1521, vœnundatur Parisiis ab Aegidio Gormontio. — *Dédicace :* « Reuerendo in Christo patri et domino

ticae institutiones graecae, graece initiandis mire uti-
les(1); en 1527 la *Syntaxis, graeca, nunc recens, et nata*
et aedita, autore Gunterio Joanne Andernaco (2).

Ludovico Guilliardo, episcopo Tornacensi, ...Ex Musaeo Lexoniensi,
apud Lutetiam, 13 Augusti 1521 ». Dans cette dédicace il réclame
que le grec soit appris par tous, non seulement par les jeunes gens,
mais encore par les vieillards. Cette grammaire, rédigée en latin,
commence par l'alphabet, puis l'article dans la forme typographique de nos grammaires modernes. Le type des verbes en ω, dans
toutes les grammaires de cette époque, paraît être τύπτω. Fol. e. j. ;
verbes irréguliers et homériques. Fol. g. iij, vᵒ : « Joannes Cheradamus Lectori ». Il s'excuse des fautes d'impression et d'accentuation qui pourraient s'être glissées et nomme ses deux collabo-
rateurs, Jacques Toussain et Georges Hopylius dont il loue le père.

(1) In-4ᵒ, Bibl. Nat., Invent. X. 1918. — Demetrii Chalcondylae
grammaticae institutiones graecae, graece initiandis mire utiles.
Vœneunt Gormontio cum privilegio. Préface : « Melchior Volmarius
Erythropolitanus elegantissimo adolescenti Petro Xylotecto, Jodoci
Xylotecti, viri prudentissimi ac Friburgensium in Helvetiis a secretis filio, discipulo charissimo suo S. D. ». Dans cette préface Melchior Volmarius passe en revue les grammaires — de Manuel
Chrysoloras qu'il trouve bonne, — de Th. Gaza qu'on ne peut
comprendre sans avoir lu les auteurs, ce à quoi précisément doit
servir la grammaire, « quum grammaticae praeceptiones in hoc
sint institutae ut ad intelligentiam authorum in primis conferant »,
— de Lascaris qui est fastidieuse, — d'Urbain de Bellune, — enfin
de Démétrius Chalcondyle que lui a fait connaître Pierre Danès et
qu'il trouve la meilleure des grammaires jusqu'alors publiées. C'est
celle qu'il envoie à son élève. Ex aedibus Beraldi, en janvier 1525.
A la fin, date de l'impression : 18 février 1525.

(2) Bibl. Nat., Invent. X. 7159. — *Syntaxis graeca, nunc recens,
et nata, et aedita,* autore Gunterio Joanne Andernaco, Lutetiae,
apud Aegidium Gormontium, mense aprili, anno MDXXVII. Dedi-
cace : « Principi Anthonio a Marca, Comiti Belli loci, Mecoenati
suo obseruandissimo. — Cum superiore anno utramque linguam
Leodium profiterer..... hortabatur me Pascasius ille Perselius,
....ut nonnihil de constructione graecanici sermonis in φιλελλήνων
gratiam conscriberem ». Ni Apollonius, ni Théodore de Gaza
n'étaient suffisamment clairs : aussi l'auteur s'est-il décidé à composer une syntaxe. « Sed ecce, vixdum ad calcem perveneram,
cum ventus, nescio quis, volentem nolentem subito rapuit in
Galliam. Ubi jam, dum menses aliquot literas doceo, rursus ami-
culi orarunt.... Melanchthon, ...amicus noster non vulgaris, ...
idem studiosis pollicitus est.... » Mais ses notes lui ont été prises

Christian Wechel publiait en 1540 les *Institutiones absolutissimae in linguam graecam per Nicolaum Clenardum* (1). Jérôme de Gourmont, le fils de Gilles de
Gourmont, et le filleul d'Aléandre, *Hieronymus Gourmont, in vico Longobardorum*, publiait encore en 1543,
avec Guillaume Rolant, le *Lexicopator etymon* de Chéradame (2).

par des amis, et il ne pourra pas reprendre son travail de si tôt.
Vale Lutetiae, ex aedibus Nicolai Beraldi, qui multam tibi salutem
suo nomine ascribi jussit ». — Preface : « Joannes Andernacus lectori : .... Digessimus eum in ordinem qui non incommodus utriusque linguae videbatur. Coronides regulis subjecimus, ut si quid
interim apud auctores variet lectio, studiosi annotarent.... Graeca
quae citamus, omnia fere latine facta sunt ».

(1) Bibl. Nat., X. 2653, in-12º. — *Institutiones absolutissimae
in linguam graecam* per Nicolaum Clenardum. Annotationes in
nominum verborumque difficultates. Investigatio thematis in verbis
anomalis, cum indice. Compendiosa et luculenta syntaxeos ratio.
Multa ad codicis emendati fidem sunt restituta. Parisiis, apud
Christianum Wechelum, sub scuto Basiliensi et sub Pegaso, in vico
Bellovacensi, M.D.XXXX.

(2) *Lexicopator etymon*, ex variis doctissimorum hominum
lucubrationibus per Joannem Chaeradamum, eloquiorum sacrorum
regium Lutetiae professorem, congestum. Parisiis, apud Guilelmum
Rolant, in vico Longobardorum, et Hieron. Gormontium, sub insigni trium coronarum argentearum, via ad Divum Jacobum. Anno
nostrae salutis MDXLIII. — *Praefatio etymologica* : « Augustis-
simo atque christianissimo Regi Francisco Valesio Joan. Chaera-
damus, eloquiorum sacrorum regius professor ». L'esprit de cette
préface semble se résumer dans cette phrase : «...Vestigia multa
et manifesta sunt, quae indicant sermonem hebraeum parentem
esse omnium linguarum....» Voici quelques-unes des étymologies
données par le *Lexicopator* : « ἄβαξ, tabula quadra, quasi ὁ μὴ
ἔχων βάσιν, id est, non habens sustentamen — tum, — ἄβαρις, epi-
rotes, quasi μὴ ἔχων βάριν, id est, non habens navigium ». Après le
dictionnaire étymologique vient, sans pagination : Farrago libello-
rum quos omnium maxime graecarum literarum candidatis lectu
frugiferos fore duximus, dont voici l'*elenchus* : Cyrilli opusculum
de dictionibus quae accentu variant significatum ; — Ammonius,
de similitudine ac differentia lectionum ; — de re militari veterum
et nominibus praefectorum libellus ; — Orbicii de ordinibus exer-

***

Il nous reste maintenant à résumer brièvement les derniers événements de la vie d'Aléandre, pour rechercher surtout dans la suite de cette existence la trace et le souvenir de l'Aléandre « première manière », de l'Aléandre humaniste. On a prétendu qu'il avait complètement déserté l'humanisme à son départ de Paris et au milieu de ses luttes contre la Réforme. Sans doute ses occupations sacerdotales, diplomatiques, politiques, l'amenèrent à s'occuper davantage de littérature sacrée et de matières religieuses ; mais il ne proscrivit point les études qui l'avaient tout d'abord occupé, et sut allier la culture des lettres anciennes avec l'ardente défense de la doctrine catholique.

Erard de la Marck (1), auprès duquel allait Aléandre, avait été élu évêque de Liège en 1505 ; il était alors attaché aux intérêts de la France. Henry de Bergues,

citus ; — Significata τοῦ η ; — Significata τοῦ ω; ; — In quibus dictionibus ν addatur, vel abiiciatur, ex Chaerobosco : — Quod verborum canones non exacte investigari possent ; — De proprietate linguae graecae, ex Joanne grammatico, Plutarcho et Corintho ; — De passionibus dictionum, ex Tryphone Grammatico ; — De verbis anomalis ; — De inclinatis et encliticis et synencliticis ; — De Graecorum notis arithmeticis compendium ex veteribus grammaticis monstratum per Hadrianum Amerotium Suessionensem (en tableaux) ; — De mensibus Graecorum (Correspondance avec le calendrier romain par Ph. Melanchthon). Les premiers de ces quatorze traités sont en grec ; quelques-uns d'entre eux ont une traduction latine en regard ; les trois derniers sont en latin.

(1) Erard (ou Evrard) de la Mark (ou Marck) était le frère de Robert, duc de Bouillon et maréchal de France. Il fut élu évêque de Liège en 1505. Il accompagna Louis XII dans son expédition contre les Génois, s'y distingua par sa bravoure, et obtint en récompense l'évêché de Chartres. Il assista en 1514 au contrat de mariage de Louis XII et

évêque de Cambrai de 1480 à 1502, dans l'espérance qu'il avait d'être fait cardinal, avait voulu avoir auprès de lui « quelque personne qui entendît bien la langue latine pour escrire par son intermédiaire au Pape et aux Cardinaux d'Italie. Il avoit jeté les yeux sur Erasme qui estoit desia dans les ordres, croyant qu'il excelloit desia dans la connoissance de cette langue (1). » Erard de la Marck avait jeté les yeux sur Aléandre pour la même fin, et il fut très heureux de le voir venir à Liège, cette ville que Pétrarque, dans une épître au cardinal Jean Colonna, avait célébrée ainsi : « J'ai vu Liège, la fille aînée de Rome ; elle est excellente et illustre par son orthodoxie, sa splendeur et le double renom de sapience et de vertu dont jouissent ceux qui la composent ».

Erard de la Marck était sans doute d'une générosité plus prompte qu'Etienne Poncher. Aléandre, avec son caractère quelque peu mécontent et insatiable, sollicita

de Marie d'Angleterre. En 1518 il entra dans la ligue de l'Autriche contre la France, contribua beaucoup à l'élection de Charles-Quint qui le nomma archevêque de Valence pour le dédommager de la perte de l'évêché de Chartres que François Ier avait mis en régale. Il fut nommé cardinal-prêtre du titre de Saint-Chrysogone par le pape Léon X en 1521 à la prière de Charles-Quint. Il fut ensuite reconnu légat du Saint-Siège dans les Pays-Bas, et mourut à Liège en 1538. — Erard céda lui-même son évêché de Chartres à Louis Guillard, évêque de Tournai, en 1525. Cf. E. de Lépinois et Lucien Merlet, *Cartulaire de Notre-Dame de Chartres*, Chartres, Garnier, 1865, t. I, 1re partie, Introduction, p. *xliij; Gallia christiana*, édition de 1656, t. II, f° 493, v° et t. III, f° 643, v°.

(1) Desiderii Erasmi *Colloquia familiaria*, repurgata in usum studiosae iuuentutis cum notis accuratioribus M. Nicolai Mercier, Pisciaci, artium doctoris in Academia Parisiensi et Grammaticorum Regiae Navarrae Proprimarii, Parisiis, Claude Thiboust, 1674 : *La Vie de Didier Erasme de Rotterdam*, p. 6.

du prince-évêque quelques-uns des bénéfices qu'il convoitait depuis si longtemps. Il fut bientôt chanoine (1), puis prévôt de la collégiale de Saint-Pierre (2), chanoine de Saint-Lambert (3), prévôt de Saint-Jean l'Evangéliste (4), chancelier de l'église de Liège (5). Il obtient tous ces honneurs par sa ténacité à solliciter et les reçoit avec son avidité de perpétuel *mendicante*.

Aléandre partit en mars 1516 de Liège pour Rome. L'évêque de Liége n'était pas bien vu en cour de Rome, parce qu'il voulait disposer des affaires et des biens de son église d'une manière trop indépendante du Saint-Siège. Aléandre avait persuadé au prince-évêque qu'il avait besoin d'un agent à Rome pour défendre sa cause et soutenir ses prétentions au cardinalat.

(1) J. Paquier, *Jérôme Aléandre et la principauté de Liège*, Paris, Picard, 1896, p. 39 ; Omont, *Journal autobiographique...*, p. 16.

(2) J. Paquier, *eodem libro*, p. 89.

(3) *Eodem libro*, p. 96. — Voir sur ce chapitre : Van den Steende (baron Xavier), *Essai historique sur l'ancienne cathédrale de Saint-Lambert, à Liège, et sur son chapitre de chanoines tréfonciers*, Liège, Jehan, 1846, in-8°. Voir aussi quelques pages, bien classiques d'allure et fort intéressantes, de M. Désiré Nisard, dans ses *Souvenirs de Voyage*, Paris, 1855, p. 281, sur Liège et les églises Saint-Lambert et Saint-Jacques. L'église cathédrale de Saint-Lambert a aujourd'hui disparu ; elle a été détruite par les armées françaises pendant la Révolution.

(4) *Eodem libro*, p. 120 ; Omont, *Journal autobiographique...*, p. 17. L'église Saint-Jean subsiste encore. « Construite en 982 par l'évêque Notger sur le modèle de la cathédrale d'Aix-la-Chapelle, elle fut entièrement réédifiée de 1754 à 1757. Cependant le plan octogone est encore le plan primitif. On a ajouté un long chœur à une nef. La tour romane est du XIIᵉ siècle : le cloître est peut-être du XIVᵉ ». Aléandre fut appelé à cette prévôté au moment même où il quittait Liège.

(5) *Eodem libro*, p. 4, note 6 et *passim*.

Aléandre n'avait pas, à Liège, oublié la France qui,
écrivait-il à Etienne Poncher, « le tenait enchaîné par
un perpétuel regret » — *Galliae desiderio perpetuo
devinctum* (1). Il y était revenu presque aussitôt.
Louis XII était mort le 1er janvier 1515. Erard de la
Marck assistait, le 18 janvier, à Reims, au couronnement de François Ier, et Aléandre l'y suivit. Il vint de
Liège à Chartres pour prendre possession d'un bénéfice
que son maître lui avait conféré à l'hôpital de Dreux.
Il revit Paris où il descendit au *Chapeau rouge*, sorte
de présage de sa future élévation au cardinalat. Il revit
Orléans.

A Rome, Aléandre ne put réussir à faire nommer
cardinal Erard de la Marck, mais il parvint à découvrir
qu'à la cour de France, on ne voulait absolument pas
que l'évêque de Liège parvint à cette dignité dont on
voulait voir revêtu l'archevêque de Bourges, Antoine
Bohier (2). Aléandre réussit à corrompre un scribe de
Bembo, alors secrétaire du pape, et ce scribe lui montra les lettres venues de France qu'il transmit pour sa
justification à Liège (3). Erard de la Marck fut, comme

(1) Lettre du XIII des calendes de novembre, signée « H. Aleander, Cancellarius Leodiensis », dans J. Paquier, *Jérôme Aléandre
et la principauté de Liège*, p. 73.

(2) Sur Antoine Bohier, cardinal en 1517, mort, à Blois, le 27
novembre 1519, voy. le *Gallia christiana*, édition de 1656, t. I,
p. 186 : «. .multum etiam in turri noua Ecclesiae [Cathedralis
Bituricensis] inque foro Archiepiscopalis Curiae ornando opes
uberrimosque redditus liberaliter impendit ».

(3) « Or avoit monsieur de Liège son chancelier dudict Liège,
qui avoit nom Aléandre, très sçavant homme et honneste, poursui-
vant l'affaire de son maistre, lequel fist tant qu'il eust le double
des lettres que le Roy escrivoit au Pape pour l'aultre [*Bohier*], et

Grimaldi, l'un de ces princes que l'habile politique de Charles-Quint sut détacher de la France et, en retour du zèle qu'il avait témoigné pour ses intérêts et son élévation à l'Empire, ce souverain lui fit obtenir, en 1521, la pourpre cardinalice (1).

Pendant les négociations qui demeurèrent infructueuses, dont Erard de la Mark avait chargé Aléandre à Rome en vue du cardinalat, l'évêque de Liège lui avait, soit pour récompenser, soit pour exciter le zèle de son agent, conféré ou fait conférer la dignité de chancelier de l'église de Chartres (2). Aléandre fut reçu en cette qualité le 19 août 1517 par procureur. Il fit un voyage rapide en France pour venir prendre en personne, le 10 septembre 1517, possession de cette dignité. Rappelé de suite à Rome, il ne pouvait résider. Il donna sa démission en faveur de Jean de Tussé (3), le 14 décembre 1517. Jean de Tussé ne résidant pas non plus, Aléandre dut nommer à sa place, le 8 mai 1518, François de Tussé, parent du précédent.

les envoya à son ministre, de quoy il feust très mal content : et, à dire vrai, ce feust très mal faict au Roy, nonobstant que, quand il luy feust remonstré, ledict seigneur Roy jura sa foy qu'il n'en sçavoit rien ; et voilà la principale cause qui fist départir monsieur de Liège » *(Mémoires de Fleuranges*, cités d'après Paulin Paris, *Etudes sur François I*, Paris, Techener, 1885, t. I, p. 102). Robert de Fleuranges était le neveu d'Erard de la Marck.

(1) Lorenzo Cardella, *Memorie storiche de' Cardinali della Santa Romana Chiesa*, Rome, 1787, t. IV, p. 182.

(2) Sur les fonctions de chancelier de l'Eglise de Chartres, cf. E. de Lépinois et Lucien Merlet, *Cartulaire de Notre-Dame de Chartres*, Chartres, Garnier, 1865, t. I, première partie, Introduction, p. LXXXII.

(3) On trouve aussi l'orthographe : *Tucé*.

Les difficultés pécuniaires semblent avoir assailli Aléandre à son arrivée à Rome. Le prince-évêque de Liège était mécontent de son agent parce que toutes les espérances qu'il avait placées en lui pour l'obtention du cardinalat, paraissaient vaines. Au milieu de ces embarras et de ces reproches, Aléandre se prenait à regretter Paris et la France où il avait laissé si vives les traces de sa vaste érudition et où il avait été si aimé, si honoré. Dans une très longue lettre en date du 25 janvier 1518, adressée à Erard de la Mark, il exprimait ainsi ses ennuis et l'excellent souvenir qu'il avait gardé de son passage en France où, sans fortune et sans bénéfices, il avait été heureux :

Oh ! plût au Ciel que je fusse, comme autrefois, à Paris. Là, bien que je fusse éloigné de mon patrimoine, bien que je ne fusse en possession d'aucun bénéfice, j'avais pourtant de très beaux habits ; j'étais pourvu autant que personne de livres nombreux ; j'y ai exercé des charges multiples, et j'y ai toujours vécu dans l'élégance et le luxe avec le seul secours de ma parole. Maintenant, à Rome, on me croit riche à cause de mes bénéfices. J'en suis réduit à ce point que, pour trois cent soixante-dix-huit ducats, je n'ose marcher librement dans les rues et que, soit dans mes veilles, soit dans mon sommeil, je dépéris complètement.... O Rome exécrable, ô bénéfices maudits ! J'ai perdu le plus aimable des frères. Allemands, Espagnols et Anglais me détestent à cause de toi, parce que, disent-ils, tu es trop favorable à la France. Les Italiens, à cause des dettes de ton neveu, me font des menaces de mort. Les Français sont rares et ont peu d'influence en cette ville. Quant aux Bourguignons, je ne saurais dire s'ils m'aiment. Mes créanciers veulent me pendre au gibet. De nombreuses

mauvaises langues jappent dans ton entourage après moi.
Je me dessèche complètement... (1).

Au milieu de ses multiples occupations et préoccupations, Aléandre fut rappelé vers les lettres. Il fut nommé, le 27 juillet 1519, bibliothécaire de la Vaticane, et il eut encore ainsi quelque action sur les études et quelque cénacles de lettrés (2). Un contemporain, Cal-

(1) *O utinam Parisiis, ut prius, essem ! Illic, quamuis essem patrimonio expulsus, quamuis nulla haberem beneficia, optime tamen eram indutus, plurimis, si quis alius, instructus libris, multos gessi honores, et semper laute et splendide viri, solius linguae adminiculo suffultus. Nunc Romae, quando me existimant beneficiis diuitem, eo sum redactus ut propter trecentos et septuaginta ducatos, non ausim per vicos libere incedere et totus, tam vigilans quam dormiens, contabescam..... O Roma execrabilis ! o malefica beneficia ! Amisi suauissimum fratrem. Germani et Hispani et Angli propter te me oderunt, quia nimis ajunt te Francis fauere. Itali propter debita nepotis tui minantur mortem. Galli rari sunt et parum possunt in hac urbe. De Burgundionibus nihil loquor, quantum me amant. Creditores me volunt crucifigere. Plurimae malae linguae de me apud te latrant. Totus contabesco.. ..* — Cette lettre se trouve dans le mscr. Ottoboni 2419, f⁰ˢ 634-638 ; elle a été publiée par J. Paquier dans *Jérôme Aléandre et la principauté de Liège*, p. 177 et suiv. Elle avait été publiée auparavant par Omont, *Journal autobiographique du cardinal Jérôme Aléandre*, p. 107, d'après une copie aujourd'hui conservée dans le volume XIII des recueils de J. Fontanini, à la bibliothèque de San Daniele del Friuli (n⁰ 217, p. 745 et suiv).

(2) Aléandro fut institué bibliothécaire de la Vaticane par un bref de Léon X, rédigé par Sadolet et daté du 27 juillet 1519. Ce bref a été publié par les Assemani, dans le *Bibliothecae apostolicae Vaticanae codicum manuscriptorum catalogus*, t. I. p. LXII de la *Praefatio generalis*. Ce jour même Aléandro écrivit au cardinal Giulio de Medici, plus tard Clément VII, pour le remercier de lui avoir fait conférer ce titre (A. Mai, *Spicilegium Romanum*, t. II, p. 231 ; cf. *ibidem*, p. 233, une lettre de remerciements à Léon X). Comme l'un de ses successeurs, Marcello Cervini, Aléandre, retenu loin de Rome par les graves missions que lui valurent ses mérites et la confiance des papes, ne put donner tout son temps et tous ses soins à la bibliothèque apostolique. Il songea cependant toujours à son titre, à sa charge, recueillant et étudiant les manuscrits

cagnini (1), cet écrivain si curieux de cette si curieuse époque, qui, après avoir servi dans les troupes impériales et papales sous Jules II, avait fini par embrasser l'état ecclésiastique à Ferrare où il mourut le 7 avril 1541, l'auteur de *Carmina* si fortement impudiques et qui, sans être inquiété, put composer et publier un écrit sur la stabilité du ciel et sur le mouvement perpétuel de la terre (2), semble témoigner des services rendus alors par Aléandre aux lettrés de Rome, dans une lettre à Jacques Ziegler, écrite vers 1519-1520 :

« Mon meilleur ami est Jérôme Aléandre, homme savant en grec, en latin et en hébreu, que le souverain pontife, un peu avant mon arrivée, a spontanément créé bibliothécaire après la mort du docte et pieux Zenobio Acciaiuoli. Chaque jour il tire pour moi de la bibliothèque du palais d'immenses trésors. »

*Inter omnes charissimus est Hieronymus Aleander, uir graece, latine ac hebraice doctus quem sponte paulo ante aduentum meum summus pontifex bibliothecarium fecit post obitum Zenobii Azaioli, uiri religiosi, sed et docti. Is mihi quotidie ingentes thesauros ex bibliotheca palatina eruit (3). »

qu'il rencontrait, prenant des notes, s'intéressant à l'histoire des bibliothèques et même à celle des bibliothécaires. — Cf. Léon Dorez, *Recherches sur la bibliothèque du cardinal Girolamo Aleandro*, dans la *Revue des bibliothèques*, février 1892.

(1) Sur Celio Calcagnini, voy. P. de Nolhac, *Erasme en Italie, passim* ; J. Burckhardt, *La civilisation en Italie au temps de la Renaissance*, t. II, p. 135.

(2) *Quod coelum stet, terra moveatur et de perenni motu terrae*, dans les Coelii Calcagnini Ferrariensis, protonotarii apostolici, *opera aliquot*, Basileae, 1544 (Bibl. Nat., Z. 1901), p. 388.

(3) Les custodes de la Vaticane étaient alors Lorenzo Parmenio et Romulo Mammacino (Dr Louis Pastor, *Histoire des papes*, trad. fr., t. VIII, p. 147).

Dans une autre lettre du même recueil, et sans doute de la même époque, Célio Calcagnini (1) parlait encore à Julianus Nasellus (2) de la vertu et de la littérature étendue d'Aléandre : «....*Hieronymi scilicet Aleandri ac Hieronymi Massaini, hominum, Di boni, uita, moribus, litteratura ac sapientia clarissimorum* ». Calcagnini adressait encore à Aléandre lui-même, vers ce même temps probablement aussi, cette pièce en témoignage de son admiration :

AD HIERONYMUM ALEANDRUM

Incertum est, Aleander, utrum te dicere malim,
   Quom Graecum atque Italum te tua lingua velit.
Septem urbes graecas natalem ingentis Homeri
   Immensis studiis asseruisse ferunt.
De te lis maior, quoniam iam te vindicet omnis
   Attica terra sibi, Romula terra sibi (3).

« Dois-je, Aléandre, te dire Grec ou Latin ? Je ne sais, car ton langage fait de toi un Grec aussi bien qu'un Latin. Sept villes grecques, dit-on, soutinrent passionnément qu'elles avaient été le berceau du grand Homère. A propos de toi il y a une dispute plus vive encore, puisque déjà toute la Grèce, Rome tout entière te réclament ».

(1) Cf. Coelii Calcagnini Ferrariensis. protonotarii apostolici, *opera aliquot*, Basileae, 1574, p. 100 (Bibl. Nat. Z. 1991). On trouvera encore le texte de cette lettre dans Coelii Calcagnini Ferrariensis *Epistolarum criticarum et familiarium libri* XVI, Ambergae, 1608 (Bibl. Nat., Z. 811).

(2) Aléandre, dans ses lettres, donne à Julianus Nasellus le titre de *procurator* (Cf. J. Paquier, *Jérôme Aléandre et la principauté de Liège*, p. 215, 229 et 254). C'était probablement un procureur auprès du consistoire secret, de la chambre apostolique ou de quelque autre tribunal de Rome.

(3) Dans Io. Baptistae Pignae *carminum* libri quatuor ; Caelii Calcagnini *carminum* libri III ; Lud. Areosti *carminum* lib. II, Venetiis, ex officina Erasmiana Vincentii Valgrisii, 1553, in-8°.

Le célèbre Accorso, — *Marcangelus Accursius* (1) — d'Aquila, qui a laissé de nombreuses notes d'épigraphie latine excellentes, au dire d'Henzen et de Hübner, et déposées à la bibliothèque Ambrosienne, qui fut attaché à la cour de Charles-Quint, alla en Espagne à la suite de l'Empereur et édita Ammien Marcellin et les lettres de Cassiodore trouvées en Espagne, tandis qu'il accompagnait l'Empereur, — *dum in comitatu Caesaris Hispaniam peragro*, — a, dans ses *Diatribae in Ausonium* (2), rendu hommage à la science et aux bons offices d'Aléandre :

« Celui qui m'a conseillé cette émendation, c'est Jérôme Aléandre, homme très habile, non seulement dans les lettres grecques, mais encore dans les hébraïques. La plupart des petites pièces qui, de l'assentiment unanime, sont attribuées à Virgile, à savoir les épigrammes *de aetalibus animalium*, *Vir bonus*, *Est et non*, qui a aussi ce titre grec Καὶ τὸ πυθαγορικὸν, sont, comme le prouvent certains manuscrits en caractères lombards, l'ouvrage d'Ausone, et non pas de Virgile (3). Ce même Jérôme Aléandre m'a donné la permission d'examiner ces manuscrits et aussi de les divulguer et de les publier.

(1) Sur Accurse, cf. Henri de la Ville de Mirmont, *La Moselle d'Ausone*, Introduction, 2ᵉ partie, p. LXXII ; *Corpus inscriptionum latinarum*, t. I (Henzen), p. XLII : t. II (Hübner), p. VII ; t. III (Mommsen), p. XIX ; Toppi, *Biblioteca Napolitana*, 1667, p 206. et Nicodemo, *Addizioni al Toppi*, 1683, p. 169 ; Mazzuchelli, *Scrittori d'Italia*, 1753, t. I, p. 92 ; Minieri Riccio, *Scrittori nati nel regno di Neapoli*, 1844. — Aquila est une ville du royaume de Naples.

(2) Rome, 1524, in-fol.

(3) Ascensius avait déjà mis à la fin des notes sur la pièce d'Ausone qui a pour titre *Rosa* : « Huius carminis author, ut uir doctissimus, Hieronymus Aleander, asserit, Ausonius est ».

*Hujus autem emendationis author mihi fuit Hiero-
nymus Aleander, uir non modo inter graecarum literarum duces (quarum expertibus in Latina republica nec
assurgitur, nec muneribus ceditur), sed in Hebraeorum
quoque facultate peritissimus. Pleraque igitur opuscula quae Virgilio, conspiratione omnium, ascribuntur,
epigrammata videlicet* de aetatibus animalium, vir bonus,
est et non, *cui graeca etiam inscriptio* ναι και σύ, πυθαγορικόν,
*Ausonii, lusus esse, non Virgilii, fragmenta quaedam
Longobardorum quamdoque characteribus fidem faciunt. Quae inspiciendi, sed et inuulgandi publicandi-
que facultatem fecit Hieronymus idem Aleander.* »

Aléandre qui possédait sans doute de nombreux
manuscrits et qui, d'ailleurs, avait à sa disposition ceux
de la Vaticane, fut encore utile à un éditeur de Virgile.
Pierius Valerianus, remerciait, dans ses corrections sur
Virgile, Aléandre de lui avoir communiqué des manuscrits de Priscien auxquels il devait quelques leçons :
« In aliquot Prisciani codicibus iisque praesertim quos
ab Hieronymo Alcandro, contubernali meo, viro litera-
tissimo, accepi, uno exemplo lectionem hanc ita citatam
inveni » (1).

Comme bibliothécaire de la Vaticane, Aléandre mettait ses connaissances d'helléniste au service de la
papauté. C'est ainsi que, sous le pape Adrien VI, Philo-
théos, patriarche d'Alexandrie, adressait, en 1523, au
souverain pontife des lettres écrites en grec où il pro-
testait de son respect et de son obéissance pour le siège
apostolique et le reconnaissait humblement comme la

(1) *Publius Virgilius Maro*, Paris, 1529, p. 23.

tête de l'Église catholique. Aléandre traduisit ces lettres et en déposa les originaux, accompagnés de sa traduction, dans les archives pontificales (1).

Le jésuite Famianus Strada qui devait être au courant des traditions de l'histoire littéraire à Rome, dit qu'au retour de sa légation en Allemagne, vers 1525, Aléandre aimait à réunir chez lui les beaux esprits de Rome : « Sed horum [litteratorum] conuentus adhuc ardentius celebrari coeptus est, cum ex Germania rediens, Hieronymus Aleander (2) cui postea aditum ad Romanam purpuram virtus aperuit, numerum illum auxit excellentium ingeniorum accessu suo ; et, ut litteras non minus amabat quam callebat eratque memoriae

(1) Ferunt, eo Pontifice, Theophilum, Patriarcham Alexandrinum, permotum fortasse charitate nominis ejus, literas graece scriptas ad eum transmisisse, quibus Sedi Apostolicae obedientiam obsequiumque detulerit et caput Ecclesiae catholicae reuerenter cognouerit, quas vir multarum linguarum simul et disciplinarum exacta cognitione clarus, Hieronymus Aleander, tum Pontificiae bibliothecae curator, nunc Brundusinus archiepiscopus, latine interpretatus est, et una cum ipsa interpretatione, ni fallor, in scriniis Pontificiis ad memoriam posteritatis reposuit *(Historia B. Platinae de vitis Pontificum Romanorum*, Coloniae, apud Maternum Cholinum, 1568 : Onuphrii Panvinii Veronensis, fratris eremitae Augustiniani *Vita Hadriani sexti*, p. 381). — Voyez aussi sur ce point Lepitre, *Adrien VI*, Paris, Berche et Tralin, 1880. p. 323 : Raynaldi, *Annales ecclesiastici*, anno 1523, nᵒ 107 ; Moringus, *Vita Hadriani*, p. 74, dans Gaspar Burmannus, *Analecta historica de Adriano VI Trajectino*, Trajecti ad Rhenum, 1727. Eusèbe Renaudot, dans son *Historia Patriarcharum Alexandrinorum Jacobitarum*, Parisiis, Fournier, 1713, ne cite pas ce Theophilus que Gams appelle Philotheus : « Philotheus II qui literas unionis ad Hadrianum VI. misit 1523 » *(Series episcoporum*, p. 460).

(2) Dans les Coriolani Martirani Cosentini *epistolae familiares*, Neapoli, M.D.LVI, on trouve quelques lettres adressées à un certain Aesiander que l'on prie de prendre soin d'un traité de Galien. Cet Aesiander paraît (?) être Aléandre.

comprehensione supra omnem antiquitatem, ita illam eruditorum scholam apud se libenter aduocabat ..(1) ».

Après cette nonciature en Allemagne dont nous n'avons pas à nous occuper ici, après un voyage en Espagne pour se rendre auprès du nouveau pape Adrien VI et le ramener à Rome, il fut élevé par Clément VII à une dignité que lui méritaient amplement les services qu'il avait rendus à la cause de l'Eglise (2).

Le 8 août 1524, Aléandre, était fait archevêque de Brindes et nonce près du roi de France, François I⁽ᵉʳ⁾. Cette même année André d'Asola dédiait au nouvel archevêque le quatrième volume de son Galien dans une préface où il rappelait les éminents services que le prélat avait rendus à la cause des lettres :

André d'Asola au très vénérable évêque de Brindes, le très docte et très savant Aléandre, salut.

Si les exemples anciens faisaient défaut pour prouver combien les lettres et les sciences apportent de dignité et d'avantages à la vie humaine et avec quel zèle les mortels doivent les rechercher, tu pourrais, certes, être à toi seul la preuve qu'il n'y a rien de plus honorable et de plus utile

(1) Famianus Strada, e societate Iesu, *Prolusiones academicae*, Romae, apud Jacobum Mascardum, anno 1617, prolusio V, lib. II, p. 328.

(2) Cf. Henri Omont, *Journal autobiographique du Cardinal Jérôme Aléandre*, Paris, Imprimerie Nationale, 1895, p. 43 : « 1524, Die 8 *augusti*, factus sum archiepiscopus Brundusinus et Oritanus a sanctissimo D. N. Clemente VII, in consistorio, per resignationem Revᵐⁱ D. Jo. Petri Caraffae, archiepiscopi Brundusini et Oritani et episcopi Theatini — Eadem die et in codem consistorio declaratus sum a Pontifice legatus ad regem Galliae, Franciscum hujus nominis primum. — 9 *octobris*, consecratus sum in episcopum a Revᵐᵒ D. Jo. Petro Caraffa, episcopo Theatino, cum dispensatione apostolica ».

que les lettres et que rien ne doit être plus ambitionné. Dès ton jeune âge, ce que j'ai appris des hommes les plus doctes qui me parlaient avec éloge de toi, tu plaçais tout ton zèle et tous tes soins dans ces études. Tu as fais tant de progrès en tout genre de littérature qu'encore jeune, tu paraissais digne des plus grandes louanges. Par ton divin génie, ton opiniâtre application, tu n'as pas trompé l'opinion générale. Tu ne t'es pas contenté des lettres grecques et latines où tu excellais déjà, tu t'es donné à l'étude de l'hébreu, afin de pouvoir apporter quelque aide et quelque secours à la doctrine chrétienne, s'il était possible. Et comme une excellente vertu ne peut se renfermer dans les limites d'un pays, tu as conçu l'entreprise certainement heureuse d'aller en France. Par ce départ ta renommée est devenue peu après beaucoup plus grande et beaucoup plus étendue chez les étrangers eux-mêmes. J'entends d'ordinaire les Français dire spontanément et avec plaisir que tout ce qu'il y a aujourd'hui en France de bonnes lettres, tout ce qu'ils ont cherché à notre époque dans notre littérature de brillant et d'élégant, ils te le doivent. Aussi n'y a-t-il rien chez eux de plus illustre et de plus aimé que le nom d'Aléandre. Ce peuple aime la vertu et les sciences, et les Français ont rivalisé pour te combler de marques d'estime ; tu as acquis parmi eux une autorité et une renommée immortelle, et tu as obtenu les grands honneurs dus à ta vertu. Tu as passé plusieurs années chez eux dans la plus honorable condition. Puis l'Italie t'a réclamé en vertu de ses droits, puisqu'elle t'avait donné la première nourriture. Tu es parti pour Rome comme représentant du prince-évêque de Liège ; tout d'abord tu plus si bien au pape Léon X qu'il te choisit parmi ses premiers familiers, et tu ne t'attendais à rien de tel. Je ne vois rien qui pouvait t'arriver de plus noble ou de plus glorieux que cette faveur : un pape de cette sagesse, de cette science littéraire, de cette expérience, de cette auguste dignité, te recevoir spontanément dans son amitié et t'admettre au nombre de ses intimes ! Mais pourquoi ne l'aurait-il pas fait ? où aurait-il pu trouver quelqu'un de pareil à toi ? Il admira les dons de ton cœur et ton expérience en toutes choses, et c'est pour cela qu'il t'avait distingué, ce Pontife le plus sage de tous ceux qu'a vus notre époque et qui était réellement très grand et très sage. Certes, s'il avait vécu plus longtemps, il t'aurait comblé avec bonheur des plus grandes dignités qu'il te promettait avec joie. Bientôt lui succéda Adrien, puis Clément VII ; l'un, emporté au seuil même du pouvoir, n'a pu laisser à la postérité aucune preuve de sa vertu ou de sa sagesse (1); l'autre t'a de suite tant goûté que, de sa propre initiative, il t'a offert la dignité d'archevêque de Brindes. Cette décision du très sage Pontife doit être d'autant plus agréable qu'en ce moment ceux mêmes qui recherchent les faveurs, ne les obtiennent pas. Mais pourquoi admirerais-je plus longtemps ? pourquoi parlerais-je plus longuement quand l'excellence de tes vertus n'a pas besoin d'autres témoignages, ni d'autres récompenses. Goûte donc ta gloire si bien méritée, jouis des suffrages de tant de princes, des dons multiples de ta science et donne à la postérité ce témoignage que, même par les temps les plus malheureux, les hautes qualités sont reconnues et appelées à briller. Je souhaite que tu te souviennes que nous sommes toujours à toi. Lorsque je suis entré dans la famille d'Alde et son héréditaire industrie d'imprimeur, j'ai appris de lui l'excellence de ton caractère, les services que tu avais rendus aux lettres et son estime pour toi. Tu m'en as dit tout autant d'Alde. Il m'était impossible de ne pas hériter des

(1) Le pontificat d'Adrien VI, d'Utrecht, ne comptait pas pour les Italiens : « Je suis un pauvre homme, — lui fait dire Gobineau avec assez de justesse dans sa *Renaissance* (Paris, Plon, 1877, p. 451), — sans naissance, perdu jusqu'à ce jour dans les brouillards des villes du Nord, je n'ai jamais vu l'Italie, et j'entrerai dans le Vatican, pareil à un vagabond déguenillé dont la présence est jugée insultante pour la splendeur du palais des Rois ».

sympathies d'Alde pour toi. Afin de te le prouver, ainsi qu'à la postérité, je t'ai dédié ces écrits assez nombreux de Galien, l'un des médecins les plus célèbres, qui forment ce quatrième tome de ses œuvres médicales. L'un de ces tomes a été dédié à Clément, le pontife vraiment très clément, le second à Matteo Giberti (1), l'évêque le meilleur et le plus saint de tous les évêques passés, présents, et futurs peut-être, le troisième à Alberto, prince de Carpi, si noble et si docte et qui a si bien mérité de nous. Je souhaite que tu aies plaisir à être inscrit sur cette liste. En effet Galien lui-même, j'en suis sûr, s'il y a chez les mânes quelque sentiment, se réjouira fort, non seulement de ce qu'il est affranchi par nos soins, comme par de nobles vengeurs, de l'oubli et des injures des temps, mais encore de ce que, sous votre patronage à tous, il s'avancera, pour ainsi dire, dans la lumière avec la protection d'immortels génies. Adieu et souviens-toi d'Asola et des siens.

Le nouvel archevêque de Brindes, nonce auprès de François Ier, alla trouver le roi de France dans son camp, près de Pavie. Il obtint, le 14 novembre 1524, une audience du roi dont le nonce nous a fait le récit dans une lettre à Clément VII. François Ier, après avoir traité avec Aléandre des difficultés politiques du moment, mit la conversation sur les œuvres de Grégoire de Nazianze. Il demanda au célèbre helléniste s'il les avait lues en grec et lui déclara qu'à son avis elles ne cédaient en rien à l'éloquence de Démosthène. Il dit qu'il les faisait traduire en français, avec les livres de Josèphe contre le grammairien Appion, par un sien

(1) Matteo Giberti, évêque de Vérone, fut, avec Maffeo Lioni, l'un des meilleurs amis d'Aléandre qui l'appelle : *dimidium animae suae* (Omont, *Journal autobiographique...*, p. 39).

moine, et il ajouta mille autres belles paroles en homme
d'un génie merveilleux, d'une vive et naturelle éloquence, d'une mémoire très abondante et très tenace.
Aléandre, pour ne pas contrarier les appréciations du
roi et pour faire briller, par la modestie de son silence,
le savoir du souverain, se désola diplomatiquement de
n'avoir pas étudié le grec et de n'avoir lu ni Grégoire
de Nazianze, ni Josèphe (1).

La bataille de Pavie se donna peu de temps après, le
24 février 1525 ; le nonce se tint pendant le combat
auprès du roi, et fut même fait prisonnier avec lui.

Aléandre se trouvait à Rome au moment où la ville
fut saccagée par le parti des Colonna et par les Impériaux et se retira au château Saint-Ange avec le pape,
tandis que dans la ville se commettaient des horreurs
sans nom, que le cardinal Caiétan était traîné à travers
les rues à coups de poing, un bonnet de portefaix sur
la tête, et que le cardinal Aracœli, mis dans une bière,
était porté à l'église où un soldat tudesque prononçait
son oraison funèbre en lui attribuant les vices les plus
infâmes.

Le pape confia encore à Aléandre une légation en
Allemagne en 1531, une nonciature à Venise où il était
encore au mois de mai 1535.

Nonce à Venise, Aléandre y passa une partie de la
fin de sa vie très dignement. Il était bien poursuivi par

(1) H. Omont, *Journal autobiographique.* ..., p. 113 : *Lettre
d'Aléandre à Clément VII au sujet de sa première entrevue
avec François I*er (novembre 1524), d'après une copie de Fontanini
conservée à la bibliothèque de San Daniele del Friuli (t. XIII).

les sarcasmes protestants. Luther, dans sa haine, et l'on
sait si ses haines étaient vigoureuses, disait qu'on aurait
dû brûler Aléandre pour toutes les immoralités qu'il
avait commises tant à Paris qu'à Padoue. Il n'y a là
qu'une calomnie, telle que les haines des partis savent
en suggérer à la minerve irritée de ceux qui sont mêlés
aux luttes violentes d'opinions. Érasme lui-même s'en
prenait à Aléandre qui, selon le témoignage d'un de ses
visiteurs, un protestant, que nous citerons tout à l'heure,
vivait très honoré à Venise et « le premier dans la ville
après le doge », — *post ipsum Veneta summus in urbe
Ducem,* — et lui décochait ce trait malveillant : «Aléandre
vit à Venise en bas épicurien et dans de hautes dignités ».

Il trouvait, malgré ces hautes dignités, le temps de
réunir une belle bibliothèque qu'il n'a pas léguée à Saint-
Marc de Venise, comme l'ont affirmé à tort Sansovino,
Manfredi, Struve, de Sade et Misson. Il devait la laisser
aux chanoines réguliers du monastère de Santa Maria
dell'Orto de cette même ville où il demanda par son testament qu'on réunît tous les livres qu'il avait «à Rome,
à Motta, à Liège et ailleurs ». Les chanoines de Sainte-
Marie dell'Orto se transportèrent par la suite à Saint-
Georges *in alga.* La bibliothèque de ce couvent, et celle
d'Aléandre avec elle, fut, croit-on, détruite dans un
incendie en 1716 (1). Quant aux nombreuses notes littéraires, politiques, théologiques d'Aléandre et à ses

(1) Valery, *Voyages historiques et littéraires en Italie pendant les années 1826, 1827 et 1828,* Paris, Le Normant, 1831,
t. I, p. 457. — Cf. L. Dorez, *Recherches sur la bibliothèque du
cardinal Girolamo Aleandro,* dans la *Revue des bibliothèques,*
t. II (1892), p. 49-68 ; et *Nouvelles recherches sur la bibliothèque*

manuscrits, ils entrèrent, suivant ses volontés, dans les archives vaticanes.

Il était heureux aussi de garder des relations avec les amis des langues anciennes et même de les recevoir dans sa demeure. Il fut en rapport à Venise avec l'ambassadeur français, Lazare de Baïf, auquel il donna quelques indications philologiques. Baïf les enregistrait soigneusement dans ses « Annotations » (1) :

« Le *modiolus*, dit Baïf, était un petit vase fait à la ressemblance du *modius* ; c'était à peu près ce que nous appelons aujourd'hui un *gobelet*. A Venise, on a gardé dans le peuple un souvenir de ce mot latin ; on dit en effet *mozol* qui équivaut à *modiol* par suite de l'affinité du *d* avec le *z*, comme nous l'a montré un homme remarquablement docte dans les trois langues, Jérôme Aléandre, archevêque de Brindes (2) ».

du *Cardinal Girolamo Aleandro*, dans la *Revue des bibliothèques*, août, octobre 1897. Un catalogue ou une partie du catalogue de cette bibliothèque, *Librorum Aleandri notula*, se trouverait à la Vaticane, 3958, n° 53.

(1) Lazari Bayfii *Annotationes in librum II de captivis et postliminio reversis, in quibus tractatur de re navali : ejusdem annotationes in tractatum de auro et argento quibus vestimentorum et vasculorum genera explicantur*, Basileae, apud Bebelium, 1526.

(2) *Modiolus*, vas parvum factum ad modii similitudinem cuiusmodi fere sunt ea quae gobelletta dicimus. Et Venetiis Latini vocabuli vestigia vulgo retinent ; vocant enim *mozol*, quasi *modiol*, propter affinitatem *d* cum *z*, ut nos admonuit vir egregie triplici lingua doctus, Hieronymus Aleander, Archiepiscopus Brundusinus (page 167 de l'édition des *Annotationes*, donnée par Robert Estienne en 1536). — Sur l'abbé Lazare de Baïf, cf. Pierre de Nolhac, *Inventaire des manuscrits grecs de Jean Lascaris*, Rome, Cuggiani, 1886, p. 21.

Toujours sa pensée se reportait vers la France. C'était en France qu'il envoyait son neveu, pour y faire ses études dans l'université de Paris. C'était à son éditeur d'autrefois, Gilles de Gourmont, qui avait toujours été son admirateur passionné, qu'il recommandait de veiller sur ce jeune homme. Dans sa lettre à ce sujet, il rappelait sans doute à Gourmont l'heureux temps où il fréquentait assidûment ses boutiques des rues Saint-Jean de Latran et Saint-Jacques ; il lui demandait des nouvelles de son fils Jérôme qu'il avait tenu sur les fonts du baptème avec Richard Crooke et qui était son « fillot ». Gilles de Gourmont, dans sa réponse retrouvée et publiée dans ces dernières années (1), a décrit avec une simplicité touchante l'émotion que lui causa ainsi qu'à sa famille la lettre du nonce et le bon souvenir qu'il gardait d'eux. L'un des plus agréables compliments qu'ait jamais pu recevoir Aléandre, c'est le mot éloquent de ce libraire datant sa lettre « de Paris, que avez de toute science remplye » :

Très Révérend Pere en Dieu, mon seigneur et mon compère,

En recepuant voz lettres, j'ay conceu la plus grant joye que en ma vie oncques je n'eu, et en les lisant, de la grande joy[e] et consolation que de vostre Majesté par icelles ay print, me suys trouver tout en pleurs et lermes, et en les baysant la parolle me faillyt, et fu contraint de me séparer

(1) L. Dorez, *Une lettre de Gilles de Gourmont à Girolamo Aleandro (1531), suivie de documents nouveaux sur Aleandro*, dans la *Revue des bibliothèques*, juin-juillet 1898. — Cette lettre se trouve dans le ms. 951, III, de la Bibliothèque de l'Université de Bologne.

de ma femme, vostre commere et servante, laquelles
aveques ses enfans de grant joye pleurant et gémissant,
me esmouvoit plus fort à souppirer. Las ! jamais je n'eusse
pensé que vostre tres humble serviteur fuz sy longuement
en vostre noble memoyre, veu que ne me estimant que le
moindre de tous vos sers qui oncques furent et jamais
seront, parquoy de tous le plus tenu, à mon pouoyr ay faict
à plain mon debvoir de ce que vous m'avez encharger de
vostre tres aymé nepveu. Car maistre Cyprian (1) et moy
l'avons mis avecques gens de bien qui sont voz amis et les
nostres, au Roy David (2), devant les escolle[s] de décret,
prys et marché faict pour chascun moys, 7 livres tournoys ;
duquel non seulement suys et veux être foyable, mais de
toutes choses quelles queconques vous playra à moy et à
tous les myens jamais commander. Et pour donner plus
grant confor et consolation à votre nepveu, souvent je
l'yray visiter et l'ameneroy en vostre maison et ma famille,
l'induysant aux langaiges et coustumes de nostre ville. Et
se il n'est content ou qu'il ne se trouvent pas à son plaisir,
nous de tout nostre pouvoir et diligence nous luy trouve-
ront en ceste noble ville le meilleur logis et aveques les
plus honnestes gens que faire ce pourra.

Quant au regard de votre ser[viteur] et fillot Hierosme,
il s'es[t] trasporté en Angleterre ; pour autant que monsieur Crocus, vostre compère et son parrain, avoit passer
par Paris et l'avoit désyré fort grandement, il est aller
pour ceste cause luy faire la révérence ; lequel attendons

(1) Le moine aragonais Cyprien Benet.

(2) La maison du *Roi David*, antérieurement *la Corne de Cerf*,
et avant encore la *Maison de Monseigneur Saint Hilaire*, est
dite, en 1542, tenir « aux vieilles escolles de Sainct-Jehan de Latran
et à Barincot » ; l'année suivante on la localise ainsi : « Sise vis-à-vis
des escolles de droict, tenant à Robert Estienne, d'autre, à Barincot ». Cf. Berty, Tisserand et Platon, *Topographie historique du
vieux Paris, région centrale de l'Université*, Paris, Imprimerie
Nationale, 1897, p. 95.

de jour en jour, et ce il estoyt retourné de Engleterre, je
l'anvoyroys ver vous vous faire la révérence. Non pas....
qu'il avoit remys celles qu'il pourroi[t].

Monseigneur et très révérend Père en Dieu, parce qu'il
vous a pleu à moy vostre humble à jam[ais] ser[viteur] me
escripre et me envoyer vostre nepveu, vous serez cause
que ma vie ne sera jamais triste, et espere par voz lettres
et vostre nepveu de vivre ancore 20 ans oultre mes derniers
jours.

Aultre chose pour le présent ne vous serez [=sçaurois]
que mander, sinon que en vostre maison toutes ma famille
prie Dieu qu'il vous donnes longue vie et ce que vostre bon
cœur desyre.

De Paris, que avez de toute science remplye, par vostre
umble seruant et compère.

GILLES DE GOURMONT.

Ce 18e décembre 1531 (1).

Il donna aussi l'hospitalité, vers 1535, dans son palais
de Venise, situé auprès de Saint-Eustache, *apud Sanctum Eustachium* (2), au poète latin *Georgius Sabinus
Brandeburgensis*.

Georges Schuler, appelé ensuite Sabinus, était né à
Brandebourg. Il avait été l'élève de Mélanchthon qu'il
accompagna dans la plupart des assemblées où se dis-

----

(1) L'adresse a été libellée ainsi par Gilles de Gourmont : [A] mon
tres reve[rend père] en Dieu [monseig]neur [Hi]erosme Aleander,
[ambassadeur] de notre sainct [père le pape v]ers l'Empereur.

(2) Melior Adamus, *Vitae Germanorum.... literis clarorum*,
Francofurti, 1615, t. I, p. 225. — Sur la bibliothèque léguée par
Aléandre à Santa Maria dell' Orto de Venise, cf. outre les ouvrages
précédemment cités, Tomasini, *Annales canonicorum secula-
rium S. Georgii in alga*, Udine, 1642, in-4°, p. 482 ; Cornelio Fla-
minio, *Ecclesiae venetae antiquis monumentis illustratae*,
Venetiis, 1749, t. VI, p. 76.

cutaient les questions religieuses de l'époque et il avait
fait connaissance à Augsbourg, *in comitiis Augustanis,*
où Mélanchthon rédigea la fameuse Confession, avec
Lucas Bomphius. Celui-ci, à Venise (1), présenta Sabinus
à Aléandre. Aléandre, après avoir reconnu l'habileté de
Sabinus en toutes sortes d'études et particulièrement
apprécié ses facultés poétiques, voulut lui conférer en
vertu des privilèges que deux papes, Léon X et
Clément VII, lui avaient accordés (2), le « laurier poétique » (3), avec le pouvoir de le conférer à son tour (4).
Il donna aussi à Sabinus le titre de chevalier. C'est ce
qu'atteste le nouveau poète lauréat lui-même dans l'une
de ses élégies :

(1) L'influence de la Réforme se faisait sentir même à Venise.
Cf. un intéressant essai de Strobel dans ses *Neue Beytraege zur
Litteratur besonders des sechszehnten Jahrhunderts*, Nurn-
berg et Altdorf, 1793, p. 2 : *Von der Evangelischen Gemeine
und ihren Predigern in Venedig.*

(2) Clément VII, dans son bref à Aléandre où il renouvelle et
confirme les faveurs à lui accordées par Léon X, dit formelle-
ment qu'il donne la faculté, « tibi, qui in artibus et in theologia
magister et, ut asseris, triplici linguae, hebraicae videlicet,
graecae et latinae apprime etiam tunc eruditus eras, ad instar
aliorum palatii et aulae hujusmodi comitum, ubique locorum
extra muros Urbis, quoscumque in poesi doctos et idoneos poetica
laurea, injungendo eis ut non nisi pia, honesta et virtuosa carmina
componant, decorandi et insigniendi ..» (J. Paquier, *Lettres familières d'Aléandre*, dans la *Revue des études historiques*, Paris,
Picard, 1908, p. 388-392)

(3) Sur Georgius Sabinus *poète lauréat*, cf. Vincenzo Lancetti.
*Memorie intorno il Poeti laureati d'ogni tempo e d'ogni
nazione*, Milano, 1839, p. 117.

(4) C'est ainsi que Jean Schosser reçut de Sabinus le titre de
poète lauréat. Voy. Melior Adamus, *Vitæ Germanorum literis
clarorum*, t. I, p. 320.

> Ac tot Aleandrum linguarum dotibus auctum
> Unxit Apollinea qui mihi fronde comas (1),

et dans son *Hodoeporicon Italiae* il raconte qu'il est allé en gondole jusqu'à la résidence d'Aléandre avec Bomphius qui ramait, et qu'il conquit la bienveillance du nonce :

> Denique dum totam vagus omnia lustro per urbem,
> Me videt, ac saluum Bomphius esse iubet,
> Is non exiguo mihi consuetudinis usu
> Bomphius (2) Augustae (3) cognitus ante fuit,
> Tunc ubi de magnis cum Caesare rebus agebat,
> Ad quem Pontificis nomine missus erat.
> Ipse mihi summum quo testaretur amorem,
> Carpere me secum remige iussit iter :
> Meque, diserte, tuas, Hieronyme, duxit in aedes,
> Nomen Aleandro cui sacra Musa dedit :
> Plurima qui calles variae discrimina linguae,
> Et Clario plenum numine pectus habes ;
> Sacrarumque datas rerum moderaris habenas,
> Post ipsum Veneta summus in urbe Ducem.
> Hic per Apollineas mihi ianua protinus artes
> Esset amicitiae cum patefacta tuae,
> Tu mea cingebas Daphneide tempora lauro,
> Inuitoque mihi nomen equestre dabas (4).

(1) *Elegiæ*, lib. III, élégie 10, dans Georgii Sabini Brandeburgensis *poemata*, Lipsiae, 1578.

(2) Melior Adamus, *Vitae Germanorum literis clarorum*, t. I, p. 225, l'appelle *Lucas Pomphilius*.

(3) A Augsbourg.

(4) Cf. Georgii Sabini *poemata et epistolae*, Lipsiae, 1578, p. 66, lib. II, *hodoeporicon itineris Italici* (Bibl. Nat., Y. 3126). Ces vers sont cités par Melior Adamus, *Vitae Germanorum literis clarorum*, Francofurti, 1615, t. I, p. 226. — Cf. sur Sabinus, les ouvrages suivants indiqués par Œttinger, *Bibliographie biogra-*

Enfin, tandis que je parcours Venise tout entière, Bomphius m'aperçoit et me tire d'embarras. J'avais beaucoup connu Bomphius à Augsbourg, alors qu'il y traitait des affaires importantes avec l'Empereur vers qui il avait été envoyé par le Souverain Pontife. Afin de me prouver sa grande affection, il m'emmena et, ramant lui-même, il me conduisit vers ton palais, éloquent Jérôme auquel la Muse divine a donné le nom d'Aléander, toi qui es habile dans de très nombreuses et si diverses langues et dont le cœur est tout soumis à l'influence du dieu de Claros, et qui tiens les rênes, confiées à ta prudence, des affaires religieuses, toi, le plus grand de cette ville après le Doge. La porte de ton amitié me fut aussitôt ouverte grâce à l'art d'Apollon ; et tu ceignis mon front du laurier de Daphné, et, malgré moi, tu me donnas le titre de chevalier.

De Venise Sabinus alla à Padoue où il trouva Bembo et Egnazio. Forcé de partir parce que les ressources

phique universelle, Bruxelles, t. II, 1851, p. 1586, que je n'ai pu rencontrer à la Bibl. Nationale : Praetorius (Abdias), *Oratio de G. Sabino, Francofurti ad Viadrum*, 1561, in-8° ; Boticher (Johann), *Oratio de vita G. Sabini*, Wittebergae, 1562, in-8° ; Heffter (Moritz), *Erinnerung an G. Sabinus, den trefflichen Dichter, academischen Lehrer und Diplomaten, den Mitstifter der Universitæt zu Kœnigsberg in Preussen*, Leipzig, 1844, in-8° : Fuerstenhaupt (Adolph). *G. Sabinus, der Sænger der Hohenzollern'schen Dynastie, literargeschichtliche Skizze in Rahmen der sechszehnten Iahrhunderts*, Berlin, 1849, in-8°. Nous avons pu consulter au sujet de ce latiniste brandebourgeois : Petrus Albinus, *Vita Georgii Sabini, Brandeburgensis, jurisconsulti, poetae laureati et comitis palatini in aula Lateranensi*, publié par Theodor Crusius, Lignicii, 1724, in-8°, p. 99 ; Max Tœppen, *Die Gründung der Universitæt zu Kœnigsberg und das Leben ihres ersten Rectors, Georg Sabinus*, Kœnigsberg, 1844 (p. 31 et suiv., rapports d'Aléandre et de Sabinus) (Bibl. Nat., Inventaire R. 52.610) ; Théodor Mulher, *Aus den Universitæts — und Gelehrtenleben in Zeitalter der Reformation*, Erlangen, 1866, in-12, p. 328 ; Melior Adamus, *Vitae Germanorum literis clarorum*, Francofurti, 1615, t. I, p. 225 ; Jean Janssen, *L'Allemagne et la Réforme*, trad. fr., Paris, Plon, t. III, p. 417, note 5 ; t. VII, p. 186.

pécuniaires lui faisaient défaut (1), il revint à Venise saluer encore une fois Aléandre, avant de reprendre la route d'Allemagne. Aléandre, non content de ses premières faveurs, créa Sabinus comte palatin du Latran, *comes aulae Lateranensis* (2).

A son retour Sabinus se maria avec Anne, fille de Mélanchthon, alors âgée de quatorze ans, que Mélanchthon lui avait fiancée avant son départ pour l'Italie. « Elle etait remarquable, dit Melior Adamus, par sa beauté et sa connaissance de la langue latine ». Le mariage eut lieu à Wittemberg en novembre 1536. Sabinus professa les lettres latines à l'université de Francfort-sur-l'Oder, et fut le premier recteur de l'Université de Kœnigsberg. L'électeur de Brandebourg l'envoya à Ratisbonne où Charles-Quint le remarqua et lui confirma les titres de noblesse qu'Aléandre lui avait donnés.

Cet aimable empressement d'Aléandre pour Georges Schuler que sans nul doute il savait avoir été l'élève et

(1) Il se plaint dans une lettre écrite de Leipzig à Bembo en 1538, aux calendes de janvier, qu'il avait été complètement dévalisé par la mauvaise foi de ceux auxquels il avait confié le soin de ses affaires : « Existimabam ad officium meum pertinere, ut significationem aliquam gratitudinis meae ad te perscriberem, quam utinam tibi coram declarare possem : verum me magno cum dolore meo, subito isthinc auulsit quaedam negociatorum perfidia quibus res meas curandas commiseram. Hanc infelicitatem non raro deploro. » (Sabinus, *Opera*, p. 401).

(2) Sur les comtes palatins du Latran, cf. Thomas Reinesius, *De palatio Lateranensi ejusque comitiva* ; Georgius Schubart, *Exercitatio de Comitibus Palatinis Caesaris* ; Thomas Sagittarius, *Disputatio de Jure et Priuilegiis Comitum Palatinorum Caesareorum,* habita Ienae, 1619, praeside Ortolpho Fromanno, — auxquels renvoie, p. 93, Albinus dans sa *Vita Georgii Sabini,* Lignicii, 1724. — On peut consulter encore Meiners, *Geschichte der Entstehund und Entwickelung der hohen Schulen unsers Erdtheils,* Gœttingen, 1803, t. II, p. 320-331.

devoir être bientôt le gendre de Mélanchthon (1), — Mélanchthon, « le chef des beaux esprits en Allemagne » (2), le « précepteur de l'Allemagne», — est un fait assez curieux. Etait-ce pour ramener à l'Eglise romaine ou au moins pour y incliner l'âme toujours un peu hésitante de Mélanchthon ? Etait-ce simplement un hommage indirect rendu à ce grand homme « qui joignait à l'érudition, à la politesse, à l'élégance du style une singulière modération » (3).

Quel que soit le motif de l'accueil si gracieux d'Aléandre pour Sabinus, on est tout agréablement surpris de rencontrer en cette occasion l'un près de l'autre les noms de ces deux grands esprits, de ces deux hellénisants (4), qui avaient salué avec bonheur les premiers débuts du siècle et qui devaient terminer leur vie dans les regrets et les lamentations.

(1) Dans son second testament, publié par Georg Theodor Strobel, *Neue Beylraege zur Litteralur besonders des sechszehnten Iahrhunderts*, Nürnberg et Altdorf, 1786, t. II, p. 177, Melanchthon s'exprime ainsi : « Heredes nomino filium meum Philippum, et generum meum, uirum clarissimum, Georgium Sabinum...».

(2) Bossuet, *Histoire des variations des églises protestantes*, liv. V, § 2, p. 189 de l'édition des *Œuvres de Bossuet*, Paris, 1743, t. III. — Cf. Rebelliau, *Bossuet, historien du protestantisme*, Paris, Hachette, 1909, p. 276 et suiv., à propos des jugements portés par Bossuet sur Mélanchthon.

(3) Bossuet, *eodem libro et loco*. — Cf. ce que dit Bossuet dans cette même *Histoire des variations*, liv. V, § XXXIV, de la croyance de Mélanchthon dans l'astrologie, à propos de quoi on peut le rapprocher d'Aléandre.

(4) Sur Mélanchthon helléniste, cf. dans Strobel, *Neue Beylraege zur Litteralur besonders des sechszehnten Iahrhunderts*, Nürnberg et Altdorf, 1792, t. III, 2ᵉ partie, p. 2, une très bonne étude : *Von Melanchthons Verdiensten um die Grammatik*. Melanchthon avait publié, *Hagenoae, ex Academia Anshelmiana*, en mai 1518, des *Institutiones graecae grammaticae*.

Le fait est d'autant plus surprenant qu'Aléandre
n'avait plus du tout cet enthousiasme pour l'Allemagne
que nous lui avons vu manifester autrefois avec tant
de vivacité. Pendant ses nonciatures il s'était souvent
indigné contre ces érudits allemands dont les hardiesses
théologiques l'étonnaient :

L'Allemagne regorge de grammairiens et de poètes
assommants qui s'imaginent ne pouvoir être des savants,
ni surtout des hellénistes s'ils ne s'écartent du chemin
tracé par l'Eglise.

Morosissimum grammatistarum et poeticulorum genus
quorum Germania plenissima est. Hi tum demum putant
se haberi doctos et praesertim graece quando profitentur
se dissentire a communi Ecclesiae via (1).

Après son discours du 13 février 1521 qui avait produit
une si vive impression à la diète de Worms, Aléandre
ne pouvait se montrer dans les rues sans être injurié
par la populace et poursuivi de menaces de mort (2), et
Hutten, de son château d'Ebernbourg, avait désigné
Aléandre à la haine populaire : « Je mettrai tout mon
zèle, lui écrivait Hutten, je ferai tous mes efforts, j'em-
ploierai toute mon énergie pour que bientôt tu ne sois
plus qu'un cadavre et pour qu'on pousse dehors ta

(1) D'après Janssen, *L'Allemagne et la Réforme*, trad. fr.,
t. II, p. 151, n. 3.

(2) Sur les médisances et calomnies protestantes contre Aléandre
pendant cette nonciature d'Allemagne, cf. Gaspard Hedio, *Chro-
nicon Germanicum*, Strasbourg, 1530, 3 vol. in-fol.; Johannes
Wolfius, *Lectionum memorabilium et reconditarum tomus
posterior*, Francofurti, p. 186-187 ; Scultet, *Annalium Evangelii
per Europam XVI° saeculo renovati decas prima, ab anno
1516 ad annum 1526*, Heidelbergae, typis Johannis Lancelloti,
1618, in-8°, p. 75.

dépouille sans vie, car tu es venu vers nous plein de rage, de délire et d'iniquité » (1).

Jacques Ziegler, mathématicien et théologien catholique de cette époque, rapporte dans sa *Vita Clementis VII*, publiée par Schelhorn dans ses *Amoenitates historiae ecclesiasticae* (2), qu'Aléandre détestait les Allemands et jusqu'au nom allemand. Il n'appelait les Teutons qui étaient à son service que du nom de *barbares* : « *Viens, barbare,* leur disait-il ; *va, barbare ; fais ceci, barbare* ». En général l'Allemand était considéré par les Italiens comme l'idéal de la malpropreté et de la bêtise. La conduite des lansquenets de l'armée hispano-allemande commandée par Bourbon et par Frundsberg, lors de la prise de Rome (3), ne fit qu'augmenter la répulsion des Italiens, et Aléandre, lors de ce *sacco di Roma* (1527), eut à souffrir des soudards de l'Empereur et

(1) Cf. J. Bœcking, *Ulrici Hutteni opera*, II, p. 12-21 ; Janssen, *L'Allemagne et la Réforme*, t. II, p. 165.

(2) 1727, t. II, p. 287-380.

(3) J. Burckhardt, *La civilisation en Italie au temps de la Renaissance*, trad. Schmidt, Paris, 1885, t. II, p. 113 et 355. Emile Ollivier a écrit sur le sac de Rome de fort belles pages dans son *Michel-Ange*, Paris, Garnier, 1892, p. 195-200), où il fait cette remarque : « Pendant le sac de Rome, la haine luthérienne s'était donné carrière. Les Allemands, plus modérés que les Espagnols pour le butin ordinaire, les dépassaient en férocité dès qu'il s'agissait d'un butin ecclésiastique, etc. » Voir encore Janssen, *L'Allemagne et la Réforme*, trad. française, t. III, p. 139 et suiv.; H. Omont, *Les suites du sac de Rome par les Impériaux et la Campagne de Lautrec en Italie, Journal d'un scrittore de la Pénitencerie apostolique*, Rome, Philippe Cuggiani, 1896. Le notaire pontifical qui a signé le testament d'Aléandre, Jacobus Apocellus, a écrit aussi une relation de cet événement. Cf. H. Schulz, *Der Sacco di Roma* (Halle, 1895, in-8°), p. 27, dans les *Hallesche Abhandlungen zur neueren Geschichte*, Heft XXXII, d'après Omont.

Roi très catholique : « L'archevêque de Brindes, écrit Jérôme Négro, de Rome, le 24 octobre 1527, demie heure auparavant, avoit sauvé ses biens à Rome, et il se retira au chasteau ; mais son logis et sa famille et mesnage du bourg servit de proye aux soldats (1) ».

Il n'y avait pas dans cette haine d'Aléandre que la seule répulsion d'un Italien pour la race tudesque dont les soldats foulaient avec tant de brutalité la terre maternelle. Il s'y mêlait les répugnances du catholique contre les nouveautés doctrinales d'au-delà des monts et aussi l'aversion du Renaissant contre cette Réforme (2) dont le succès, de l'aveu des apologistes les plus passionnés de Luther, comme Ch. de Villers (3), allait arrêter les progrès de la Renaissance, bouleversa et ruina tout d'abord les études, « foula et écrasa les germes de l'humanisme à peine jetés en terre (4) ».

Le pape Paul III qui s'étudiait à composer un conclave de cardinaux et un corps épiscopal riche en vertu et en science, qui se montra hors de pair dans l'art difficile de choisir les hommes et appela dans le Sacré Collège Caraffa, Sadolet, Contarini et Polo, y appela aussi

(1) Colomiès, *Italia et Hispania orientalis*, Hamburgi, 1730, p. 65.

(2) Voyez sur l'influence de la Réforme de belles pages dans Emile Ollivier, *Michel-Ange*, 1892, p. 216 : « Par la constance avec laquelle elle a défendu la dignité de la raison et la liberté de la volonté, non moins que par sa négation résolue de la théorie absolutiste du droit divin, l'Eglise a été la véritable mère du monde moderne, etc. »

(3) Cf. sur Ch. de Villers, Aug. Despouy, *France et Allemagne*, Paris, Delaplane, 1913, p. 38.

(4) Ces expressions sont de M. Bréal, *De l'enseignement des langues anciennes*, Paris, Hachette, 1891, p. 43 ; cf. Janssen, *L'Allemagne et la Réforme*, t. II, ch. VI, p. 310 et suiv.

Aléandre en 1538 (1) et le nomma cardinal du titre de
Saint Chrysogone. Il y succédait à son maître et protecteur d'autrefois, Erard de la Mark, qui venait de
mourir (2). Le nouveau cardinal vint habiter à Rome, —
dans « le bourg de Saint-Pierre », *in burgo Sancti Petri
et in palatio solitae residentiae,* suivant les expressions
de son testament (3).

Les controverses, les grandes affaires politiques et
ecclésiastiques, les méditations sur les moyens de venir
à bout de la *res lutherana,* de la révolution luthérienne,
absorbèrent les dernières années d'Aléandre (4). Il avait

(1) Le *procurator* Julianus Nasellus écrivait à Aléandre, au
moment de son élévation au cardinalat, qu'il ne savait pas si la
pourpre du cardinalat avait ajouté quelque chose à sa gloire (Epistolae Calcagnini, p. 864 de l'édition *Ambergae).* Calcagnini, dans
une lettre de mai 1538, apprenait au cardinal Aléandre que Julianus
Nasellus était mort et lui faisait part de son testament qui l'insti-
tuait le premier de ses légataires (même édition, liv. XIV, p. 427-
428). Dans une lettre il lui recommandait le fils de Julianus Nasellus, Paolo Nasello (même édition, p. 471).

(2) Aléandre avait eu à Valence, où Erard de la Mark fut évêque,
deux bénéfices, — un canonicat et une prévôté. — Il avait encore
à sa mort, ainsi qu'on le voit par son testament, la prévôté ; mais
il se démit, vers 1526, du canonicat en faveur de Girolamo Torrella,
fils d'un médecin de la cour pontificale, qui fut « Arciprete di
Sulci, e canonico di Cagliari, e di Valenza, per renunzia del famoso
Girolamo Aleandro, e poi Vescovo di Alipe, indi d'Anagni » (Man-
dosi et Gaetano Marini, *Degli archiatri pontifici,* Roma, 1784,
t. I, p. 261).

(3) Ce testament a été publié par H. Omont, *Journal autobiographique...,* p. 99. — Aléandre, par suite de règlements de
comptes difficiles avec la cour de Rome, avait été pendant quelque
temps excommunié.

(4) Franciscus Floridus Sabinus mentionnait encore avec honneur,
en 1540, Aléandre dans son *Apologie de Plaute :* « Quid dicam de
Hieronymo Aleandro, trium linguarum infra neminem eorum qui
hodie uiuunt, perito ? » (Francisci Floridi Sabini *In M. Actii
Plauti aliorumque Latinae linguae scriptorum calumnia-
tores apologia,* apud inclytam Basileam, anno a Christo nato

eu le don de l'éloquence improvisée, mais, vers la fin de sa vie, il ne retrouva plus sa facilité d'autrefois lorsqu'il voulut écrire quelques ouvrages de polémique religieuse. Et il mourut assez tristement à Rome, le 1er février 1542, à soixante-deux ans, tué, dit-on, par des remèdes inopportuns qu'il s'était donnés lui-même, oublieux des conseils que lui donnait jadis Michel Hummelberger.

Il avait légué un quart de ses biens à Francesco Aleandro(1), et aux autres enfants mâles du magnifique *Cavaliere* Vincenzo Aleandro, son frère, un autre quart à Dionisio Aleandro, fils de Daniele Aleandro, son autre frère, et la moitié restante à son fils naturel légitimé Claudio(2), qu'il avait eu à Rome en 1521 d'une dame

M.DXL, mense martio, p. 117). — Signalons, ici à titre de curiosité, une lettre en date du 23 mars 1538, attribuée à Rabelais et qui nous paraît apocryphe, où il est parlé d'Aléandre : « Monseigneur nostre saint-pere le pape au consistoire qu'il tint le XX feist et publia légats pour ceste ville monsieur le cardinal de Naples ; et pour aller à Vincène (=Vicence !) principier le concille messeigneurs les révérendissimes Campège, Simonette et Brundesy, et laisse icy le seigneur Pierre Loys, estant ce jourd'huy party pour s'acheminer vers Nyce en délibération de s'aboucher avec le roy et l'empereur avec grant espérance, ainsi qu'il dict, de faire la paix ou chose équitable à icelle....» Cette lettre se trouve tout au long, avec un commentaire et un assez long plaidoyer de l'expert Laverdet en faveur de son authenticité, dans le *Catalogue de la belle collection de lettres autographes* (supplément) *de feu M. le baron de Trémont, ancien conseiller d'état, et préfet de l'Empire*, Paris, Laverdet, 1853, p. VII. Elle nous semble l'œuvre de quelque Vrain-Lucas.

(1) Ce fut Francesco Aleandro qui succéda à son oncle sur le siège archiépiscopal de Brindisi et d'Oria. Il l'occupa de 1542 jusqu'à sa mort, en 1560. Cf. Gams, *Series episcoporum*, Ratisbonae, 1873, p. 862.

(2) Omont, *Journal autobiographique...* p. 100-101. — Ce fils avait dû être légitimé par Aléandre lui-même, car le bref de Clément VII qui permettait à Aléandre de faire des poètes lau-

Perina ou Perilla, et qu'il paraît avoir fort tendrement aimé (1).

On a rapporté qu'il se serait plaint d'être enlevé à la vie un an avant son année climatérique (2), et il prédit dans un dernier distique grec qui fut gravé sur sa tombe de nouveaux malheurs à sa patrie. Pessimiste jusqu'à la fin, il se plaignit ainsi de mourir trop tôt, et indiqua aussi que, s'il avait vécu, il aurait gémi de vivre. Ses restes furent déposés à Saint-Chrysogone du Transtévère avec cette épitaphe (3) :

réats, de conférer tous les grades universitaires, de nommer aux charges de notaire, de tabellion et de juge, de décerner tous les titres du sacré Palais, lui accordait le droit de légitimer : «... nec non nothos, bastardos, naturales, spurios, incestuosos et manseres copulative vel disjunctive, ex quocumque illicito et damnato coitu procreatos, etiam infantes, tam praesentes quam absentes, viventibus seu etiam mortuis eorum parentibus, omnem ab eis geniturae maculam sive notam tollendo, ita ut etiam ad paternam et maternam ac avitam et alias successiones [accedant] » (J. Paquier, *Lettres familières de Jérôme Aléandre*, dans la *Revue des études historiques*, Paris, Picard, 1908, p. 383-392).

(1) Aléandre avait enregistré dans l'une de ses notes autobiographiques la naissance de ce fils, en accompagnant la mention de cet événement de l'une de ses formules ordinaires : « Laudetur Deus qui respicit super nos. Ipsi laus et tibi consolatio. Amen » (Omont, *Journal autobiographique*, p. 12).

(2) Dono d'Attichy ne croit pas à ces plaintes d'Aléandre sur la brièveté de sa vie qu'il déclare démenties par les vers grecs de son épitaphe: « Leuissimum autem videtur quod habet Iouius doluisse illum vehementer ac pluribus deplorasse, quod paucorum mensium defectu ad climactericum vitae, hoc est trium et sexaginta annorum, terminum non peruenisset : quod ex sola mausolei illius inscriptione apertae falsitatis conuincitur, Graecorum versuum de mandato ipsius ibidem appositorum, quos Latine redditos infra ex Victorello referemus. His etenim humanae vitae miseriam quanta sit satis indicat... *(Flores historiae sacri Collegii S.R.E. Cardinalium*, authore Dono d'Attichy, Episcopo Aedueno, Lutetiae Parisiorum, sumptibus Sebastiani Cramoisy, architypographi regii, etc., t. III, p. 220-225, § VIII).

(3) Nous donnons cette épitaphe d'après Pauli Colomesii Rupellensis, *Italia et Hispania orientalis*, Hamburgi, 1730. Dans

Hieronymo Aleandro Mottensi, e Comitibus Landri in Carnia, Petrae Pilosae oriundo, TT.S. Chrysogoni S.R.E. Presbyt. Card. Brundusino (1), *Philosophiae et Theologiae Doctori, Hebraicae, Graecae, Latinae aliquotque aliarum linguarum exoticarum ita exacte docto ut eas recte et apte loqueretur et scriberet, mox diversis legationibus pro summis Pontificibus ad omnes fere Christianos principes fideliter et diligenter perfuncto et ideo in labem delapso, quanti humanam miseriam fecerit, sequenti disticho de se edito testatum posteris reliquit.*

Laurent Schrader, *Monumentorum Italiae quae hoc nostro saeculo et a Christianis posita sunt libri quatuor*, Helmaestadii, typis Jacobi Lucii Transylvani, M.DXCII, lib. II, p. 127, on trouve ce même texte ; cependant la dernière ligne est ainsi modifiée : *Haeredes patruo amplissimo et optimo moestissimi P.C.* Boxhorn, dans ses *Monumenta illustrium virorum et elogia*, Amstelodami, apud Joannem Janssonium, 1638, *tabula* 27, a également donné le texte de cette inscription : la phrase relative à la reconnaissance et à la douleur des héritiers, ne s'y trouve pas du tout. — On trouvera encore ce document épigraphique dans Nathan Chytraeus, *Variorum in Europa itinerum deliciae, vel ex variis manuscriptis selectiora tantum inscriptionum maxime recentium monumenta*, Herbornae Nassoviorum, 1594, p. 10.

(1) Dans les *Vitae et Gesta summorum pontificum a Christo Domino usque ad Clementem VIII necnon S.R.E. cardinalium cum eorumdem insignibus*, Romae, 1601, p. 1117, on trouve (XVII) les armoiries cardinalices d'Aléandre : *Taillé de dextre à senestre ; à dextre fascé de sinople et d'argent ; à senestre d'argent, à trois palmes d'azur, au chef d'or chargé d'une aigle éployée à deux têtes de gueules.* La lecture de ces armes, dans cet ouvrage est assez difficile. Les armes de la famille d'Aléandre étaient : *tranché, d'argent à trois fasces de gueules, et d'azur à trois rameaux d'olivier d'argent.* — Page 1118 du même ouvrage, Aléandre est ainsi mentionné : « Hieronymus Aleander de Lamoto *(sic)*, Cenctensis dioecesis, Foroliviensis, Archiepiscopus Brundusinus, presbyter Cardinalis tituli Sancti Chrysogoni ». P. 1135 : « Hieronymus Aleander, Carnus, Cardinalis tituli Sancti Chrysogoni ».

Κάτθανον οὐκ ἀέκων, ὅτι παύσομαι, ὧν ἐπιμάρτυς
πολλῶν, ὧν περιδεῖν ἄχγιον ἦν θανάτου (1).

*Natus est Mottae in Carnia a. 1479 Moritur Romae
a Christi salutis 1542, aetat. 62, minus diebus 13.
Haeredes patruo amplissimo et optimo P.C.*

Par la suite on transporta, conformément aux volontés exprimées dans son testament, ses restes à Motta di
Livenza, sa patrie, dans l'église de Saint-Nicolas (2) où
l'on peut voir actuellement cette inscription :

*D.O.M. — Hieronymo Aleandro Mottensi — S. R. E.
Cardinali praestantissimo — Pontifici Brundusino —
Vaticanae Bibliothecae Praefecto, — Leonis X, Clemen-
tis VII, Pauli III — Ad Germanos, Gallos et Venetos
Legato — Viro mentis magnitudine et scientiis eximio
— Monumentum - Quod moriens Romae anno MDXLII
— Sibi testamento mandaverat — Municipes sui tan-
dem E.C. (3) — Anno A.V.P. (4) MDCCLV (5).*

Fausto Sabeo (6), sans doute avant que l'inscription

(1) Ces vers grecs ont été ainsi rendus dans un distique latin :
    Excessi o vitae acrumnis facilisque lubensque,
    Ne peiora ipsa morte dehinc videam.

(2) Lorenzo Cardella, *Memorie storiche de' Cardinali della
Santa Romana Chiesa*, t. IV, Roma, nella stamperia Pagliavia,
1787, p. 182.

(3) Erigi curaverunt.

(4) A Virginis partu.

(5) D'après Lepido Rocco, *Motta di Livenza*, studio storico,
Treviso, 1897, p. 342 et suiv.

(6) Sur Fausto Sabeo, éditeur des *Disputationum adversus
gentes libri VIII* d'Arnobe, Romae, 1542, in-fol, auteur d'*Epigrammata*, Romae, 1556, cf. V L. Bourelly, *Lettres écrites d'Italie par François Rabelais*, Paris, Champion, 1910, p. 16 et 17 ;
Moreri, *Le grand dictionnaire historique*, Paris, 1699, t. IV,
p 370 ; Quirini, *Specimen litteraturae... in urbe Brixia*, Brixiae,
1739, t. II, p. 167 et 186 ; Dr Louis Pastor, *Histoire des papes*, trad.
fr., t. VIII, p. 148.

de Saint-Chrysogone fût posée, écrivait ces quelques
vers :

> Cur tumulo non inscripsi mea nomina quaeris.
> Ingratus cum sit mutus, et iste lapis.
> Qualis eram dicent, et quis, pleno ore Quirites ;
> Si mage vis, dicent Graecus, Arabs, Solymus.

Tu demandes pourquoi je n'ai pas inscrit mes titres sur
mon tombeau. L'ingrat est muet, et cette pierre aussi. Ce
que j'étais, ce que je suis, les Romains te le diront abondamment. Si tu veux plus, le Grec, l'Arabe, le Juif te le
diront.

Giano Vitale (1) écrivait de son côté à propos de cette
épitaphe :

> Non tibi litterulis ornare, Aleandre, sepulcrum
> Fas erat, at vastam ponere Pyramidem
> Stesichorosque inter celebres sanctosque Platonas
> Ex auro solidam stare tibi statuam.
> Vidimus in te uno divinae insignia mentis,
> Et plus quam humani par deus ingenii.
> Nunc periit tecum quantum vix saecula mille,
> Quantum vix praestent millia mille hominum.

Il n'était pas permis, Aléandre, d'orner ton tombeau de
quelques lettres seulement. Il fallait t'élever une vaste
pyramide et, parmi les fameux Stésichores et les divins
Platons, t'élever une statue d'or. En toi seul nous avons vu
les marques distinctives d'un esprit divin, et un dieu est
supérieur au génie humain. Maintenant a péri avec toi ce
que produisent à peine mille siècles, ce qui se présente à
peine parmi un million d'hommes.

(1) Sur Giano Vitale ou Jano Vitali, cf. Dr Louis Pastor, *Histoire
des Papes*, trad. fr., t. VIII, p. 109 ; D. Gnoli, *Un giudizio di
lesa Romanita sotto Leone X*, Roma, 1891, p. 162 ; *Arch. stor.
Sicil.*, n. s., 1888, t. VIII.

La poésie latine du Nord joignit ses larmes à celles
du Midi par ces vers de Latomus (1) :

> Non tibi pro tumulo hoc, quantumuis nobile, marmor
>   Ponimus ; hoc cineres aridaque ossa tegat :
> Non longos titulos, subjectos casibus ipsos,
>   E quibus erasis ipse superstes eris :
> Sed totam Europam quam docto in nomine oberras
>   Quaeque tuas laudes vix, Aleandre, capit.

Aléandre, pour véritable tombeau, nous ne te donnons
pas ce marbre, si noble qu'il soit, qui recouvrira tes cen-
dres et tes ossements desséchés, ni ces longs titres soumis
aux injures du temps, auxquels, s'ils s'effacent, tu survi-
vras, mais bien l'Europe tout entière au-dessus de laquelle
voltige ton docte nom et qui n'arrive qu'à grand peine à
célébrer dignement la gloire que tu mérites si bien ! (2)

*_**

Quel que grand qu'ait été le zèle des successeurs
d'Aléandre en France, l'influence d'Aléandre, pendant
son court séjour dans nos universités françaises, ne
laisse pas d'avoir été considérable. Au lendemain même
de cet enseignement, les Italiens célébraient sur le

(1) Probablement Barthélemi Masson, en latin *Latomus*, d'Arlon,
qui, grâce aux actives démarches de Budé, occupa en 1534, le
premier, la chaire d'éloquence latine au collège de France et fit en
1539, sur l'ordre de François Ier, un voyage en Italie. — Deux autres
Masson qui ont vécu à Louvain à cette même époque et qui portent
tous deux le nom latinisé de Jacques *Latomus*, ont écrit en latin
et en vers latins.

(2) Signalons l'article de Th. Brieger sur Aleander dans la *Rea-
lencyklopaedie für protestantische Theologie und Kirche*,
Leipzig, 1896, t. I, p. 328.

mode lyrique les heureux effets de ce que l'on peut appeler la prédication scientifique et l'apostolat littéraire de leur compatriote qui avait été en France le missionnaire des bonnes lettres et spécialement des lettres grecques. Leur témoignage pourrait être suspecté, s'il n'était, comme nous l'avons vu, confirmé par des témoignages de la plus haute valeur, tels que ceux de Vatable, de Josse Bade et de Gilles de Gourmont. En supposant même qu'il y ait dans tous ces témoignages une sorte de perpétuelle et flatteuse exagération, nous pouvons, en considérant l'œuvre à la fois si importante et si rapide d'Aléandre, croire qu'il reste une forte part de vérité.

Aléandre paraît avoir été, en cette période de sa vie, dans le véritable esprit de la Renaissance. Il n'a pas été de ceux qui ne voulaient pas qu'on s'arrêtât aux poètes païens, qui considéraient les lettres classiques comme des « tentatrices », *artes meretriciae*, et il s'est montré un fidèle d'Homère et de Virgile. Ce sera l'honneur du cardinal Aléandre d'avoir, l'un des premiers en France, appelé les esprits à jouir de ces antiques nouveautés, et à converser avec les « plus honnêtes gens » des siècles passés.

APPENDICES

______

I

BIBLIOGRAPHIE

DES

ÉDITIONS GRECQUES & LATINES
Publiées par JÉROME ALÉANDRE
ou avec sa collaboration

PENDANT SON SECOND SÉJOUR A PARIS

(19 juin 1511 — 29 novembre 1514)(1)

______

I

Cicéron : De divinatione (début de 1512)

Aucun titre.

Fol. 1. Hieronymus Aleander Mottensis Guillermo Copillpo Basiliensi Medico suo S. Multa sunt M. Tullii Romanae vindicis linguae opera....

Liber primus. — M.T.C. De divinatione liber secundus.

A la fin : marque typographique de Gilles de Gourmont.

(1) Nous empruntons la description des éditions grecques à l'excellent travail de M. Henry Omont, *Essai sur les débuts de la typographie grecque à Paris, (1507-1516)*, Paris 1892, et celle des éditions latines à la thèse de M. J. Paquier, *Jérôme Aléandre (1480-1529)*, p. XIV et suiv., et à la *Bibliographie des impressions et des œuvres de Josse Badius Ascensius*, Paris, Emile Paul, 1908, de M. Ph. Renouard.

Comme la marque porte le premier *o* cassé (1), cette édition ne peut être antérieure à 1512. Mais elle n'est probablement pas postérieure à cette même année ; on voit qu'Aléandre se dispose à enseigner encore, et que c'est le premier ouvrage de Cicéron qu'il ait fait imprimer. Elle dut suivre de quelques mois seulement son retour d'Orléans à Paris (19 juin 1511).

[In-4º, 56 feuillets non paginés ; 27 lignes à la page (202 ×136mm). Signatures a-m-iij (Paris, *Bibl. Nat*, Inv. Rés., p. Z, 344 ; *British Museum*, 832, e. 51 (2)].

II

Cicéron, Quatre discours parmi lesquels le *Pro Archia* (1512 ?)

« Curavi nuper imprimendas quas vobis praelegere me nostis 4 Marci Tullii orationes quarum tres in nostro libello primae veterum judicio ut longissimae ita optimae omnium existimantur, quarta in hunc nostrum quasi jure surrepsit, utpote quae pro Archia poeta habita.... Illud tamen sciat (quisque) sperare me (quae diligentia est Guilelmi — *(sic)* impressoris vestri, qui alias vobis bene castigatas Papinii

---

(1) On peut tirer un moyen de dater les productions grecques de Gilles de Gourmont de la marque typographique qu'il mettait au titre ou à la fin de ses impressions. « La première marque typographique qu'il employa, s'était altérée par l'usage et, précisément à partir de l'année 1512, on peut constater une cassure du premier *o* de *Gilles de gourmont*. Gilles de Gourmont l'employa cependant quelques années encore, de plus en plus usée, jusqu'en 1515, date à laquelle il fit graver une nouvelle marque qui parut sur ses impressions postérieures ». (Omont, *Essai sur les origines de la typographie grecque à Paris*, Paris, 1892, p. 11).

(2) J. Paquier, *Jérôme Aléandre*, p. XIV-XV. — Cf. E. Jovy, *François Tissard et Jérôme Aléandre*, 2ᵉ fascicule, Vitry-le-François, P. Tavernier, 1900, p. 28-31 et p. 104-105, où nous avons déjà signalé l'édition du *De divinatione* donnée par Aléandre, publié et traduit la lettre par laquelle Aléandre dédie cette édition à Guillaume Cop.

Sylvas dedit, orationes has nihilo fore iis quae alibi impressae sunt deteriores ». Ita Ms. Vat. lat. 3913, f. 2 vᵒ : minute autographe d'Aléandre, probablement d'un cours d'ouverture à ses élèves ».

« On voit par là : 1ᵒ que l'imprimeur s'appelait Guillaume, et qu'il était de Paris ; 2ᵒ qu'il avait édité les *Sylves* de Stace. Cette édition se place certainement après celle du *De divinatione* dont il est question plus haut : dans la lettre dédicatoire placée en tête de ce dernier ouvrage, Aléandre dit qu'il n'en a fait encore imprimer aucun de Cicéron. La présente édition est donc de 1512, peut-être de 1513, dernière année de l'enseignement d'Aléandre ».

« Ces Discours n'avaient sans doute aucun titre général. Il est même probable que, comme les discours d'Isocrate qu'Aléandre avait publiés peu après son arrivée à Paris, ils n'avaient ni introduction, ni épître dédicatoire, ni rien qui indiquât la part qu'Aléandre y avait prise » (1).

III

Chrysoloras, *Grammaire*, éd. Fr. Vatable (13 juillet 1512)

ΕΡΩΤΗΜΑΤΑ ΤΟΥ ΧΡΥΣΟΛΩΡΑ.

[Marque formée de neuf petits bois posés 3, 3 et 3 ; le second représente la Résurrection ; le troisième, la Visitation ; le cinquième, l'Ange et les Bergers ; le septième, sainte Véronique, etc. Autour de ces neuf bois, disposés en carré, les quatre sentences suivantes :

Ἀνδρὸς δικαίου καρπὸς οὐκ ἀπόλλυται.

Θνητὸς πεφυκὼς μὴ φρονῇς ὑπέρθεα.

Ἄγει τὸ θεῖον τοὺς κακοὺς πρὸς τὴν δίκην.

Ξένοις ἐπαρχῶν, τῶν ἴσων τεύξη ποτέ.

Grammatica Chrysolorae.

(1) J. Paquier, *Jérôme Aléandre*, p. XV.

Fol. 1 vᵒ. Barptolomaeo Auriae nobilissimo adulescenti, Lucae Auriae equitis aurati filio, Franciscus Vatablus S. Quantam prae te feras...

Fol. 2 vᵒ. ΕΡΩΤΗΜΑΤΑ ΤΟΥ ΧΡΥ‖ΣΟΛΩΡΑ.

Fol. 69 vᵒ. Ἐτυπώθη ἐν Λευκετοκίᾳ. Ἔτει ἀπὸ Θεογονίας ‖χιλιοστῷ, πεντακοσιοστῷ, δωδεκάτῳ. Μεταγειτνιῶ-‖νος ἐπὶ δέκα τρίτῃ.

Le fol. 70 est blanc.

[Petit in-4ᵒ, 70 feuillets non paginés, 21 lignes à la page (152×90ᵐᵐ) ; signatures αι-ριιι. Accents fondus avec les lettres. [*Bibl. Nat.*, X + 57 (3).]

Il existe à l'Arsenal, 250 quater B, une édition aléandrine des Ἐρωτήματα τοῦ Χρυσολωρᾶ, publiée chez Gilles de Gourmont, avec la devise : *Tost ou tard*, etc. Elle est datée d'avril 1516. A la fin du volume on lit : Ἐτυπώθη ἐν Λευκοτοκίᾳ ἤτοι παρισίοις; ἔτει ἀπὸ Θεογονίας; χιλιοστῷ πεντακοσιοστῷ ἐκκαιδεκάτῳ Ἐλαφηβο-λιῶνος; ἱσταμένου πέμπτῃ.

IV

G. Aleandro, *Gnomologia* (novembre 1512)

ΓΝΩΜΟΛΟΓΙΑ. Gnomologia.

Index eorum / quae in hoc volumine / quam Gnomolo-giam.i. ‖ Moralium sententiarum collectanea merito appel-les / comprehenduntur.

Hieronymi Aleandri / qui librum recognouit / Epistola.

Theognidis poetae vetustissimi Elegiaco carmine senten-tiae.

Pythagorae carmina aurea.

Epigrammata duo in Phocylidem / cum eiusdem sanctis-simis ‖ heroico carmine praeceptis.

Carmina Sibyllae Erythraeae nomen Iesu dei filii in pri-mis li-‖teris per se ferentia.

Diuersorum animalium differentia uocis.

Catonis / quem pro pueris appellat vulgus / hexametro versu senten-/tiae in graecum e latino conuersae.

Variorum poetarum sententiae ordine Alphabetico;/cum indice rerum ǁ fronti nuper apposito.

Epigramma in septem sapientes.

Eorumdem praeclara dicta.

Sententiae in inuidiam.

Illustrium quorumdam virorum scitu dignissimae sententiae nunquam ǁ antea impressae.

Addita sunt fini rudimenta quaedam graeca, cum Dominica, Angelica ǁ et aliis quibusdam piis orationibus. Quae omnia et bonos mo-ǁres / et una graecas literas desiderantibus non parum conducant.

Venalem inuenias hunc aureum libellum apud Matthaeum Bolǁsecum Diui Iuonis Brittonum tutellaris numinis signum in vico ǁ Scholarum Decretorum proferentem.

Fol. 1 v⁰, *blanc. — Fol.* 2. Deux épigrammes de Posidippe et Métrodore (*Anthol. gr.*, IX, 359, 360).

Fol. 2 v⁰. Hieronymus Aleander Claudio de brillaco discipulo suo contuǁbernali genere / ingenio / moribusque nobilissimo, S.P.D.ǁ In omni studiorum genere eos maxime libros....

Fol. 5. ΘΕΟΓΝΙΔΟΣ ΜΕΓΑΡΕΩΣ ΣΙΚΕΛΙΩ-ǁ ΤΟΥ ΓΝΩΜΑΙ ΕΛΕΓΕΙΑΚΑΙ.

Fol. 64 Registrum huius operis.ǁαa-πp.

Le fol. 64 v⁰ blanc.

Petit in-4⁰, 64 feuillets non paginés, de 24 lignes à la page (152×88ᵐᵐ) ; signatures a a-πa. Accents fondus avec les lettres. [Bibl. nat., X. + 57 (4) ; *Mazarine*, 10487 (3) , *Arsenal*, 1971 B (1)].

---

(1) L'exemplaire de l'Arsenal porte la mention manuscrite de deux propriétaires de ce livre : *Andreas Fernel*—et : *Ex libris Tho. Glocester*.

V

Saint-Cyprien, *Opera* (13 novembre 1512)

Fol. 1 r°. Beatissimi Cecilii Cypriani Carthaginiensium praesulis, oratoris verbique divini praeconis eloquentissimi : ac‖trini uniusque Dei proclamatoris vehementissimi. Opera hinc inde ex-‖cerpta et in unum vigiliis et sumptibus magistri Bertholdi Rembolt ‖ et Joannis Waterloes calcographorum peritissimorum et veracissimo-‖rum collecta et impressa quorum distinctio fronte sequenti notatur. — *Marque typographique de Rembolt.* — Tetrastichon ad Lectores, *Quisquis amas Christum.*

Fol. 1 v° : *Index.*

Fol. 2 r° : Roberti Fortunati epistola in recommandationem operis.... Ex Plesseiis tuis aedibus Parrhisii *(sic)* ad Kalendas novembres MDXII.

Fol. 3 r° : Guielmi Poteti Bisontini (1) ad lectores carmen.

Fol. 3 v° : Hieronymi Aleandri Augusti palatii Comitis Poetae Laurea donati artium liberalium doctoris et earumdem publici Parisiis in utraque lingua interpretis Phalecium hendecasyllabon (2). In commendationem optimi impressoris Bertholdi Rembolti : ubi obiter impressores monentur officium : Et Divi Cypriani Laudes summo quasi digito attinguntur. *E tot chalcographis...*

Fol. 4 v° : C. de P. Jacobo Grossolario civi veneto.

Ces premiers folios ne sont pas numérotés.

Fol. I-CLXXX r°. *Texte.* — *A la fin :* Beati Cypriani Opuscula noviter Parrhisiis In sole aureo vici Sancti Jacobi impressa. Expensis magistri Bertholdi Rembolt et Johannis Waterloes. In intersignio sancti Georgii commorantium. Anno Domini MDXII. Die vero XIII novembris.

(1) M. Paquier imprime à tort : *Bisantini.*

(2) M. Paquier imprime à tort : *hendecessyllabon.*

Ensuite viennent, avec une autre numération, d'autres opuscules de Saint-Cyprien.

Fol. XXXV : Finis opusculi Beati Cypriani Carthaginiensis episcopi De Cardinalibus Christi operibus, impressi Parisiis in sole aureo. — Tabula materiarum. — Emporium epistolarum. — (200×140ᵐᵐ). (Florence, *Bibl. nat.*) (1).

VI

G. Aleandro, *Lexique grec-latin* (**13 décembre 1512**)

Lexicon graecola‖tinum mullis et pre‖claris addilio-nibus lo‖cupletatum : quod vel ex indice eorum : ‖ quae in toto volumine comprehendun ‖ tur : in sequenti pa-‖gina cogno‖scas.

[Première marque de *Gilles de Gourmont,* avec le premier *o* cassé, ou marque au St Yves de *Matthieu Bolsec,* et l'une ou l'autre de ces adresses :]

Venalem inuenias hunc vere literarum the-‖saurum apud Aegidium Gourmontium : e ‖ regione Scholarum Cameracensium.

Ou : Venalem inuenias hunc vere literarum the ‖saurum apud Matthaeum Bolsecum in vico ‖ Decretorum diui Iuonis signum proferentem.

Fol. l vᵒ   Uniuersi operis elenchus.

Hieronymi Aleandri epistola liminaris ad illustrissimum adulescentem Volfgangum Comitis palatini Ro. Imp. Electoris : et ducis Bavariae fratrem.

Ejusdem Aleandri epistola ad lectores.

Ejusdem Graecum epigramma in calumniatorem graecae linguae.

(1) J. Paquier, *Jérôme Aléandre,* p. 75-76, donne cette description du *Saint-Cyprien* de Berthold Rembolt d'après une communication du baron Podestà, bibliothécaire à la Bibliothèque nationale de Florence. — Cf. Panzer, *Annales typographiques,* t. VII, p. 560, nᵒˢ 512, 513.

Vocabularium Graecum copiosissimum alphabetico ordine, ab. α. adusque. ω. deductum cum latina interpretatione : additis unicuique paginae et versui numerorum notis.

Cyrilli de dictionibus, quae pro accentus, vel literae variatione diversi fiunt significati : cum latina interpretatione, secundum ordinem elementorum.

Ex libris Aristotelis de animalibus Theodoro Gaza interprete selecta abecedario ordine vocabula, quibus graeca deinceps subduntur.

Eadem graeca vocabula alphabetica serie cum ejusdem Theodori latina interpretatione.

Ex libris Theophrasti de stirpibus juxta latinarum literarum ordinem vocabula latina et Graeca interprete eodem Theodoro.

Eadem juxta ordinem graecarum literarum, et ejusdem interpretationem.

Dictionum nuper additarum sylva satis magna, cum haud sane indignis scitu adnotationibus, quas in antiquum vocabularium Ferrariae impressum sparsim intrusas, nos, ne in alieno solo aedificaremus, consulto in unum seorsim volumen praeposito earum indice redegimus.

Ammonii Graecus liber de similibus et differentibus dictionibus ordine alphabetico.

Vetus instructio et denominationes militarium praefectorum.

Orbicii de nominibus ordinum militarium.

Quam multiplici sint significato hae particulae. η. et ωτ.

Index latinus totius vocabularii abecedario ordine digestus, addita subinde graeca dictione, et numero magni vocabularii paginis et versibus conformi : Imo verius alterum vocabularium, per quod si velis latina graece, et pleraque etiam multifariam possis dicere.

Fol. 2. Hieronymus Aleander Mollensis || Illustrissimo Principi Volfgango inuictissimi Ludouici Comi||tis Palatini Sacri Roma. Imperii Electoris eius-||demque Ducis Baua-

riae fratri ‖ S.P.D. ‖ Si quamlibet paruam ‖ omitterem occasionem... *(Fol. 5 vᵒ, blanc)*.

Fol. 6. Aleander Lectoribus S. ‖ Scio plaerosque expectaturos...

Fol. 6 vᵒ. Ἱερωνύμου Ἀλεάνδρου ἐπίγραμμα, ὃ τρίτῳ μηνί, ἢ μετ᾽ ὀ
πολύγε συντέθεικεν, ‖ἀφ᾽ οὗ πρῶτον ἤρξατο εἰς τὰ ἑλληνικὰ διδασκαλεῖα φοι-
τᾶν. Εἴς τινα οὐ λατῖ-‖νον ἀλλὰ λατινοβάρβαρον, μᾶλλον δὲ αὐτοβάρβαρον
τὴν σεμνο-‖τάτην ἑλληνικὴν γλῶσσαν διαβάλλοντα *(6 distiques)*.

Page 1. *Lexique grec-latin.* [A] Αγητ.εστ.ὁ.ἡ. infrangi-‖bilis.
‖ἄαπτοσ ὁ.ἡ. intangi-‖bilis... — *(Finit, p.* 445, *col.* 1. Suit un
feuillet blanc).

Page 458. Acui dicimus dictionem quae acutum vel‖grau-
em tonum in ultima habet.... (10 lignes). — Συναγωγὴ τῶν
πρὸς διάφορον σημα-‖σίαν λέξεων κατὰ στοιχεῖον . ‖ Collectio dictionum quae differunt signifi‖catu secundum ordinem litterarum. ‖ Ἄγων. οντοσ. ὁ ; agens, penacuitur.‖

Les pages 459-460 sont répétées deux fois (les deux premières chiffrées 460 et 459); cette première partie se termine à la page 469 (notée par erreur 467), col. 1 ; suit un
feuillet blanc.

Fol. 1. Vocabula latina et graeca secundum latina‖rum
literarum ordinem, ex libris Aristotelis de a-‖nimalibus
Theodoro Gaza interprete.

Fol. 9 vᵒ, *col.* 2. Vocabula graeca et latina secundum
graeca‖rum litterarum ordinem ex libris de anima‖lidus
(sic) Theodoro gaza interprete.

Fol. 18 vᵒ, *col.* 2. Vocabula latina et graeca secundum
latinarum litterarum ordinem ex libris de plan-‖tis Theophrasti Theodoro gaza interprete.

Fol. 25 vᵒ (titre sur les 2 col.). Vocabula graecorum nominum apud Theophrastum secundum litterarum ordinem,
cum‖latina Theodori interpretatione *(Fol.* 32 vᵒ, *blanc)*.

Fol. 33. Annotationum, quae in toto opere in-‖ueniuntur,
elenchus.

Fol. 34, *col.* 2. Caeteras annotationes non fuit nobis otium‖

adscribere, nec lectori tamquam oscitanti con‖uiuae, omnia fuerunt propinanda *(Finit au fol. 56 v°, col. 1)*.

Fol. 1. Ἀμμωνίου περὶ ὁμοίων καὶ διαφόρων ‖ λέξεων.

Fol. 19. Τάξισ παλαιὰ, καὶ ὀνομασίαι τῶν ἀρ-‖χόντων.

Fol. 21 v°. Ὀρβικίου τῶν περὶ τὸ στράτευμα ‖ τάξεων.

Ibid., col. 2. Τὰ τοῦ η σημαντικά. — *Fol.* 22. Τὰ τοῦ ωσ σημαντικά *(Fol.* 22 v°, *blanc)*.

Répertoire général alphabétique latin-grec du lexique-grec-latin, avec renvois aux pages et lignes (100 feuillets, non paginés, à 3 col.)

Fol. 100. Praeclaro huic et laborioso Operi suprema imposita est manus industria et impendio probi ‖ viri Aegidii Gourmontii : Bibliopolae Parisiensis Millesimo Quingentesimo duodecimo ad ‖ Eidus Decembres Lutetiae Parisiorum.

Quidquid id est quod vos benigne datur boni consulite Optimi lectores/ Et in literis graecis proficite.

Registrum huius operis. ‖ a.-z & A.-F. aa.-gg. ‖ A.B.Γ. a.-n. Omnes sunt quaterniones praeter Γ ternionem & ‖ E. &. n. duerniones. ‖ — *(Fol.* 100 v°, *blanc)*.

In-folio, 6 feuillets préliminaires; 469 (471) pages chiffrées, à 2 col, 34, 22 feuillets, à 2 col., et 100 feuillets à 3 col., non paginés. 30 lignes numérotées entre les colonnes dans la 1re partie ; 30 lignes et 29 lignes dans la 2e partie ; 40 lignes dans les 3e et 4e parties (1re et 2e parties : 203×145mm ; 3e partie : 204/208×142mm ; 4e partie 205×155mm). Signatures (prélim. a.iiii), a.j-F.iiij ; aa.i-gg.iiij ; A-Γαιι ; a.i.-n.iii). Première et seconde parties, accents indépendants des lettres ; troisième et quatrième parties, fondus avec les lettres [*Bibl. Nat.*, X. inv. Réserve 544 ; *Arsenal*, B.L. 311 A ; *Mazarine*, 35 (incomplet)].

VII

**Sentences des philosophes, etc. [éd. G. Aleandro]
(22 décembre 1512)**

Ὀνόματα ἀνδρῶν ἐπισήμων, ὦν εἶναι λέγονται αἱ ‖ ἑπόμεναι ἐφεξῆσ γνῶμαι.

— (Table alphabétique des noms, sur 3 colonnes).

Fol. 1 v⁰. Ἀισχίνου. ‖ Αισχίνησ εἶπε, τὸ πέρα καθεύδειν...

Fol. 22. Τελοσ σὺν Θεῷ καὶ μού-‖σαισ τῶν φιλοσόφων ‖ γνωμῶν. — *(Fol.* 22 v⁰, *blanc.)*

Fol. 23. (Eléments de grammaire grecque) Literae graecorum viginti quatuor. — Partes orationis. — Articuli.

Fol. 24 v⁰. Prières usuelles, en grec. Εὐχὴ κυριακή, etc.

Fol. 26. Imposita suprema manus huic aureo libro impensis ‖ Matthaei Bolseci Bibliopolae parisiensis Millesi‖mo quingentesimo duodecimo. ‖ undecimo Calendas ‖ Ianuarias.

Ordo foliorum.a.b.c.d.e.f.

Fol. 26 v⁰. Marque au St Yves de *Matthieu Bolsec.*

Petit in-4⁰, 26 feuillets non paginés, de 24 lignes à la page (152×88ᵐᵐ); signatures a-f.iii. Accents fondus avec les lettres. [*Bibl. nat.,* X. +57 (5) ; *Mazarine,* 10487 (5)].

VIII

Plutarque, *Opuscules,* [éd. **G. Aleandro**] **(vers 1512)**

Πλουτάρχου πῶσ ἄν τι; ὑπ' ἐχθρῶν ὠφελοῖτο.

[ὁ] Ρῶ μὲν ὅτι τὸν πραότατον ὦ κορνήλιε πού‖χερ...

Fol. 9 v⁰. Περὶ πολυφιλίασ ‖ [μ] Ινωνα τὸν θετταλὸν...

Fol. 15. Περὶ δεισιδαιμονίασ.] [τ]ῆ; περὶ θεῶν ἀμαθίασ...

Fol. 24 v⁰. Τελος.

Petit in-4⁰; 24 feuillets non paginés, de 23 lignes à la page (148×83ᵐᵐ); signatures αα-ξξ ιιι. Accents fondus avec les lettres. [*Mazarine,* 10437 (5).]

IX

Théodore Gaza, *Grammaire,* **livre 1ᵉʳ (vers 1512)**

THEODORI INTRODUCTIVAE GRAM-‖MATICES LIBRI QUATUOR.

[Première marque de Gourmont, avec le premier *o* cassé; entourée de bois tirés en rouge ; celui du haut est le même qui forme bandeau en tête du fol. 2; celui de droite est emprunté à un livre d'Heures (Danse des Morts): «l'escuyer, l'abbé, le prévost ». Il n'y a pas de devises grecques autour de la marque.]

Venales reperiuntur in vico sancti *Ioannis lateranen-*|| *sis c* regione cameracensis collegij apud *Egidium gour-*|| *mont* (1) diligentissimum et fidelissimum Bibliopolam.

Fol. 1 v⁰, *blanc* (2). — *Fol.* 2 (Bandeau de bois gravé, de 85ᵐᵐ de long, au-dessus du titre).

Θ ΕΟΔΩΡΟΥ ΓΡΑΜΜΑΤΙΚΗΣ ΕΙΣΑΓΩΓΗΣ‖ΤΩΝ ΕΙΣ ΤΕΣΣΑΡΑ ΤΟ ΠΡΩΤΟΝ ‖ ΤΩΝ Τεσσάρων καὶ εἴκοσι ‖ γραμμάτων…

Fol. 23. ΤΕΛΟΣ ΤΟΥ ΠΡΩΤΟΥ

(Avec la signature *eiij* ; suit un dernier feuillet blanc).

Petit in-4⁰, 24 feuillets non paginés de 20 à 24 lignes à la page (152/164×88ᵐᵐ) ; signatures a.ij.-e.iij, accents indépendants des lettres [*Bibl. Nat* , X., inv. Réserve 1402 ; *Nevers*, 1780 (3).]

X

Lucien, *Dialogues*, **éd. Ch. Brachet (vers 1512-1513)**

Hoc volumine comprehensa.

Caroli Bracheti Aurelianensis : Qui librum sub impressoria incude recognouit : et luteciae parisiorum publice interpretaturus est : liminaris Epistola.

Luciani Samosatensis / Deorum dialogi / quibus et duo nunc primum additi / qui luxato ordine antea fuerant impressi.

Eiusdem / Dialogi Marini.

Eiusdem / Inferni Dialogi.

(1) Les mots imprimés en italiques sont tirés en rouge.

(2) En tête de l'exemplaire de la Bibliothèque nationale, on a écrit, au XVIᵉ siècle, une courte biographie de Théodore Gaza.

(3) On trouve à la Bibliothèque Nationale, (Inv. Réserve X 1403), un autre exemplaire de Théodore Gaza : « Theodori introductivae grammatices libri quatuor. Venundantur Parrhisijs sub intersignio trium coronarum, apud Aegidium Gormontium, in vico diui Jacobi ».

[Première marque de Gourmont, avec le premier *o* cassé].

Fol. **1** v⁰. Carolus Brachetus Francisco Deloino Optimo et doctissimo ‖ Iuris utriusque doctori / et Senatori Parisiensi meritissimo S.P.D. ‖ Quod tantis precibus tantisque votis optaueram...

Fol. 3. ΛΟΥΚΙΑΝΟΥ ΣΑΜΟΣΑΤΕΩΣ ‖ ΘΕΩΝ ΔΙΑΛΟΓΟΙ.

Fol. 23. v⁰. ΕΝΑΛΙΟΙ ΔΙΑΛΟΓΟΙ.

Fol. 41. ΝΕΚΡΙΚΟΙ ΔΙΑΛΟΓΟΙ.

Le fol. 74 v⁰ est blanc.

Petit in-4⁰, 74 feuillets non paginés, de 22 à 24 lignes à la page (142/158×88ᵐᵐ) ; signatures a ɑ -v ɑ Accents fondus avec les lettres [*Autun*, Grand séminaire, X. 52 ; *British Museum*, 624. c. 6].

<h2 style="text-align:center">XI</h2>

G. Aleandro, *Tabulae* (fin de 1512 - commencement de 1513)

I

Hieronymi Aleandri ‖ Mottensis tabulae sane quam utiles Graecarum Musarum ‖ adyta compendio ingredi cupientibus.

[Seconde marque de Gourmont.]

Aegidius Gormontius imprimendas curauit ‖ Luteciae Parisiorum.

[*Au verso :*] Hieronymus Aleander bonarum litterarum in vrbe lutecia studiosis S.‖ Quemadmodum ij / qui magnum saltum...

Petit in-4⁰, 4 feuillets non paginés (142×93ᵐᵐ). [*Autun*, Grand Séminaire, X.52 (2) ; *Arsenal*, 259 quater B (1)].

---

(1) Cet exemplaire de l'Arsenal, coté 250 quater B, a appartenu à un certain *Jean Denisot*.

II

Hieronymi Aleandri Mottensis ta-‖bulae sane quam vtiles
Graeca‖rum Musarum adyta compen‖dio ingredi cupientibus.

[Seconde marque de Gourmont].

Aegidius Gourmontius imprimendas curauit Luteciae
Parisiorum.

[*Au verso :*] Hieronymus Aleander bonarum litterarum
in vrbe lutecia studiosis. S.‖Quemadmodum ii/qui magnum
saltum…

[Petit in-4º, 4 feuillets non paginés (124×98mm). [*Mazarine*, 10487 (6) (1)].

III

Hieronymi Aleandri Mottensis‖tabulae sane quam vtiles‖
Graecarum ‖ Musarum ‖ adyta ‖ compendio in‖gredi cupi‖
enti‖bus (2).

Aegidius Gourmontius imprimendas curauit in caesareo
prelo ‖ Lutetiae Parisiorum.

[Ce titre est imprimé en travers de la page ; il en est de
même de la préface d'Aléandre et du texte qui suivent.]

Petit in-4º, 4 feuillets non paginés (110×142mm). [Bibl.
nat., X. Inv. Réserve 680 *bis* (2).]

Nous avons rencontré à la Bibliothèque nationale :

Elementale in graecas litteras introductorium. Hieronymi
Aleandri de eisdem tabulae. Quaedam non inutilis in grae-

___

(1) L'exemplaire de la Mazarine porte la seconde marque de Gourmont accompagnée de ces devises que Gourmont employait si fréquemment : *Ne tempestatum vis auferat, ancora iacta.* — *Quo
mentem figas, est jacienda tibi.* — Ἐν οἴνῳ ἀλήθεια. — Πολλάκις
ἐν οἴνου κυμασίν τις ναυαγεῖ.

(2) Louis Vivès recommande cet ouvrage dans son opuscule
de adolescentium institutione : « In usum recte proferendi
[graecum] conscriptae sunt ab Hieronymo Aleandro *Tabellae
eruditae* ».

corum nominum et verborum declinationes introductio. Ad
calcem praeterea adjecta est explanatio abbreviationum
quae Graecis admodum sunt familiares.

A la fin : Coloniae. in aedibus Eucharii Cervicorni, anno
Virginei partus 1519, in vigilia Andreae, in 4º (Bibl. Nat.,
Réserve, p. Y2, 259).

XII

Germain Brice, *L'Incendie de Marie la Cordelière*
(15 janvier 1513).

Chordigerae nauis || conflagratio. || *(Marque de Badius
nᵒ 1).*|| Ab Ascensio impressa : cum Gratia et priuilegio
regio||ne alius triennio (1) proximo sub ditione regia impri-
mat. || *(Paris, Josse Badius, 15 janvier 1513, n.st.).*

[In-4º, 12 ff. non chiffr. sign. a par 4, b. par 8 ; car. rom. ;
manchettes.]

Fol. 2 : Hieronymus Aleander Mottensis Germano Bri-||xio
Archidiacono Albiensi et francorum Reginae || a secretis
S.P.D. || (Paris, 4 des calendes de janvier 1512).

Fol. 3 : Augustissimae Francorum Reginae Britonumque
Duci Annae || Germanus Brixius Altissiodorensis felicita-
tem.|| (Blois, 10 des calendes de novembre 1512).

Fol. 5 : Germani Brixii Altissiodorensis Heruaeus siue
Chordigera flagrans.||

[Au bas du dernier fº, rº, dont le vº est blanc, souscrip-
tion : Ex aedibus Ascensianis ad idus Ianuarias. M.||D.XIII.
ad calculum Romanum. Cautumque est || priuilegio regio ne
quis praeter Ascensium in toto || regno franciae imprimere
triennio || attentet. || (15 janvier 1513, n.st.) (2) *(Bibl. nat ,*
mYc 68, 671 ; voir aussi pYc, 1254 ; *Mazarine).*

(1) M. Renouard imprime par erreur : *trienno.*

(2) Renouard, t. II, p. 225-226. Cet auteur signale une réimpression, sous la même date, de cette édition, à la Bibliothèque
Mazarine.

14

XIII

Ausone, *Œuvres* (1ᵉʳ octobre 1513)

Ausonii Paeonij Burde‖galensis Poetæ: Augustorum praeceptoris : virique consularis ‖ opera diligentius castigata
et in meliorem ordinem per ‖ quinque Tomos restituta.‖ In
quorum primo sunt epigrammata. ‖ In secundo Edyllia. ‖
In tertio Epistolae. ‖ In quarto Gratiarum actiones. Ludus
sapientum. Catalo-/gus vrbium nobilium. Labor es *(sic)*
Herculis. Caesarum xii. ‖ descriptiones. ‖ In quinto Ilia-
dos et Odysseae Homeri in singulos libros ‖ periochae. ‖
(Marque de Badius nᵒ 1) ‖ *(Paris, Josse Badius, 1ᵉʳ octobre 1513)*.

[In-4ᵒ, 44 ff. lim. et CXII ff. chiffr. sign. aa par 4, A-O par
8 ; car. rom.; manchettes.]

Les ff liminaires contiennent : Iodocus Badius, omnibus
politioris litteratu‖rae studiosis : Salutem ‖ (calendes d'octobre 1513), — la table et les deux pièces de Théodose et
d'Ausone. Les différentes parties annoncées sur le titre
commencent aux ff. I, XIX, L vᵒ, LXXVIII et C ; les ff CX
vᵒ à la fin contiennent : *Sulpitiae Poetriae Carmen.*‖ *Quc-
ritur de statu Reipu. et temporibus Domitiani.* ‖ ; —
Proaemium sequens est Iuuenci Presbyteri. ‖ et la souscription :

Habes lector Lucubrationes Ausonianas et insertitias ‖
longe emendatius ac prius impressas : in chalcographia ‖
Ascensiana Ad Kalendas Octobris. M.D.XIII. ‖ (1ᵉʳ octobre
1513). *(Bibl. nationale,* Réserve Y. 1466 ; *Mazarine* (1045),
Incunables ; Besançon ; Tours ; Gand, *Bibl. de l'Université* ; Oxford, *Bibl. Bodléienne)* (1).

Cette édition fut republiée avec des corrections par Josse
Badius le 15 juillet 1517, et, le 8 août de la même année,

(1) Ph. Renouard, t. I, p. 187 et t. III, p. 63 64 ; J. Paquier,
Jérôme Aléandre, p. XV-XVI.

Jehan Petit donna aussi un Ausone, d'après l'édition ascensienne de 1513 (1).

En 1515 Crocus avait publié à Leipzig, in-4º, une réimpression de l'Ausone de Josse Badius de 1511 (2).

XIV

Plutarque, *Vies parallèles*, édition de Josse Badius (13 novembre 1514)

Vitae Plutarchi Cheronei ǁ Post Pyladen Brixianum (3)ǁ longe diligentius repositae ǁ cum maiore verioreque In ǁ dice : necnon cum Aemilij ǁ Probi Vitis ǁ *(Marque de Jean Petit)* ǁ Voenundantur sub Priuileǁgio regio in calce explicanǁdo Ab Jodoco Badio et ǁ Joanne paruo. ǁ *(Paris, Josse Badius pour lui et Jean Petit,* 13 novembre - 1er décembre 1514).

In-fol, 22 ff. lim, CCCXCIII ff. chiffr. et 1 f. bl. sign. a - b. par 8, c. par 6. a.-z, A-Z, Aa par 8, Bb - Dd par 6 ; car. rom. ; manchettes ; titre imprimé en rouge et noir.

(1) Cf. sur toutes ces éditions d'Ascensius, de Crocus et de Jehan Petit, *La Moselle d'Ausone,* édition critique et traduction française, par H. de la Ville de Mirmont, Bordeaux, Gounouilhou, 1889, p. XXXVII et suiv.

(2) Nous possédons les *D. Magni Ausonii, Burdigalensis poetae, Augustorum praeceptoris virique consularis opera, tertiae fere partis complemento auctiora et diligentiore quam hactenus, censura recognita,* Lugduni, apud Ioan. Tornaesium, M.D.LVIII, cum priuilegio regis, qui ont appartenu à Claude Framberge, un parent, évidemment, de François Framberge qui fut, à Paris, l'élève d'Aléandre. — Cf. sur cette édition lyonnaise, H. de la Ville de Mirmont, *La Moselle d'Ausone,* Bordeaux, 1889, introduction, 2e partie, p. XC et sur Claude Framberge, chanoine de Sainte-Croix d'Orléans et scelleur de l'évêché d'Orléans, le *Bulletin historique de la Société archéologique et historique de l'Orléanais,* t. XV, p. 134.

(3) Sur *Pylades Buccardus Brixianus,* cf. Quirini, *Specimen variae litteraturae quae in urbe Brixia ejusque ditione paulo post typographiae incunabula florebat,* Brixiae, 1739, in-4º, 2e partie, p. 1 et p. 288.

Au v° du titre : *Clarorum virorum Cathalogus*, à trois colonnes.

Aux autres ff. liminaires : *Jodocus Badius Ascensius, Hieronymo Aleando Mottensi, viro Clarissimo et literarum ‖ et literatorum raro admodum decori* (calendes de décembre 1514), — et table alphabétique à 4 colonnes.

Les vies écrites par Plutarque occupent les ff. chiffrés jusqu'au f. CCCXLIX ; le reste du volume contient les *Vies* d'Evagoras par Isocrate, de Pomponius Atticus par Cornélius Nepos, de Platon et d'Aristote par Guarinus de Vérone, de Charlemagne par Donatus Acciaiolus, et les *Vies écrites* par Æmilius Probus.

Au dernier f°, v°, souscription : *Finis in Chalcographia Ascensiana* ‖ Idibus Nouemb. MDXIIII. ‖ (13 novembre 1514).

A la suite, petit avis au lecteur et privilège accordé pour trois ans à Badius, sans date [Paris, *Bibliothèque Mazarine*, 6753, B⁴ ; *Bibliothèque de l'Arsenal ;* Auch ; Clermont-Ferrand ; Mons] (1).

---

(1) Cf. Ph. Renouard, t. III, p. 175 et suiv.; J. Paquier, *Jérôme Aléandre*, p. 53. Ce Plutarque latin de Badius aurait été, d'après Liruti, republié, in-folio, en 1516, par Melchior Sessa, à Venise.

II

DOCUMENTS IMPRIMÉS ET MANUSCRITS
relatifs au second séjour d'Aléandre à Paris
(19 juin 1511 — 29 novembre 1514)

I

Joannes Kierherus Mich. Humelbergio (1) S. P. D.

Τί πρῶτον, ὦ φιλότης, ἢ τί ὕστατον scribam nescio, Nempe si epistolae mandarem quantum mihi doloris, Michael humanissime, tuus abitus attulerit, dies ipsa et charta me deficeret.
Maxime tamen et plus quam credidissem cum abieras aegre
tuli : namque dum abitionem parares non adeo angebar.
Ita natura credo comparatum est, ut ea quae perdimus tum
maxime cum perdidimus sentiamus. Praeterea si scribam
quomodo nobiscum interea fortuna luscrit seu Deus ipse,
non adeo placet : quando quidem nihil literis dignum sit et
potius silentio quam scriptis prosequendum. Neque tamen
omnino silebo, cum sciam et tibi dolere, quod etiam tuis
dolet. Ego a profectione tua satis duro morbo laboravi :
adeoque atrae bili obnoxius fui, ut nullo prorsus pacto
exhilarari possem : neque adhuc pristinae sanitati restitu-
tus sum. Sed quottidie melius habeo. At satis de tristibus.

(1) Petrejus écrivait d'Erfurt, au commencement d'avril 1516 à
Conrad Muth sur Hummelberger : « Humelbergius, ipse natione
Suevus, juris licentiatus, ut vocant, Aleandro et Hermonymo Spartiata praeceptoribus, tantam graecis disciplinis operam navavit
ut jam sine cortice citra periculum natare queat ». (Carl Krause,
Der Briefwechsel des Mutianus Rufus, Kassel, 1885, in-8°, p.
643 ; voy. aussi p. 639).

Hieronymus noster totum Julium mensem professione sua supersedit, neque graece neque latine quidpiam praelegit : qua causa id fecerit incertum habemus. Credimus enim nummis non egere atque ex fortunis suis nescio quid superbiae contraxisse. Tandem et vix quidem auspicatus est Ausonium tanta omnium approbatione et plausu, ut scribere nequeam ; confluxerant quippe tot auditores et clarissimi quidem viri, ut locus in collegio tantam frequentiam nullo pacto caperet ; coactus est porticum Cameracensem repetere. Vellem vidisses turbam istam, diceres exercitui numerosissimo persimilen esse. Quid multa ? creditur de coelo datus, conclamantque ut Fausto : Viuat, Viuat. Tantum profuit sibi Aurelia redire. Nihil adhuc graece inchoavit, inchoaturus tamen propediem, habebis suas ipsius literas quas facile impetraui. Adii praeterea Badium qui et ipse scribere promisit librosque quos petis daturus est. Aleander ad rectoratum aspirat in qua re multum tu ipse desideraris. Cecus ille de Ponte uxorem duxit, de quibus nuptiis Epithalamion Hieronymi leges, quod clam Hieronymo subtraxi. Ridebis scio hominum stultitiam et quidem jure. Sed de his satis. Gaudeo plurimum te Argentinae tam honorifice exceptum, quod unum tibi abeunti exoptabam. Scire velim quid Helueti egeris, et quomodo tibi Sapidus visus sit provinciam suam ferre. Et omnium primum oro et obtestor Joachimi fortunam mihi aperias, dolore enim incredibili afficior. Dii melius. Tibi amicorum summe persuadeas velim, me omnia quae ex re tua sunt semper et quam diligentissime curaturum. Et me ut coepisti ama. Nihil nunc apud nos novi est. Si quid emerserit, non te latebit. Vale prosperrime. Ex Lutetia pridie nonas Augusti. Gœler te plurima impertit salute. M D.XI (1).

(1) Cf. Adalbert Horawitz, *Michael Hummelberger*, eine biographische Skizze, Berlin, S. Calvary, 1875, p. 30-31. — Voir la traduction de cette lettre, p. 17-19 de ce travail.

II

EPITHALAMION HIERONYMI ALEANDRI
MOTTENSIS IN PETRUM CAECUM BRUGENSEM.

Quid petis? unde ciet tantos nova turba tumultus?
  Estne levis nati caussa furoris Amor?
Suavia Pontanus celebrat connubia Rhetor,
  Clamat et assiduis o Hymenae sonis.
Ecce anus huic nupsit consorte superba secundo.
  Portitor ille fuit : Rhetor ineptus hic est.
Hic miser uxorem nescit, non vidit et ardet,
  Hic amat atque oculis captus utrisque salit.
Illeic saltat amor, saltat Neptunus et Hermes,
  Vult hunc Neptunus, vult quoque Mercurius.
Duxit hic uxorem nautae : hunc si duxerit uxor,
  Inquit Neptunus, navita numquid erit?
Nauta erit ergo meus ; factum de Rhetore nautam
  Cur sorti obiceres cum sit amoris opus?
Haec ait : arguto tandem Cyllenius ore
  Talia submotis verba dedit labiis.
Quid Neptune meos subducere Rhetoras audes?
  Nil habet in nostros hispida iuris anus.
Est meus iste : tamen demens et coecus et excors
  Non maneat nostro cum grege : non meus est.
Recte ais, inquit Amor ; sed quid Neptunus habebit?
  Rhetor ineptus erat : navita peior erit.
Hoc superest, caecas ut caecus transvehat umbras
  Portitor : adcipiet te, bone Caece, Charon (1).

Τέλος.

(1) Horawitz, *libr. cit.*, p. 31-32. — Voy. p. 19-20 de ce fascicule.

III

Hieronymus Aleander Mich. Humelbergio suo S.

Ex quo a nobis discessisti, nihil. iucundius tuis literis. Nihil mihi gratius facere potes quam ad me saepius scribere. Ego ad te quando licebit per otium. Id propterea dico, quod ex quo coepimus praelegere, sum plus etiam quam vellem occupatus. Idque in his canicularibus diebus. Verum ut de nobis aliquid scias, quoniam ab aliis non tam facile tibi hoc scriptum iri arbitror, paucis accipe. Coepi Ausonium praelegere die Mercurii tertio Kls Augusti tanto hominum concursu (nam scis, quanta fuerit expectatio), ut neque porticus, neque utraque collegii cors auditores caperet. Sed qui auditores ? Omnes primae notae : viri consiliarii, Advocati regii, Generales viri, Rectorii satis multi, Theologi, Juris consulti, Primarii, Regentes omnium professionum, ut a curiosis existimentur duo hominum millia interfuisse. Ego re ipsa nunquam vidi neque in Italia, neque in Gallia nobilius vel populosius virorum doctorum theatrum. Quod quum quasi praesagirem, orationem composueram non omnino malam. Id autem vel ex eo colligi potest, quod cum duas horas cum dimidiata duraverit (quatuor enim et viginti paginis capiebatur, quas nisi lingua, ut ipse nosti, non admodum tarda suppetias tulisset, vix potuissem horis quatuor percurrere), nullus tamen in tanto aestu, qui tum propter tempus, tum propter hominum anhelitum maxime effervebat, vel minimo nutu, audiendi molestiam significavit. Quin imo postquam iam peroraveram, expectabant adhuc attoniti nescio quid. Dubitaveram ego, antequam ad orandum accederem, ne vox in medio me sermone raucior facta relinqueret, quae tamen adeo sese continuit, tali semper tenore processit, ut vix Trachallum potueris mihi comparare. Ob haec omnia ego maximas Deo gratias ago, acturus etiam maiores, si meum Michaelem participem honoris nostri mihi ad tempus saltem concessisset. Sed paene quidpiam omisi, quo te gavisurum esse non parum scio. Nam multa hebraicae, multa etiam graecae linguae testimonia inserui ; quum enim mihi poetices esset defendenda causa sciremque multos doctissimos graece, nonnullos etiam hebraice, quos post tuum discessum novimus, interfuturos, nolui hebraeorum et graecorum poetarum auctoritatum orationem nostram ieiunam esse. Nunc illa ab omnibus, penitus ab omnibus desideratur : quod forsan me concitabit, ut illam impressioni demandemus ; id si fiat, quam primum ad te transmittetur. Sed ad rem redeo. Haec fuit actionis catastrophe. Ego totus sudore diffluens reliquum diei me continui intra cubiculum, postridie quamvis Sorbonica disputatio esset, paulo tamen minorem turbam auditorum habui. Declamavi in maximo aestu. In tertia lectione vix significata undecima hora fuerat, et omnia iam erant occupata sedilia, quum tamen hora prima legam. Quod quum sic viderem procedere, hodie publicandum curavi me in Cameracensibus scholis posthac latine lecturum, mane in Marchionis legam graece. Et haec de nobis plura fortasse, quam oporteret. De rebus tuis quantum ad nos attinet, curabo tibi omnia expedienda. Tu modo scribe ad me frequentius et longissimas literas, praeterea quae spes mihi offeratur visendae Germaniae ; nam nisi ipse huc redeas, tuo amplius commercio carere nequeo. Audivi ex Alsatico ex tuis literis nescio quid sinistri de Joacimo nostro. Quod si forte male accidit, quid est quod amplius in hoc saeculo velimus vivere. O miserandam hominum sortem, o scelus, o fortunae nefas ! Sed bene sperare oportet. Tu quidquid est nos certiores reddas velim. Et Jo Reuchlin Bebeliumque nostros salutes, patrem et fratres amplexeris. Vale, mi frater. Quae ad te de oratione nostra scripsi, paucis referas, sed non ex meis verbis, ne

suspecta sint utcumque veriora veris tibi narranti, ut in
proverbio est. Iterum vale. Pridie Nonas Augusti M.D.XI.

ἀλέξανδρος (1).

IV

JOANNES KIERHERUS MICH. HUMELBERGIO S.

Salve omnium amicissime Michael. Scripturus ego tuae
humanitati fere ambiguus sum, an tibi recensere velim vitae
meae post tuum abitum ordinem atque fortunam. Quae quidem adeo varia adversaque mihi contigit, ut tacere melius
putem, quam amicos etiam mea acerbitate perfundere. Non
nihil tamen infortunia levantur, cum amicis (quibus nos
curae esse confidimus) ea detegimus. Solet enim nescio quid
nobis tranquillius esse, cum ea quae nobis cor occupave-
rint, apud amicos expectoramus. Breviter igitur accipe
Kierherum post tuum ex Lutetia discessum, multis saepe
morbis aliisque adversitatibus exercitum, quod nulli alii
rei imputandum censeo, quam quod diutius quam par sit
Parisiis morer. Quibus aerumnis etiam illud tribuo, quod
non ut sperabam graecarum literarum studium mihi pro-
cedit. Quod inter alia gravissime fero. Praecipue quando
Hieronymus noster nunc in praelegendo multo quam antea
dum tu aderas diligentior sit, multoque plura quam prius
non tam doctissime quam fidelissime nobis communicet.
Exposuit, ut opinor, jam decem Theocriti eclogas non sine
summa sua laude. Sed ut tibi verum fatear, non tam ego
quam ceteri, mallem potius linguam communem ut doceret,
quam Doricam illam scabram certe et subrusticam, tametsi
rei rusticae alioqui accomodatissimam. At deus bone, quantum tibi si adesses iucundidatis afferret? O quoties te votis

(1) Horawitz, *libr. cit.*, p. 32-34. Nous avons donné la traduction
de cette lettre p. 15-17 de ce travail.

ad nos voco citoque. Vale prosperrime. Ex Parrhisiis. VIII
idus Novembr. (1).

V

HENRICUS BEBELIUS JUSTINGENSIS POETA LAUREATUS
MICH. HUMELBERGIO RAVENSPURGENSI S. D.

....Nunc mihi iucundius nihil afferre potuisti atque de-
nuntiare, quam Hieronymi Aleandri Germani eruditionis
multiiugae gloriam et amplitudinem, eiusque bonam et honestam de me opinionem omnium iucundissime exosculor
atque amplector. Tametsi intelligam id plus ex animi can-
dore cuiusdamque congermanitatis ut ita loquar favore,
quam acri iudicio eius esse profectum. Utcunque sit, plau-
sibiliter accipio a tanto viro non dico laudari sed vel nomi-
nari candide. In cuius amicitiam (modo non dedignetur
plebei ordinis literatos) si me insinuaveris, grandi me bene-
ficio demeruisti, quod ut facias rogo atque obtestor, persua-
deasque homini suarum etiam nos Germanos literarum
participes faciat, ut non solum Gallia eo superbiat, sed et
Germania sui se partus non poeniteat. Vale et me ama:
Ex Tubinga Idibus decembris Anno salutis Christianae
M.D XI (2).

VI

HIERONYMUS ALEANDER MOTTENSIS GUILLERMO COPPO
BASILEIENSI MEDICO SUO. S.

Multa sunt M. Tullij Romanae vindicis linguae opera quae
nondum Gallia impressit, sed ne ullus quidem hactenus
(quod sciam) in hac urbe publice enarrauit. Hos interpre-

(1) Horawitz, *lib. cit.*, p. 31-35. On trouvera la traduction de cette
lettre, p. 20-21 de ce travail.

(2) Horawitz, *libr. cit.*, p. 35-36. Cf. la traduction complète de
cette lettre dont nous ne donnons ici le texte qu'en partie, p. 21-23
de ce travail.

tandi prouinciam, exstimulatus a meis auditoribus, quum
suscepissem, libros in primis de Divinatione imprimendos
curavi ea lege ne quis mihi imputet solitos impressorum
errores quae admodum alias memini protestari. Quidquid
vero mihi decusculi debebitur ex publica hac professione,
sit licet id perexiguum, totum tamen tibi assero dedicoque,
Coppe doctissime, cujus munificentiae, non solum quod spiro
in hac urbe et placeo, si placeo, debetur (ut Flacci verbis
utar), verum etiam quidquid de meo scholasticis huius
urbis, tum graece, tum latine praecipiendo, commune facio,
totum id tibi acceptum referant, necesse est, qui me et ad
diuturniorem moram in hac urbe trahendam et ad profi-
tendi provinciam suscipiendam longis exhortationibus im-
pulisti. Adde quod videtur quodam pacto deberi tibi haec
qualiscumque nuncupatura. Cuinam melius mitti postest
hic liber, aut cui decentius nuncupari quidquid in eo expo-
nendo de astrologia et divinatione tractabimus quam Coppo
quem constat esse astrologorum nostri seculi facile principem, medicum doctissimum et peritissimum et in utraque
lingua omniumque doctrinarum genere maxime eminentem,
cumque tandem cui erubescerem non nisi magna munera
mittere, nisi et omnium testimonio et longo usu comproba-
tum haberem, genuinam humanitatem, comitatem, affabi-
litatem nulli earum quae in te sitae sunt, virtutum cedere.
VALE (1).

VII

HENRICUS BEBELIUS JUSTINGENSIS MICH. HUMELBERGIO
SUO SAL.

Hortaris opportune et utile, vir charissime, invitem literis meis Aleandrum virum doctissimum ad hanc nostram

(1) Nous avons publié la traduction de cette lettre dédicatoire
dans le 2ᵉ fascicule de cet ouvrage, p. 30-31.

Sueviam, sed sponte currenti non est opus calcaria addere. Ego enim id omnibus votis facere desiderarem atque si modo sine illius iniuria fieri possit : velis et remis (ut dicitur) hoc procurarem, meque illius discipulum frequentissimum pollicerer. Sed audi, quaeso. Non credo honestatis esse meae aut boni viri officium illum vana spe deludere ; nisi enim stipendium publicum apud nos haberet, nec panem vel Virgilius vel Homerus ex auditoribus venabitur, si non fallor. Quod si bonus Aleander grandibus pollicitationibus frustratus cogeretur inglorius et ieiunus a nobis abire, nihil mihi integritatique meae possit tristius in terris accidere. Sed accipe diligentiam meam. Ostendi quibusdam gymnasiarchis epistolas tuas, non enim omnes mihi favent. Misi postea Stutgardiam ad quosdam senatores ducales. Ubi hodie hospitentur ? Declaravi esse e re literaria, graecarum literarum vera fundamenta imbibisse adolescentes. Verum hactenus nullum accepi responsum, nisi ex uno, qui diceret : quid laboremus pro graeco poeta dum latinus sit invisus doctoribus. Quare in hunc diem ad te scribere distuli expectando responsionem mitiorem. Tu mihi quid ea in re faciendum sit mihi perscribas aut potius ad alios scribe, qui sint maioris auctoritatis apud nos, quam ego, qui nullus sum apud Theologos genus hominum sibi soli placens. Quacumque enim occasione Aleander ad nos vocaretur, laetarer mirum in modum. Te vero rogo non solum, verum etiam obsecro, ut edas grammaticam tuam graecam, quam tenuiter in graecis vix elementis edoctus mea diligentia discam et caeteros pro virili parte docebo. Sed malim a te ipso audire, si e re tua quoquomodo esset, qui maiestatem pronuntiationis ab ipsis artificibus audisti. Vale et me ama ! Ex Tubinga III Kalendas Martias MDXII (1).

---

(1) Horawitz, *libr. cit.*, p. 43-44. Cf. la traduction de cette lettre, p. 23-24 de ce travail.

VIII

Jodocus Badius Ascensius Mich. Hummelbergio S.S.

Dulcissima est mihi amicitia tua et ista memoria mei atque utinam quoties velim paria facere detur. Dabitur autem diis propitiis aliquando. Nam iam nunc nescio quid tibi destino, animo inquam concepi (nam mittere vix tutum sit) quo tui memor comprober. Praescripsi ut recepi annotationes nomini tuo. Dedi Ausonios cui commiseras et quot petierat. Sunt mihi missa ab Erasmo Roterodamo compluscula ut copia Latinae linguae (1), Tragoediae Euripidis et Senecae (2) recognitae, aliquot Dialogi Luciani nuper tralati et priores recogniti (3) cum Moria et quibusdam aliis, quae proximo quoque tempore auspicabor imprimere (4). Absolvi opera Angeli Politiani (5), absoluturus propediem quae indipisci potuimus opera Origenis (6). Fabrum Stapulensem decus nostrum nondum conveni, quia vix ante semihoram acceperam literas tuas cum diris in hominem (ut pie mens auguratur) immeritum quas illi ostendam in primo congressu. Budeus silet, mussamus omnes. Deus opt. max. pacis et omnis boni auctor et largitor det musis liberius respirandi dieculam. Vale Parisiis Nonis Julii M.D.XII (7).

(1) Sur cette édition par Badius en 1512 du *De copia rerum ac verborum*, cf. Renouard, t. II, p. 420-421.

(2) Sur les *Tragédies de Sénèque* publiées en 1513-1514 par Badius, cf. Renouard, t. III, p. 251-252.

(3) Sur ces *Dialogues de Lucien*, traduits par Erasme et publiés par Badius en 1514, cf. Renouard, t. III, p. 27.

(4) Nous avons un peu modifié ici, le texte et la ponctuation d'Horawitz.

(5) Sur cette édition des *Omnia Angeli Politiani opera* (1516) dont le premier tome est dédié par Badius à Nicolas Bérault et le second à Louis de Berquin, cf. Renouard, t. III, p. 187-188.

(6) Sur cette édition ascensienne d'Origène (1512), cf. Renouard, t. III, p. 95.

(7) Horawitz, *libr. cit.*, p. 38-39.

IX

Hieronymus Aleander Mottensis Mich. Humelbergio Suo S.

Colluctatus sum cum adversa capitis, stomachi, omniumque intestinorum valetudine tres et amplius menses, nec
adhuc vincere morbum potui, sed breves quasdam tantum
inducias cum hoste facio, in quibus nec quidquam praelego,
sed ne pedem quidem extra cubiculum promovere prae de-
bilitate possum. Quapropter ne mireris, si nihil interim a
me literarum acceperis. Non enim tui oblivio, quo mihi
nihil est carius aut iucundius, sed morbus in causa fuit, a
quo si aliquando liberer, et ad te saepius scribam et votis
tuis plenissime satisfaciam. Quod ut mihi contingat, adora
pro me numen. Audio istic esse abbam seu mavis abbatem
quendam μάντιν οὐ λοξὰ ἀλλὰ μάλα σαφῶς χρησμωδοῦντα; hunc consulas velim, sed quam celerrime εἴ τι που ἐβασκάνθην. Quum
enim οἱ ἰατρῶν παῖδες ἐμὲ ἰάσασθαι hactenus non potuerint, nec
quidpiam prosit ἀκριβὴς δίαιτα, vereor ne quid passus sim ὑπὸ
τοῦ βασκάνου. Quod si nihil certi ab illo reverendo patre ha-
bueris, consule τινὰ γραῦν, ἢ ἄλλους τοιούτους μάντιας, οὓς πλείστους
παρ' ὑμῖν εἶναι ἀκούω. Quidquid sit, rescribe ad me super hac
re quam celerrime, sum enim non parum anxius. Vale Lutetiae. M.D.XII. V No. Julii (1).

X

Hieronymus Aleander Erasmo Roterodamo.

Non satis scio tene an me, an utrumque nostrum potius
negligentiae censeam accusandum quod, quum tanta inter

(1) Horawitz, *libr. cit.*, p. 47-48. — Voy. la traduction de cette
lettre, p. 81 de ce travail.

nos quanta unquam inter ullos ejusdem artis professores
amicitia intercesserit, neuter tamen, postquam ex Italia
decessisti, neutri quicquam scripserit. In quo ut ambo pec-
caverimus, tua profecto labes multo minus venit excusanda;
nam quum ego ternas ad te dum adhuc in Italia esses literas dederim, abs te nihil neque antea neque post praeter
tria verbula accepi. Quod si fortasse redditae tibi non fuerunt literae meae (id autem facile accidere potuit, tum
propter bella quae omnia intercipiunt, tum quia (ut audio)
nusquam diutius constitisti) poteras tamen tu et debebas
ad me saepiuscule scribere quum certo scires ubi essem et
trecenti quotidie in Galliam ex Italia veniant. Illud vero
quo pacto expiabis quod quum Lutetiae esses haberesque
nuntii copiam, non ita ad me ut ad Pyrrhum scripsisti. At
ego ubi intellexi te in Gallia esse, omissis rebus etiam mihi
non parum necessariis, Aurelia decedens, quamprimum
Lutetiam me contuli, nullam profecto aliam ob causam
nisi ut te viserem, te amplexarer, tecum dulciter riderem
et docta simul et dulci tua consuetudine fruerer, repetere-
musque vicissim pristina contubernia, quo nihil potuisset
contingere jucundius, nihil omnino gratius. Sed non fuerunt nobis tam benigna fata. Quatriduo enim antequam
huc perveniam, ipse ut intellexi ab amicis jam discesseras.
Verum omnia tibi condonabuntur si eo adhuc esse perse-
veras in me animo quo fuisti aliquando. Nam de amore
summo erga te meo referet tibi coram Richardus Crocus
communis discipulus noster qui istuc se confert bellici
tumultus suspicione verius quam praesenti periculo, quum
hic inter proceres nullus nisi de Gallorum Anglorumque
concordia sermo sit praeter inanem quemdam volgi rumus-
culum quem aiunt istinc provenire. Tu vero, mi Erasme,
Crocum nostrum, ut coepisti, quaeso fovere pergas, non
literis modo sed et procuratione, per quod facile possit
apud istos principes promoveri. Juvenis est probis moribus,
ingenio candido, amantissimus nostri, et qui in graecis lite-

ris adeo profecerit ut sit utroque praeceptore non indignus. Sed pauca haec de homine quem coram probabis (1).

Ut aliquid novi audias, scito me esse deis hominibusque plaudentibus electum qui pro academia nostra in Pisana synodo secunda orationem geram. Verum ego non tam sum curiosus ut literario otio non satis fortasse tutum animae corporisque negotium praeponam quanquam et hic non desunt mihi sollicitudines quae me a studiis avertant. Nam onerant me verius quam honorant quotidie hujus academiae patres quibusdam magistratibus non illis quidem mihi admodum commodis, sed, ut isti putant, honestissimis, aut certe quos non possim honeste recusare. Omitto alia. Nudius quartus elegerunt me ut philosophorum nomine una cum theologis et jurisconsultis libellum quemdam ab ista synodo Pisana ad universitatem nostram missum Regiisque literis commendatum examinaremus. Agitur in eo de Pontificis et Ecclesiae auctoritate comparata, estque idem libelli titulus quod et argumentum. Convenimus igitur frequenter in concilium ubi (Dei boni) quas ambitiones, quas rixas video, quam loquentium ostentationem, quae verborum portenta audio strepitumque tantum absque ullo sensu quorumdam, quibus una nobiscum data est facultas super hoc libro consultandi. Devoro nescio quae clausis oculis veluti catapotia, nec proficio quicquam, nec tamen hinc extricari possum : νῦν γάρ ποτε μῦς, φαντί, Ἔρασμε, γεγεύμεθα πίσσης (2). Non desunt tamen et in hoc nostro coetu venerandae et doctrinae et vitae summates quidam

---

(1) Conrad Muth écrivait à Petreius pendant le séjour que devait faire Crocus à Leipzig : « Lipsiae Crocus graece profitetur Britannus » (Carl Krause, *Der Briefwechsel des Mutianus Rufus*, Kassel, 1885, in-8º, p. 609 ; voy. aussi p. 616 et 645).

(2) Ὁ μῦς πίττης γεύεται. « le rat goûte à la poix », en parlant d'une personne réduite à la misère. C'est une locution proverbiale qu'a employée Démosthène. Nous avons signalé plus haut qu'Aléandre joue sur les mots πίσσης et *Pise*.

theologi, jurisconsulti, medici quum alii tum nonnulli ex his quibus hujusce libelli examen commissum est ; ii quanquam utile dulci miscuerint, semper tamen (?) aliquid audio quod stomacho meo (ut nosti) alias nimis delicato non parum faciat satis. Sed hujuscemodi negotii aliquem finem videre speramus ; alia pullulat hydra quam excidere vix possum, ne si Iolaus quidem mihi facem ferat. Concurrunt ad me quotidie undique isti recturarum et procuraturarum candidati, et (quia sic contigit) factus jam sum hujuscemodi mercium proxeneta, imo verius quaestor καὶ ταμίας. E quibus si non possum commode explicari, χαλεπὸν γὰρ χορίω κύνα γεῦσαι (1), superest remedium quo Alexander Gordianum dissolvit nodum. Id vero erit ut hinc etiam inopinus migrem, neque enim abstinere possum καὶ ταῦτα ἐγὼ ὅν σὺ οἶσθα, Ἔρασμε, nec pati tamen possum tantas perturbationes tantosque aestus comitiorum.

Habes ineptias et fatuitates meas. Nam de spe peculii nihil ad te scribere possum quum nulla illa sit, neque vereri habeam ut haeredes mei, quum in patriam rediero et ἀναδασμόν privatorum (?) bonorum facere valuero, quod mihi comparavero repetant in commune ; vivimus tamen, vivimus scilicet in diem, nec desunt nobis vestes, non libri (quorum tamen maximam partem ut ipse scis e patria tuli), non ustensilia ; sed in thesauro nihil praeter aranearum tela invenias ; es (dicet quispiam) philosophus nec te curare

(1) χαλεπὸν γὰρ χορίω κύνα γεῦσαι, « c'est chose fâcheuse si le chien goûte au cuir », *pour dire qu'on ne lâche pas facilement ce qui plaît* (Bailly, *Dictionnaire grec-français*, Paris, Hachette, 1899, p. 2146). Nous trouvons cette autre traduction : « Il est dangereux pour les chiens de goûter d'une peau ». Ce proverbe que Théocrite, cité ici par Aléandre, emploie dans l'*Idylle* X, v. 11, était assez usité. On le retrouve dans Lucien, *Contre un ignorant*, 25 : οὐδὲ γὰρ κύων ἅπαξ παύσαιτ' ἂν σκυτοτραγεῖν μαθοῦσα, et dans Horace, *Satires*, II, 5, v. 83 : *Ut canis a corio nunquam absterrebitur uncto*, ce que Patin traduit par : «...comme le chien rongeant quelque lambeau de cuir, et à qui on ne peut faire lâcher sa proie». La forme χορίω de Théocrite est une forme dorienne pour χορίου.

ista satis decet. Fateor me quidem esse philosophum et christianum et propterea mortalem, curis, aegritudinibus, senectuti, morti obnoxium, in quibus necessitatibus si pecunia non suppetat, nihil tibi adferant literae praeter inanem quamdam et tumidam stoicorum persuasionem, quibus ego cum judicio saeculorum longe praefero Aristotelem, qui quaerendas prius divitias quam philosophiam censuit, quanquam tuus nebulo Lucianus tantum virum κολάκων ἐπιτριπτότατον nequissime appellaverit, indignatus, puto, quod non sibi ita ut Aristoteli successerit, quando vero ipse κόλαξ τε καὶ κόρυξ erat. Sed nugarum satis et super. Me profecto, Erasme, neque poenitet, neque poenitebit unquam consilii tui quo mihi persuasisti, reclamante, ut scis, tota Italia, ut in Galliam irem. Subtraxisti enim me, quodam veluti inspirante numine, ex futuris bellis ad pacem, ut Mercurius e praelio Horatium, quanquam primis illis mensibus quum nondum caelo neque gallicis moribus aut linguae assuevissem, jacebam in lecto aegrotus et patrias memoria repetens consuetudines, damnabam subinde non consilium magis tuum quam sortem meam. Haec autem melior erat quam praesagire possem (Davus sum, non Oedipus) quod postea factum fuit exemplo manifestum. Sed quod speret quispiam me vel alium quemvis ex hac tantum professione posse fieri in hac urbe locupletem, ἄπαγε τοῦτο μόνον μὴ προσδοκήσῃς. Mendacium fortasse dicam, sed quod a plerisque omnibus audio referre possum, nullum fuisse unquam Lutetiae (de iis loquor qui nostrae sunt professionis) quem homines omne genus plus sint admirati, plus digito ostendant οὗτος ἐκεῖνος λέγοντες, et si quo me ex hac urbe contulerim, magis desiderent quam me. Et tamen ego ille idem vix decem aureolos interdum possum e crumena promere quos condiderim ; quod accidit quum propter magnas impensas quibus sine nesciret quisquam Parisiis honeste vivere, tum propter non tam parvum quam incertum lucrum. Corrado quotidie satis bonam pecuniam et in

uno tantum mense septuaginta et amplius francos memini
interdum lucrari ; sed tanta est vel fortunae varietas, vel
istorum levitas, ut duobus sequentibus mensibus vix siccum
lucremur panem, consumiturque brevi libris, vestitu, victu,
quod longis laboribus comparaveramus. Quod si quid mihi
certi salarii a Rege constitueretur (id autem me ne sperare
quidem tam duris temporibus licet), non vereor quin possem et melius labores tolerare et aliquid reponere quod ad
posteros non sine gloria perveniret. Qua in re beatum te
existimo, mi Erasme, quod tu id quod maxime cupio jam es
adsecutus ; ego vero diuturnis lectionum clamoribus non
ad canitiem modo, sed ad defectionem corporis defatigatus,
neque id in praesenti possum praestare, neque domum
saltem conquirere senectuti. Nam ex quo prodierunt in
publicum nescio quae glossematum (ut ita dixerim) ster-
quilinia aeremque foetidis vaporibus infecerunt, horum
tenebris tecti, mille rabulae nihil non furari, nihil non per-
vertere audent ; franguntur assiduis clamoribus et coaxa-
tionibus cathedrae ; convelluntur marmora, rumpuntur
columnae tot lectoribus ; neque id in pagis modo ad quos
confugiunt omnes isti quum primum fuerunt rude magis-
terii donati, sed et in hac urbe nemo est qui non suas
ineptias ostentare, qui non suae ignorantiae periculum
facere praesumat, idque vel gratis quod frequentissime
contingit (nam quos haberent alias auditores ?) vel interdum minima stipe : tanti est mortalibus desipere. Et tamen
plerique omnes indocti (quorum innumerus numerus) melius hos intelligunt plurisque ferme faciunt quam doctos ;
neque id injuria : ἵνα γὰρ πρὸς παροιμιαστὴν ἤδη πέραν τοῦ μετρίου
παροιμιάζω balbi balbos et mutum muti. Illud mirari non
satis queo : ubi gratis quidpiam praelego, confluere ad me
omnes catervatim, turmatim, graculatim (ut cum istis bero-
aldistis et juristis ineptiam), relinqui caeterorum subsellia,
de nullo alio sermonem fieri, esseque auditorium meum
in latina praesertim lectione quantum a memoria hominum

nullum unquam Lutetiae visum fuit magna quorundam
invidia, utpote qui vix concoquere possint, non scholasti-
cos modo, sed et doctores et nobiles sanguine viros et
plerosque istos puberes προαναγνώστας ad lectiones nostras
concurrere. Ubi vero τὸ γινόμενον exigo, diffugere omnes
confertim videas ut « Chaonias dicunt aquila veniente
columbas ». Unde fit ut auditorium illud tam scholastico-
sum de repente raro fiat, et honestetur quidem semper
multorum et clarissimorum virorum praesentia, sed non
tam frequens sit ut non majore me theatro dignum putem,
ut mihi et nunc et antea saepe in mentem venerit, contra
quod superius scripsi, peccare istos potius avaritia vel
paupertate quam levitate aut fastidio et odio bonarum
literarum. Quod autem dixi ipse de me majore me theatro
dignum, boni quaeso consule et admitte communem mei
similibus errorem, quum nullum praelectorem hoc morbo
non laborare scribat Fabius. Sed jam epistolae modum
excessi. Ego vero propterea tam multa scripsi simul ut
foenus tam diuturni silentii persolverem, simul quia dum
scribo tecum interim loqui coram mihi videor. Tu vicissim
ad me scribas de tuis rebus, sed multa et serio et aliquid
boni ; quod facile poteris quum nihil mali ex Anglia audiam
provenire. Vale, et me Grocino, Linacro, Moro, Latimero,
caeterisque doctis plurimum commenda. Amicitiam doctoris
Ioacimi tibi maxime probo quem ego inveni integritate
vitae et optimis literis egregie ornatum. Iterum vale.
Lutetiae Parisiorum. MDXII (1).

(1) Cf. J. Paquier, *Erasme et Aléandre*, dans les *Mélanges
d'archéologie et d'histoire de l'Ecole française de Rome* (1895),
t. XV, p. 359-362; *Opus epistolarum* Desiderii Erasmi Roterodami,
denuo recognitum et auctum per Allen, M. A , e collegio Corporis
Christi, Oxonii, in typographeo Clarendoniano, 1906, t. I, p. 507, —
déjà cités, p. 79 de ce travail. Nous avons donné plus haut la traduction de cette lettre (p. 71-79).
Nous voyons dans cette lettre que la Faculté de théologie de
Paris s'occupait, sur la demande du Conciliabule de Pise et l'ordre
de Louis XII, du livre de Thomas de Vio sur le Pape et le Concile

XI

BARPTHOLEMAEO AURIAE, NOBILISSIMO ADULESCENTI, LUCAE
AURIAE, EQUITIS AURATI, FILIO FRANCISCUS VATABLUS, S. (1)

Quantam prae te feras indolem, generosissime Barptho-
lemaee(2), mirantur plerique omnes qui te norunt quique
tecum praesertim sanguinis vinculo aut consuetudine aliqua
coniuncti sunt, inter quos primum sibi vindicare locum iure

où il soutenait la supériorité du premier sur le second, et nous
avons dit précédemment qu'Aléandre avait dû empêcher la Faculté
de se prononcer, en faveur des prétentions du roi, contre les
conclusions de ce livre. L'examen de cet ouvrage n'était pas
encore terminé, paraît-il, en 1516 et suscitait alors des controverses
passionnées qui divisaient les théologiens et qui avaient un écho
à la Cour et à la Ville. La Faculté de théologie paraissait vouloir
condamner cet écrit. François Ier, dans d'autres sentiments, sans
doute, que Louis XII, ne se désintéressa pas de cette affaire. « Le
11 juin 1516, le Président Paschal se fit introduire dans une réunion tenue à Saint-Mathurin : après de longs compliments, il
exhiba une lettre que le roi écrivait à la Faculté pour lui demander de ne point se mêler d'examiner et de condamner l'ouvrage de
Thomas de Vio, et il fut décidé, après délibération, que, par égard
pour le roi, on surseoirait à l'examen, à l'appréciation et à la
condamnation de ce livre, et qu'une lettre de politesse serait écrite
à Sa Majesté » (Léopold Delisle, *Notice sur un registre des procès-verbaux de la Faculté de théologie de Paris pendant les
années 1515-1533, manuscrit de la maison de la Trémoille,
aujourd'hui à la Bibliothèque nationale, n° 1782 du fonds
latin des nouvelles acquisitions*, dans les *Notices et extraits
des manuscrits de la Bibliothèque nationale et autres bibliothèques*, publiés par l'Académie des Inscriptions et Belles-Lettres,
Paris, Imprimerie Nationale, 1899, p. 351).

(1) Cette lettre dédicatoire a été reproduite par M. Omont dans
son *Essai sur les débuts de la typographie grecque à Paris
(1507-1516)*, Paris, 1892, p. 57-59.

(2) Nous avons dit plus haut que la mère de Barthélemy Doria
était dame de Dolce-Acqua. Aujourd'hui Dolce-Acqua est une ville
de 2.297 habitants, sur la Nervia. On y voit les ruines de l'ancien
château des Doria. Les descendants de cette famille habitent à
présent un palais, situé au-dessous de l'ancien château et où se
trouve une intéressante collection de portraits de famille.

possit Augustinus Grimaldus (1), Grassensis pontifex, supra
omnem honoris praefationem positus, amantissimus avun-
culus tuus, virtutum tibi ac eruditionis fulgentissimum
exemplar : cuius ductu et auspicio ad hanc inclytam Academiam ut peruigilem studiis nauares operam, longis iti-
neribus es perductus, ut quod natura in te bona inceperat,
foelicius arte consumeretur (2). Ubi, romanis litteris tota
mentis alacritate desudans, non minus graecas quam latinas
colere et admirari mihi videris. Qua in re tui candorem ingenii non probare non possum. Recte namque existimas a
nostris eisdemque eruditissimis posteritati relicta monimenta sine graecarum litterarum adminiculo aut non intellecta aut prorsus intentata hactenus in situ delituisse.
Quis enim adeo impudens est qui hoc destitutus praesidio,
Priscianum, Plinium, Senecam aut Quintilianum (cui etiam
oratorem quem suscipit instituendum a graecis incipere
placet) et caeteros id genus auctores inspicere, ne dicam
legere audeat. Quo factum est ut in Gallia ad nostra usque
tempora optimi quique auctores et Philosophia ipsa quae
tota graeca est atque Theologia in tenebris iacuerint, et
carie adhuc deperirent, nisi numine puto diuino litterariae
reipublicae hac in parte consultum esset, cum Hieronymus
Aleander, vir quidem omnibus doctrinae numeris et morum integritate cumulatissimus et praeceptor mihi semper
obseruandus quem nemo satis unquam laudauerit, in Galliam sese contulit. Quam nunc dum suis doctissimis cum
priuatis tum publicis utriusque linguae praelectionibus

(1) D'après dom Housseau, *Histoire littéraire de Touraine*
(t. 23, Mss. fr., Bibl. Nat.), Augustin Grimaldi aurait été le condis-
ciple de François Tissard pendant son séjour en Italie... Il fut,
ajoute le bénédictin, « evesque de Grasse et abbé de Lérins et cet
homme de mérite est connu par les lettres du sçavant et pieux
cardinal Grégoire Cortez. »

(2) M. Omont qui reproduit cette préface, imprime à tort : *con-
sumeratur. (Essai sur les débuts de la typographie grecque
à Paris*, p. 58).

reddere curat illustriorem, hoc vel uno maxime studiosos (quibus plerumque splendida non arridet fortuna) iuvare voluit, quum'libellos graecos quorum maxima nos alioqui urgeret penuria, typis excudendos tentauerit, tali profecto in his usus sedulitate ut posthac possit Gallia nostra bonas litteras Italiae non inuidere. Verum interim quotidiano ferme convitio efflagitantibus bibliopolis ut prius impressa Chrysolorae Erotemata, nunc inuentu perrara, paulo limatiore charactere efformanda traderet et mendas quae inter cudendum accidunt expungeret, quum Hieronymus prae nimio literarum studio cui plus satis deditus est, forte mala in aduersam valetudinem incidisset, id negocii non mea utique fretus doctrina, sed fide ac diligentia mihi credidit ut hoc saltem pacto bonarum artium cupidae iuuentuti prodesse non desisteret. Quam sane meis imparem humeris prouinciam haud unquam subiissem si a quoque alio mihi commissa fuisset. Accessit et alia ratio qua in hanc sententiam facilius adductus sum, quod tibi (quem nostrae institutioni a propinquis creditum esse in parte non parua foelicitatis meae pono) caeterisque graecarum cupidis litterarum me rem gratam facturum non diffido, si haec grammatice cum in tuas, tum in caeterorum hominum manus quam emendatissima veniat. Hoc autem quicquid est opusculi, generosissime Adulescens, tuo nomini dicatum, ea fronte qua datur suscipias velim : posthac meliora suscepturus si haec successu foelici non caruisse cognouero.Vale. Ex Lutecia Parisiorum quarto calendas Junias.

⁂

Augustinus, Episcopus Grassensis, Jacobo Sadoleto S. (1)

Gravissimo mihi fortunae vulnere afflicto redditae sunt litterae tuae plenissimae et officii et humanitatis. Cum

(1) Nous empruntons cette lettre qui montre la douleur d'Augustin Grimaldi après l'assassinat perpétré par l'élève d'Aléandre

enim me abs te summopere amari mihi antea fuerit persua-
sissimum, haec tamen potissimum Epistola expressius quodam modo, et illustrius incredibilem tuam erga me benevolentiam, tanquam ea, quae oculis cerni solent, mihi pers-
pectum fecit. Quapropter, multis honestisque de causis non
modo gravissimi casus levationem aliquam, sed solatium
enim non mediocre nobis attulit. Cum enim hoc meo tempore te ita affectum fuisse cognoscam, ut pene ipse conso-
latore indigueris, quae cum per se ad levandum dolorem
gravissimae essent, fiebant tamen accessione authoritatis,
atque eloquentiae tuae longe graviores. Ego vero, quemadmodum nunquam me, fratremve meum, praecipua quadam
conditione inter caeteros homines natos esse existimavi,
ut non subitis maximisque fortunae ictibus subjaceremus,
sic fateor, nunquam me eam animi celsitudinem praetu-
lisse, ut omnes humanos casus animi mei magnitudine
inferiores esse crediderim. Enimvero, quis adeo praemedi·
tatus, aut praemunitus esse potuisset, quem si non mors
acerbissima unici fratris, genus saltem ipsum immanitatis
et inaudita crudelitas non commoveret ? Nullam opinor
aut prudentiam, aut doctrinam tantum virium habere
potuisse, ut acerbissimum hunc dolorem moderate fuerit
toleratura. Sed ne atrocitatem sceleris commemorando
acerbum illud vulnus recrudescere faciam, ad me ipsum,
measque proprias calamitates me convertam. Erit enim per-

et de Vatable, Barthélemy Doria, aux : Gregorii Cortesii, monachi
Cassinatis, S. E. Cardinalis, *omnia quae huc usque colligi potuerunt sive ab eo scripta, sive ad illum spectantia*, pars II, Patavii,
MDCCLXXIV, excudebat Josephus Cominus, superiorum permissu.
  Cette lettre, dans l'édition des œuvres de Gregorio Cortesio, est
accompagnée de cet argument : « In gravissimo moerore ob unici
fratris acerbissimum necem, epistolam accepit Grassensis a Sadoleto ad levandum dolorem. Commodum venisse eam fatetur ; gravissimum tamen inflictum vulnus haud facile quidquam mederi
posse, ex maxima felicitate vitaeque tranquillitate ad perditam
fortunam se nunc devolutum ; unam superesse tot inter calamitates jucunditatem, Gregorii nostri consuetudinem ».

quam salubre medicamentum incredibilis doloris, aerum-
nas meas atque calamitates tecum communicare. Ego
quidem cum jam inde ab adolescentia eruditi ocii, et litterarum fuerim cupidissimus, assidue tamen gravibus curis
eisdemque necessariis simul et molestissimis, velut quodam
reflante vento, a tranquillitate portus quam a longe intue-
bar, in maximos negotiorum fluctus memini me esse dela-
tum. Cumque diutius difficillima, ut ita dicam, navigatione
usus, nunc demum immensum illud pelagus superasse me
putarem, cœperam jam ad diu cupitum vitae genus actiones
meas accomodare, potissimumque adventus tui ad hanc
provinciam exspectatione recreabar, quod in eo me cerne-
rem partem longe maximam felicitatis collocare posse, si
tecum mihi vivere liceret. Postquam vero mihi renuncia-
tum est te istuc adventasse, tantam animo cœpi voluptatem,
ut me putarem quod diu optaveram, cumulatissime conse-
cutum. Et ut nihil mihi deesset ad id quod institueram,
diligentissime operam dedi, ut apud me haberem Gregorium
Monachum, civem tuum, cujus, cum mores, et, pene dixerim,
pietas erga me mihi cognitissima sint, animo meo longe
carissimus est atque gratissimus. Ex ea vitae tranquillitate, adeo moribus et institutis meis accommodata, repente
non in luctum modo laboremque detrusus sum, sed ad tam
afflictam perditamque fortunam devolutus, ut non amicis
tantum, et his omnibus quae summo mihi studio compara-
veram, sed me ipso etiam mihi penitus sit carendum. Quare
tantum abest ut dies ipsa luctum meum levare possit, ut
summopere verendum sit, ne etiam longinquitate temporis
augeatur. Cum enim caeteri dolores vetustate mitigari
consueverint, hic non potest non et sensu praesentis mise-
riae, et recordationis praeteritae vitae quotidie augeri.
Jam solatia illa studiorum, quae ipse mihi adhibiturus
fueram, irruentibus undique molestiarum fluctibus sic
obruuntur, ut nec vestigium fere superesse possit pristinae
consuetudinis. Unica mihi inter tot calamitates jucunditas

superest, Gregorii mei consuetudo, et quotidianum, ut ita dicam, contubernium, in quo interdum aliquantisper depositis curis et doloribus acquiesco. Apud quem tantum valuit sanctum, et venerabile amicitiae nomen, ut spreta studiorum gratissima quiete, spretis tot locorum amoenitatibus, quibus ordo ille hominum potissime abundat, non moleste tulerit mecum in has locorum angustias detrudi et ablegari. Cujus cum tantus amor erga me sit, interdum tamen vereri cogor, ne taedio, atque satietate praesentis vitae, et prioris desiderio, inter tot, tamque molestas sollicitudines, solum me repente destituat. Quod si forte contigerit, erit tum mihi litterarum solatium, quod nunc quidem maximum est, atque optatissimum, tunc etiam unicum mihique praecipue necessarium. Vale (1).

XII

Cristophoro de Brillac episcopo Aurelianensi.

Si qua unquam spes melioris fortunae mihi arrisit, si quod tempus contigit, in quo Amplitudo Tua non solum a pollicitis absolvi, verum etiam plurimorum et clarissimorum virorum, qui me in hoc regno cupiunt perseverare, gratiam demereri, me vero perpetuum sibi totique familiae de Brillac acquirere mancipium possit, ea nunc omnia

(1) « Augustinus Episcopus Grassensis fratrem habuit Lucianum Grimaldum Monæci Principem. Hunc per insidias, et dolos interfecit Bartholomaeus Auria, ejus nepos, anno 1523. Luciani mortem acerbissime tulit Grassensis ; hinc interfectorem insectatus est apud Imperiale tribunal Spirae, quod ut in sui favorem conciliaret, Caroli V favorem obtinere studuit, et Hispaniae protectioni commendavit Monaeci Principatum, quem tanquam tutor filiorum fratris sui administrabat. Ea res infensum Grassensi fecit Franciscum I, Galliae Regem, qui eum exspoliavit bonis omnibus, quae jam in Galliis obtinuerat. Carolus tamen eum decoravit Majoricensi Episcopatu, et Archiepiscopatu Oristaniensi, quin et Cardinalatus honore insigniri curavit, quo tamen brevi frui potuit, cum anno 1531, vel 1532, a vivis excesserit, veneno fortasse ex quorumdam sententia interemptus » *(Note de l'édition précitée des œuvres de Gregorio Cortesio).*

maxime dixerim contigisse. Vacaverunt, ut audio, proximis diebus multa sacerdotia, quae beneficia appellamus, quorum aliquo, si me dignum existimaret Excellentia tua, orare illam ausim, ne in me avara esset, quae in alios vel sponte solet esse maxime liberalis ; non me profecto avaritia movet, sed conscientia ; novi me hominem mortalem, advenam, studiis fractum, et propterea mille valetudinibus adversis obnoxium ; adde etiam a patria quae bellis opprimitur (1), maxime distantem, ut nullum nunc e patrimonio auxilium sperare possim ; quae omnia me movent, ut aliquam dotem comparem senectuti. Propterea in hoc regno, jam plusculos annos, multos sum profitendo labores perpessus, propterea mihi principum amicitias quaero, propterea denique me totum in servitium Dignitatis tuae dedicavi ; quae si mihi, quod pollicita est, ut ego maxime spero, de benignitatis suae promptuario contulerit, nihil aliud amplius curabo, quam, omissis reliquis curis, nepotem tuum erudire, Deum pro te orare, et subsicivis horis aliquid in laudem et gloriam illustrissimae domus tuae scriptis commendare. Illud in fine epistolae scias velim, orare me quotidie Deum ut te in prosperitate diu conservet, et me non indignum faciat eo munere quod abs te peto. Valeat feliciter Amplitudo tua. Parisiis. MDXII, mense Augusti (2).

(1) Aléandre n'exagère pas. Le 9 octobre 1513 il y eut une grande bataille entre les troupes espagnoles commandées par Cardone, Vice-Roi de Naples, et les troupes vénitiennes commandées par Alviano, à la Motta. Les Vénitiens eurent une épouvantable panique et furent complètement défaits. « Parmi les officiers vénitiens Sacramor Viscomti, Hermes Bentivoglio, Constance Pio, François Saccatello, Alfonse de Parme, Méléagre de Forli furent du nombre des morts ; Jean-Paul Malatesta, Otton Viscomti, Baptiste Savelli, Pamphile Bentivoglio et Alexandre Fregose furent faits prisonniers... » (L[augier], *Histoire de Venise*, Paris, Duchesne, 1766, t. VIII, p. 419-424).

(2) Cette lettre a été publiée par M. l'abbé J. Paquier dans les *Annales de Saint-Louis-des-Français*, 2ᵉ année, 2ᵉ fascicule, janvier 1898, p. 204-205.

XIII

Mich. Humelbergius R.
Hieronymo Aleandro Mottensi Suo Salutem.

Oblectarunt me tuae literae, Hieronyme carissime, quandoquidem et amantissimi Michaelis tui, qui te vel longiuscule absentem maximopere veneratur et amat, memoriam habes. Unde et amicitia illa tuique memoria mihi non minus iucunda quam dulcis, ut pote qua nihil est quod me oblectet magis. Dispeream si non quotidie tui memor sum. Adeo quidem opportune corculo illi meo ceu seminario quopiam fertilissimo tui semen amoris insevisti, ut nunquam mutuae amicitiae dulcis aliquis fructus non exoriatur. Tamquam rectissime viviradices illae sese sustollunt, ut frustra penitus radicam aptaveris, quam tamen nolim non aptari, non quod mutuum amorem nostrum tamquam firmum minus et aliquando desiturum aut contineat aut coarctet, sed quod potius velut ornamentum aliquod voluptatis nonnihil adferat. Pedamentum autem hoc seu radicam frequentem literarum missionem, rerum absentium indicem puto, quem non modo rerum prosperarum et gaudio adficientium, sed et adversarum doloreque molestantium haud perperam existimaverim. Unde tuis literis non minus dolorem quam voluptatem hausi, hanc quod tuas literas semper merui meque adhuc curae tibi esse intelligo, illum vero, quod cum adversa valetudine te saepiuscule conluctari scribis. Τοῦτο γάρ ἐμὲ τῆς ἀθυμίας ἐμπέπληκεν, κοὐκ οἶδα τί ὑπὸ τῆς λύπης ἐν τῷ θυμῷ πανὺ ἀχθόμενος πάσχω. Tua enim tam adversa quam prospera perinde ac mea fero, meoque id iure (ut dicitur) factito, erga amantissimum praeceptorem gratissimus discipulus. Deum immortalem, quae fallax, caeca et invida fortuna est, quae Atriden meum sanitate, ceu illum Lacaena, spoliavit, diroque morborum agmine infestat, oppugnat et sauciat? Utinam doctus quispiam divis fatisque potentior Machaon saucium hunc meum invisat, manusque adhibeat medentes, quo penitus graves cedant Aleandro dolores, sic adorato pro te numine peto. Lubentissime celeri gradu tua mandata, Talthybii munia subiturus, exequerer, nisi abba ille ὁ μάντις, quem consulendum putas, a me prorsus ignoraretur. Etiam οἱ ἄλλοι τοιοῦτοι μάντιες, οἱ πλεῖστοι ποτὲ παρ' ἡμῖν ἤτην, ὡς τῆς πίστεως ἡμῶν teterrima pestis, radicitus καὶ παμπήδην evulsi, nusquam apparent. Si qui etiam sunt, se tamen tales profiteri non audent, διότι τοὺς πάντας διαλανθάνουσιν. Neque profecto consulendos huiusmodi vaticinantes, τὰ κακὰ θηρία, putarim ; ἡ δὲ γὰρ ἀσεβὴς βουλὴ τῷ χριστιανῷ βουλεύσαντι κακίστη, ἢ ὁ Θεὸς καταρᾶται. Nolim credas quidpiam te passum ὑπὸ τοῦ βασκάνου, ὅτι ἀκριβὴς δίαιτα οὐ συντελεῖ. Sed alia diutini tui morbi caussa est : Quaenam ? nimius profecto et inopportunus ab adolescentia ipsa (quod te auctore dixerim) τῶν φαρμάκων usus. Nimia inquam τῶν ἰατρῶν παίδων in te licentia. Qui dum ingenii memoriaeque vires vario medicamine firmiores reddere nituntur, caetera corpusculi membra frequentibus venenis usque adeo adficiunt, ut tandem plus iusto acri perfusa liquore penitus absumant. Nec mirum, gutta qua molluis nihil, dura cavat saxa non vi, sed saepe cadendo, durius ferrum frequenti consumitur usu ; σιδηροῦς δακτύλιος συνεχεῖ τρίβεται χρήσει, nihil denique quod frequentior non tabefaciat usus. Tute igitur tui morbi caussa es. Quod benignis velim auribus haurias, εἴτ' ἐν τούτοις ἁμαρτάνω μοι συγγνώμην ἔχειν. Demum ut receptui canam πρός ἐμὲ γράφε πολλάκις, ποθέω γὰρ τὰς ἐπιστολάς σου. εἰς μνημόσυνον τῆς πρὸς ἡμᾶς φιλίας καὶ συνηθείας. Fabro Stapulensi praeceptori meo dic salutem. Bene valeas et me (ut assoles) mutuiter ama. Cursim Ravenspurgi Suevorum pridie Kalendas Novembris M.D.XII (1).

---

(1) Cf. Horawitz, *libr. cit.*, p. 48-50. Nous avons donné la traduction de cette lettre, p. 84-87 de ce travail.

XIV

CAROLUS BRACHETUS FRANCISCO DELOINO,

OPTIMO ET DOCTISSIMO JURIS UTRIUSQUE DOCTORI ET SENATORI

PARISIENSI MERITISSIMO S.P.D

Quod tantis precibus tantisque votis optaveram dari
mihi aliquando ut tibi pro tot tantisque in me beneficiis
vel minimam gratiam referre possem, id oportune profecto
sese mihi offert : nam si bono agricolae non ingratus ager
fruges debet, si ipse agricola spiceam Cereri coronam, si
Baccho vinitor primos racemos quibus non praeclara solum
haec inventa, sed et divinos honores supersticiosa tribuit
antiquitas, cur non merito tibi nostrorum hae laborum
primitiae debeantur, quem ego non modo in omnibus studiis hortatorem, verum etiam ut graecas literas (quibus sine
caetera studia manca esse nunc demum sentio) inventorem
habeo et auctorem. Memini ego, praeclare memini neque
unquam diffitebor cum, superiore anno, nonnulli rabulae
et meae foelicitatis maxime invidi patri meo persuadere
conarentur, ne me graecis littcris institui paterctur, Quam
fortiter simul et prudenter restiteris in faciem et eorum
strepitus inanesque coaxationes solus ipse refelleris. Cujus
auctoritate fretus pater (is enim, ut saepe expertus es, non
minoris sententiam tuam quam numen aliquod aut oraculum facit) et adversantium tela quibus assidue impetebatur,
retudit et in sanctissimo instituto constantissime perseve-
ravit tamdiu permansurus donec exacta pueritia ad seve-
rioris aetatis indiga legum studia adgredienda sim idoneus:
neque id absque divino consilio tuo. Audivit enim saepenumero te praedicantem lauare eos laterem qui illotis
pedibus, id est sine humanitatis literis Caesareas leges
quibus nihil elegantius, nihil magis apposite aut proprie

scriptum est, attrectare audent. Quod utique tibi credendum est, utpote qui in utroque studiorum genere inter nostrates facile primas obtines, ut vel hanc etiam ob causam tibi haec literaria nuncupatura merito deberi videatur. Nobis autem de victis hostibus trophaeum erigere, immo verius serio triumphare licet. Nam illis mandamus laqueum mediumque ostendimus unguem. Disrumpantur eorum ilia crepentque, dummodo hujuscemodi invidia perpetuae gloriae praecipua mihi sit causa. Virtus enim (ut praeclare scripsit Seneca) sine adversario saepe marcescere solet. Sed hujus rei exitum dii bene secundent. Quod si, ut precamur et optamus, successerit, cernes istos ἐπὶ τῆς ψυχῆς φέροντας τὴν Νέμεσιν et prae invidia non secus quam Nioben ferunt fabulae, obstupescere. Quanquam homo non ista inimicis imprecari, sed cum protomartyre potius ut illis quid faciant nescientibus ignoscat Deus, orare malo. Tibi vero, aequissime senator, hos labores quos in recognoscendo Luciano, dum imprimitur sustulimus, et quos in praelegendo patiemur, alia fuit ratio dedicandi. Quod et patri et Hieronymo praeceptori viro, ut scis, extra omnem ingeniorum aleam posito et tui nominis observantissimo me satisfacturum spero. Qua in re nec defraudandus est suo honore Franciscus Watablus, iuuenis et moribus et literis candidissimus qui in castigando libro alternos mecum labores sustinuit. Et quoniam non defuturos susurrones non ambigo qui non mirentur modo, verum etiam male vertant quod ego tam teneris annis sic repente publicus prodierim graecarum literarum anagnostes, oratos omnes velim ne me condemnent prius quam condemnandum recte iudicauerint. Namque et apud nos habitant dei, ut dixit Heracletus, speramusque, si non multorum iniquis auribus tibi saltem et praeceptori plusculisque aliis bonis et doctis viris quorum mihi quilibet pro populo, nos haud usquequaque displicituros. Quod si in iis primordiis mihi contingat, ausim, longa istis vitiligatoribus salute dicta, ma-

jora posthac vobis polliceri. Vale, praesidium et dulce
decus meum (1).

.*.

OTTOMARUS NACHTGALL ARGENTINUS IOANNI SCHOTTO
MUNICIPI SUO (2).

Quum in hac urbe nostra Argentinensi, cui ambo vitae
huius initia debemus, omnis eruditiorum coetus ad Graiam
eloquentiam veluti πρὸς τῆς ἀμαλθείας κέρας adspiceret, conduc-
toque aliunde praeceptore Conrado Mellissipolitano, Erasmi
Roterodami discipulo, graecae linguae non indocto, auide
admodum Theodori grammaticam perdiscat: visus sum mihi
operae precium facturus si Deorum Luciani Samosatensis
dialogos, ductu clarissimi viri Aleandri Mottensis, praeceptoris mei, Luteciae publicatos graece, sub tua impressoria
incude graecolatinos fieri curarem : quo graecitatis adhuc
rudes, quasi ex mutis (ut aiunt) magistris, graeci aliquando
euadere possent. Est enim in illis mira quaedam mixta
urbanitate facilitas, neque leporis minus. Candidi sunt,
venusti et citra fastum sublimes. Heroas quos gentilitas
deos credidit, inducunt loquentes, suisque quemlibet depin-
gunt coloribus. Denique ad graecae linguae intelligentiam
venandam, mirum in modum sunt accommodati, teste viro
uno, non tam Germaniae nostrae quam totius orbis splendore, Erasmo Rotterodamo, qui in libello cui de ratione

(1) Nous avons donné, p. 102-104 de ce travail, la traduction de
cette préface de Charles Brachet à son édition des *Dialogues* de
Lucien, publiée chez Gourmont.

(2) Nous plaçons après la lettre dédicatoire, mise par Charles
Brachet en tête de ses *Dialogues* de Lucien, un fragment de
l'épître à l'imprimeur Schott dont Ottmar Nachtgall fit précéder une
édition des *Dialogues des Dieux*, publiée à Strasbourg en 1515. Ce
fragment montre que Nachtgall, élève d'Aléandre au commencement
du premier séjour de ce dernier à Paris, donna son édition sous
l'influence persistante et à l'imitation de son maître. – Cf. sur
Ottmar Nachtgall le 2ᵉ fascicule de ce travail, p. 31 et suiv.

studii inscripsit, quum de authoribus graccis in quos protinus incidas quippiam admonuisset, Luciano nostro primas
partes tribuit. Neque facile offendas qui huic sententiae
non subscribat....

XV

Hieronymus Aleander Claudio de Brillaco (1)
discipulo suo contubernali, genere, ingenio moribusque nobilissimo, S.P.D.

In omni studiorum genere eos maxime libros censent
sapientes viri euoluendos e quorum lectione doctrinam
simul linguaeque elegantiam necnon morum probitatem
nobis comparemus. Id autem, si quisquis alius, hic maxime
liber praestare potest, in quo diversorum veterum cum
poetarum, tum philosophorum collectae sententiae graeco,
id est, rotundo et eleganti sermone quasi limitem ad virtutis aditum parant. Hunc ego librum quum a me recognitum
nuper curassem imprimendum essemque propediem publice
interpretaturus, cui labores potius meos dicarem quam
tibi, alium pro tempore habui neminem. Sic enim speraui
me amori summo erga te meo aliqua in parte satisfacere
et propinquis tuis manifestare me non minorem tui in
bonis moribus quam litteris instituendi curam habere. Id
ego cum in aliis omnibus meis discipulis, tum in te maxime
mihi proposui observandum. Ea in lege te mihi credidit
optimus patruus tuus Aurelianensis episcopus ut te sibi
redderem non minus moratum bene quam literatum, neque

(1) Nous trouvons en 1557 Claude de Brillac prieur de Notre-Dame
du Château de Loudun où il succéda à son frère Clément de Brillac
qui mourut en cette même année. — Cf. Roger Drouault, *Inventaire du Trésor du prieuré de Notre-Dame de Loudun (20 juillet 1558)*, Loudun, Roiffé, p. 4 et 14.

id injuria : providit namque vir ille nunquam satis laudatus ex alta veluti (in qua constitutus est) prudentiae specula
doctrinam sine sapientia homini non solum parum prodesse, verum etiam saepenumero nocere. Insunt tibi, Claudi
generosissime, multae et praeclarae conditiones quae te
ad virtutem adquirendam ipsiusque munia obeunda et inci-
tare debeant et iuuare possint, amplae in primis divitiae
quibus sine haud facile emergunt quorum virtutibus obstat
res angusta domi, prospera decori corporis valetudo, adulescentiae aetas ad quascunque artes facile inhibendas
apta, illustris demum familiae lumen, e qua veluti e dura-
teo illo equo complures praeclari viri prodierunt. Omittam
vetera et quae memoriae nostrae innotescere potuerunt
tantummodo recensebo. Auus tuus paternus regibus Gallia-
rum familiarissimus et in eorum arduis compluribus negociis exercitatus fratrem habuit Franciscum Aurelianensem
episcopum sanctissimum virum et a suis Aurelianensibus
nunquam sine lachrymis memoratum : ut pote qui dum
vixit tanta fuerit in suum gregem liberalitate ut ab omnibus et pastor optimus et pauperum pater appellaretur.
Consecutus est igitur a Deo opt. max. ut bene, beate et
diutissime viueret (obiit namque plus minus octoginta natus
annos) et post mortem debita suis meritis apud superos
inueniret praemia. Johannes vero pater tuus regiae domus
aeconomus idemque Aruernis montibus praefectus (grauis-
simus uterque magistratus et non nisi fortissimis et pru-
dentissimis viris regique maxime gratis concedi solitus) te
dum viueret, saepe numero Regi Christianissimo obtulit
arrisitque tibi frequenter et sacratissimis suis ulnis te
adhuc infantem amplexatus est tantus princeps. Demum
pater immatura morte praeuentus te fratri suo charissimo
Christophoro de Brillaco, qui in Aurelianensem episcopa-
tum per multos iam annos familiae vestrae veluti haeredita-
rium successerat, obnixissime commendauit. Qui, fraterni
amoris nequaquam immemor, tui curam tanto videtur

amore suscepisse, ut non solum te caeteris facile praeferat
necessariis, verum etiam non secus ac filium parens edu-
candum et instituendum curet. Cuius rei ego quicum in
contubernio iam ferme biennium modestissime vixisti,
locupletissimum testimonium afferre possum. Nec paternae
tuae familiae tenebras maternum genus offundit, ut pote
quod longa retro temporum serie nobilissimum et plurimos
antea habuerit et nunc non pauciores habeat insignes viros
inter quos nostro tempore maxime claret Tutelensis episcopus, vir grandi aetate, literisque et integritate vitae,
saneque venerandus; sed omnia quae supra memoravimus,
cum ἀδιάφορα sint et bonorum malorumque (ut stoici dicunt)
media, scias uelim quanto cuipiam illustriora contigerint,
tanto magis eum (si male his donis utatur) oculis linguis-
que detractorum reddere obnoxium, πρὸς γὰρ τὸν ἔχονθ' ὁ φθόνος
ἕρπει, ut praeclare inquit Sophocles. Nam in alto veluti scopo
principes viri constituti omnium telis, ventis, fulminibus
patent, facile e suggesto quamuis arduo deturbandi nisi se
non Aiacis illo clypeo (ut inquit Homerus) heptaboeo, sed
adamantino quasi virtutis propugnaculo defendant. Homini
ad felicitatem aspiranti necessariam in primis patriae cla-
ritudinem censuit siue Euripides (ut fama obtinuit), seu
quicumque alius is fuit qui hippodromiae encomion in
Alcibiadem composuit, et in Hercule furente idem tragicus
ait : ὅταν δὲ κρηπὶς μὴ καταβληθῇ γένους ὀρθῶς, ἀνάγκη δυστυχεῖν τοὺς
ἐκγόνους. Quae quanquam non parum expetenda sint, malim
tamen ego aut Seriphius Themistocles esse aut Thersitae
Achilles, quam me vel in clarissima patria Thersitae similem producat Achilles. Est et alia diuersa ab illa Euripidis
sententia siquidem plerique nihil praeclarius esse aut opta-
bilius putant, quam suis quempiam maioribus virtute pro-
pria praelucere, esseque posteris nobilitatis initium et
virtutis exemplum. Quodquidem ut maximum fatear, tanto
tamen maius et preciosius puto non indignum se claris
progenitoribus praestare quanto ignominiosius, si ab illus-

tribus degeneres, aut rarius si eos vel superes vel saltem adaeques, τῶν γὰρ ἀγαθῶν ἀνδρῶν ὥσπερ εἱμαρμένη ἔτη φαύλους ἀποβαίνειν τοὺς υἱοὺς. Quod Demosthenes ex eminentissimi vatis sententia videtur deprompsisse qui in secunda (si recte memini) Odysseae rhapsodia cecinit οἱ πλέονες κακίους, παῦροι δέ τε πατρὸς ἀρείους. Tu vero, mi Claudi, si raris illis et vere foelicibus, quibus et illustribus nasci et per virtutem illustrioribus fieri contigit, connumerari velis, neque modus deest, neque in tempore deerunt non levia aut ludicra virtutis praemia, idque in Gallia ubi non solum nobiles, verum etiam ex humili nati plebecula per virtutem ad summos honores promouentur, ut saepe numero mecum miserari non desinam nonnullorum vestratium segnitiem, ne miseriam dicam, qui bonis alioqui nati parentibus et diuitiis non parum affluentes in peius opum et dignitatum in dies declinant, quum etiam pauperrimis et ignobilibus praesertim in hoc regno natis facile pateat ad maiora adcessus. Vides hanc felicissimam Parisiorum •Academiam Atticae illius tranquillitatis et vere παρρησίας exemplum, in qua cum tot scholasticorum millia, quot in caeteris fere Christiani orbis vel certe plurimis academiis inveniantur, multos quidem diuites et principum liberos videas, longe tamen plures pauperrimos, et obscuro genere agricolarumque filios quibusque pater dedit libertatem, inquam, scholasticam, quia in hoc beatissimo gymnasio pauper diuiti nihil interest, nisi quatenus fortasse diuites sunt inuidiosiores et per diuitiarum licentiam luxui, viciis morbisque plurimum obnoxii. Pauperes contenti modico neque ullis sodalitiis aut comessationibus a studio distracti, neminem se majorem nisi quum doctior sit, reputantes, principum et militum minis refractarii, per urbem habitu incessuque liberi, in diatribis diuitibus pares, in clarissimos tandem viros euadunt, utpote e quibus summos quotidie doctores, magistratus, episcopos videmus emergere. Quod ego non magis bono Galliae fato attribuendum censeo quam hominum magnanimitati, ut qui rescissis paupertatis vinculis quam frustra secordes virtuti obiiciunt, nihilo secius proficere studeant quam hi quibus ampla arrisit fortuna. Rarum profecto in aliis regionibus exemplum et in Italia ipsa, doctrinarum parente, ferme inauditum. Sed quorsum, inquies, haec omnia? Nimirum ut cognoscas quanto tibi sit futurum dedecori si, tot fortunae adminiculis suffultus quibus multi pauperes priuati summi tandem euaserunt, et propinquorum et praeceptoris votis non respondeas. Neque id profecto a me dictum quispiam existimet velim quia sinistri aliquid de indole tua verear, sed ut te in bono quo cepisti proposito confirmem. Tunc enim non temere videmur sponte currenti equo (ut in prouerbio est) calcar addere, quando non ut se acri in cursu praecipitet, sed ut ne a tenore desistat, id facimus. Nam cur haec correctionis potius quam corroborationis causa a nobis ad te scripta possit quispiam suspicari? Cum norimus et admiremur in te omnes nequaquam vulgarem bonarum• literarum amorem obseruatamque inter tuae conditionis adulescentes cum modestia grauitatem, inter priuatos humanitatem et comitatem vere popularem, in victu denique, habitu et incessu philosophicam quamdam mediocritatem, infrequentes profecto nobilibus nostri temporis dotes, unum nequaquam timeam, quas de te semel concepi meas unquam spes inanes fore. Tu modo hunc aureum libellum nocturna et diurna manu versare non desinas, virtutem veram et unicam esse nobilitatem existimes, insignium virorum quorum domus tua uberrima semper parens fuit exempla tibi imitanda proponas et tandem reputes non minus fore tibi turpe si a tam claris maioribus prodeas viciosus quam si ex aurea vagina plumbeum gladium stringas. Quod si feceris et ad te amplioribus dignitatibus condecorandum laboresque nostros cognoscendos, jam incensus patrui amore, animum inflammabis, et nos omnes de te cuius nunc fragrantissimos tantum spei flores olfacimus, virtutis tandem et successus

suauissimos fructus decerpemus. Vale. Lutetiae Parisiorum M.D XII.XV. Kal. Decembres (1).

XVI

ALEANDER LECTORIBUS S.

Scio plerosque expectaturos, quod et locus ipse poscere
videretur, ut aliquid de hoc opere diceremus : atque illud
imprimis quam sit liber hic adcommodus graecas literas dis-
cere cupientibus quamque literae graecae caeteris scientiis necessariae et, ut detractoribus probabilis maledicendi
tollatur occasio, quam, nullius captatione gloria, in nullius
alterius invidiam aut damnum, sed solum communi studiosorum utilitati prospicientes, hoc opus curaverimus imprimendum. Quae omnia in praesentia omittimus. Nam hic
liber (ut spero) se ipsum canet. Literas vero graecas si
commendare apud eos velim qui optime de illis sunt per-
suasi, viderer curiose nimis, ne superflue dicam, memores
monere. Apud eos vero qui aliter sentiunt neque temporis
angustia nec epistolae modus satis pro dignitate id facere
pateretur. Id autem quod postremum dicebam, et scio a
nonnullis mihi objectum iri, ut qui putent in sui invidiam,
ac non potius Academiae nostrae necessitate cogente, hunc
librum fuisse excusum, non possum melius quam syncerae
conscientiae testimonio non ineptam minus quam non veram
istorum criminationem refellere. Proinde, omissis caeteris,
illa potius dicamus per quae nonnullorum juvenum qui in
hoc libro sub incude castigando laborarunt, honoris ratio
habeatur. Sic enim et illi merita laude non defraudabuntur
et alii hoc exemplo permoti ad similia vel etiam his majora
adgredienda concitabuntur. Igitur scias velim, candidissi-
me lector, impressoria rudimenta, quatenus in hoc libro

(1) On trouvera plus haut, p. 105 et suiv., la traduction de cette
lettre dont M. Omont n'a pas donné le texte dans son *Essai sur
les débuts de la typographie grecque à Paris.*

graeca latinis sunt permista, Michaelem primum Humel-
bergium, mox Ioannem Robinum et, his in patriam dece-
dentibus, Michaelem Boudrium et Ioannem Conellum,
quae vero tantum graeca sunt. Carolum Brachetum,
omnes Aleandrinos discipulos prima quadam et crassa
(ut aiunt) dolabella enodasse. Indici praeterea addidisse
numeros Ioannem Conellum nonnihil ab Ivone Cavillato
et ipso Aleandri sectatore adjutum. Porro Aleander ipse
omnia fere postrema specimina recognovit praeterquam
indicis quem unus Conellus castigavit : Aleander alibi
occupatus ne semel quidem inter imprimendum visere
potuit. Qui omnes oratum te velint, lector aequissime, ne
istas impressionis labes sibi adscribas : quod te facturum
non ambigerent, si quam misera sit in hac urbe graecae
impressionis conditio cognosceres : quando praeter impoli-
tiam tam parvo etiam numero characteres invenias, ut
(quod mercatorum vel negligentia vel avaritia facit) non
solum unam alteramve litteram inter cudendum aliquando
omittere, sed et totum opus plusculos dies intermittere
necesse fuerit. Quid de voculationibus dicamus aut furtiuis
notis quas abbreviaturas vocant quarum hae prorsus nul-
lae erant, illae vero deformes et tantum apposititiae. Unde
saepe numero adcidit ut versus et paginae fierent inaequa-
les et si quem ex accentibus perperam in versu locatum
reponere vellent artifices, tota caeterorum series facile
laberetur : ut, nisi majorem studiosorum hoc libro caren-
tium quam laboris nostri, quamvis intolerabilis, rationem
habuissemus, fuerimus saepiuscule pedem a negocio retrac-
turi. Et tamen in re tam difficili ita sedulo laboravimus ut
non multa (ut spero) sint quae, quantum ad castigationem
adtinet, in hoc opere desiderentur, et ea profecto tantum
quae vel rei difficultate, vel sua imperitia, vel (quod potius
crediderim) obstinata quadam perversitate, etsi ter quater-
que a nobis castigata, reponere tamen artifices recusave-
runt : quasi de condicto omnes fere id faciant ut semper

aliquid supersit quod hujuscemodi nebulonum inscitiam et jam corruptae tam praeclarae artis paedorem (ut ita dixerim) redoleat. Ne putes enim Aleandrum tam male cum graeca lingua conciliatum ut quibus dictiones literis scribendae, quibus accentibus modulandae sint, nondum cognoscat. Sed jam omnia haec in melius rediguntur, nam et accentus, non ut antea, temporarii, literis perpetuo adhaerent : et furtivae notae quotidie exscalpuntur et favente Deo nihil posthac fiet in aliis libris non ad amussim. Quod si, omissis pulchrae impressionis phaleris et picturis, rem ipsam diligenter consideres, invenies profecto hoc nostrum vocabularium sive ordine, seu copia, seu additi numeri commoditate, est ubi et castigatione, caeteris quotquot hactenus impressa sunt, antestare. In summa, quidquid id est, boni, quaeso, consulas : et subinde illud tecum repetas succurrisse nos uni, ut diximus, necessitati : qua si quis prematur, non minus gratam interdum habeat sibi oblatam crassam aliquam sisyrnam aut endromidem quam alias suffultam preciosissima marte holosericam vestem ; quod vel Ptolemaei exemplo comprobari potest, cui quum peragranti Aegyptum, comitibus non consecutis, cibarius in casa panis datus esset (ut verbis Ciceronis utar), nihil visum est illo pane jucundius. Vive, vale, laetus et felix, bone lector. Lutetiae Parisiorum, M. D. XII, VIII Cal. Januarias (1).

---

(1) La traduction de cet avis au lecteur se trouve p. 32. — Nous avons dit, p. 27, qu'en janvier 1512, Aléandre imprimait son *Lexicon graecolatinum*. Sans doute il était en train de le faire imprimer en janvier 1512, mais l'impression avait dû commencer longtemps auparavant, puisqu'Hummelberger y avait travaillé avant son départ pour l'Allemagne, avant le retour d'Aléandre à Paris en juin 1511, peut-être même avant le départ, en novembre 1510, d'Aléandre pour Orléans.

XVII

Hieronymmus Aleander Mottensis
Illustrissimo Principi Wolfgangio, inuictissimi Ludouici,
Comitis Palatini,
Sacri Romani Imperii Electoris eiusdemque
Ducis Bauariae fratri S. P. D (1).

Si quamlibet paruam omitterem occasionem significandi omnibus singularem obseruantiam in te meam, ingratitudinis profecto vitium incurrerem quod ego ut omnium vitiorum fontem et principium semper censui maxime detestandum : ita si admitterem duplici fraude imo verius Hippocratis vinculo dignus merito judicarer : quippe qui viderem, ut Medea Nasonis, meliora probaremque, sequerer tamen deteriora. Sunt profecto omnia crimina per se grauia, sed quae tamen ab ingratudine proueniant, vel ab ea certe maximum capiant incrementum. Per hanc enim (quod pie sancteque et vere credimus) maligni illi spiritus et vere cacodaemones, teneris adhuc mundi primordiis, accepti immemores beneficii, a suo tam benigno opifice defecerunt: per hanc item primi parentes nostri, dum contra Dei praeceptum plus quam oportuit scire adfectant, humani hostis insidiis et mortis laqueis irretiti, miserabiliter amiserunt foelicem illam sibi datam perpetuae vitae conditionem. Quid porro aliud Iudaeos induxit Dei filio, eidem et Deo, mortem inferre quam apertissima ingratitudo : qua obcaecati, tot tantaque sibi ab humani generis vindice collata beneficia, non discernebant solum, sed etiam detestabantur. Quid demum, nos ipsos jam euangelico splendore illuminatos tam saepene peccaturos putes

---

(1) Cf. plus haut, p. 35 où l'on trouvera la traduction de plusieurs parties de ·cette lettre dédicatoire du *Lexicon* que M. Omont n'a pas reproduite dans son *Essai sur les débuts de la typographie grecque à Paris*.

si consideraremus per criminis sordem numen ingratitu-
dine offensum iri? Euolue tam sacras quam prophanas
historias, tam nostras quam eas quas diui Patres ethnicas
appellant, nullum in illis inuenias admissum tam graue
scelus quod non ingratitudini sit implicitum. Huic ego ut
quoad possim minime sim obnoxius, non praetereundum
hoc in loco duxi quin omnibus palam facerem quo amore,
qua charitate, qua in Amplitudinem tuam reuerentia sim
affectus. Sed quaenam est, inquies, haec occasio? Paucis
accipe. Quum impressores Parisienses Lexicon Graecolatinum multis et praeclaris additionibus nuper locupletatum
excudissent, orauerunt me etiam atque etiam ut per meam
nuncupaturam sub alicuius principis nomine liber hic pro-
diret in publicum : cuius genio et tutellari veluti numine
protectus maiorem populi gratiam demereretur. Poterant
id quidem plerique eruditi in hac urbe viri vel multo quam
ego melius facere. Sed tantam una cum caeteris de me
conceperunt impressores opinionem ut existiment apud
principes viros non aduocati modo, verum etiam testis
commendationes meas locum habere. Accedebant et scholasticorum vota : qui tantum non id conuicio efflagitare
videbantur, et nihil fere in hoc opere esse factum nisi mea
epistola veluti aureola (ut ipsi putabant) coronide decora-
retur. Suscepi igitur ego, etsi alioqui occupatissimus, prouinciam non inuitus : cum ut amicis satisfacerem, tum ut
alicui patronorum meorum aliquod grati animi et amoris
monumentum offerrem. Neque is diutius quaerendus fuit.
Tu enim mihi semper animo obuersaris, cui non ob priuata
solum in me merita, verum etiam ob magnum literarum
et literatorum studium amoremque virtutis non vulgarem
cuius in te jam videmus hinc inde splendere igniculos, non
haec modo, sed et omnia quaecumque in me sunt, tibi a
nobis deberi fatendum sit. Quum enim ex illa celebratissi-
ma ducum Baiaoriae Comitumque Palatinorum sis editus
.familia quae nulli alii in orbe christiano opibus vel generis

nobilitate multum inuidere potest : nulla tamen (quod aliis
principibus adcidit) superbia diuitiarum elatus, nullis vo-
luptatum blanditiis corruptus, nullo fastidio virtutis sto-
machatus, dies noctesque literis operam nauas. Idque in
adulescentiae lubrico in qua, si non majus quidpiam praes-
tes, a vitiis saltem abstinere abunde praeclarum sit. A
quibus ipse tantum abes ut non abstineas, ut etiam magna
de te jam praebere incipias summae probitatis et virtutis
exempla. An non dicemus te praeclara edere virtutis et
fortitudinis opera, quum acerbo hyemis tempore quo alii
genio potius vacant, nullam unquam nostrarum lectionum
nec antelucano tempore quum graeca, nec statim a prandio
quum latina publice profitemur, omiseris. O praeclaras
ingenii faces ! O amorem virtutis immensum ! O insigne
voluntariae patientiae exemplum ! Studeant alii bonas
artes adipisci, ut sibi inde opes, commoda et honores com-
parent, non tam facile pro virtute (quam mihi earum quas
dicebam rerum causa appetere videntur) tantos labores
toleraturi. Tu cui omnia haec abunde suppetunt, eo maiore
gloria dignus es quam virtutem ipsius causa amplexaris.
Sunt haec nimirum magna et aliqua scriptorum commen-
datione aeternanda. Quae ego non magis ut apud te quam
mihi sponte obtulisti gratiam captem, aliis praedico quam
ut veritati et obligationis conscientiae satisfaciam et
magnitudini tuorum erga me meritorum, quam referre
non possum, gratiam, aliquo saltem pacto, me apud omnes
habere profitear. Nam si gloriari licet, imo verius Deo opt.
max. ob tantum in me beneficium gratulari, cur non ego
mihi maximae adtribuam foelicitati, quum tu, maximus in
Germania princeps, non me videndi tantum, ut Gaditanus
ille priuatae sortis homo Titum Liuium, sed mecum ver-
sandi measque praelectiones excipiendi gratia e longinquis
patriae finibus huc aduenisti. Quod tanta cum perseueran-
tia exequeris ut nullus sit qui haec norit, quin te summo
opere laudet, colat et admiretur. Sunt in nostro auditorio,

si cuius alias unquam (ut audio) in hac urbe, frequentissimo
multi praeclari ingenio et doctrina viri, multi ex Germania, Gallia et quibus [dam aliis] regionibus illustres regiis
natalibus aliisque dignitatibus proceres. Inter quos, inco-
lumi omnium gratia dixerim, undequaque splendidus micas
(ut Horatii verbis utar) velut inter ignes luna minores.
Immouero velut alter Phoebus (si taliter pingitur, ut a
poetis accepimus) isto aureo capillitio, praeclaro iuuentutis
dono, consonaque annis et natali solo corporis proceritate,
facie vultuque ingenuo, i[d est,] vere Germano, regia denique
totius speciei indole uniuersum illustras auditorium. Et ne
forte videar nonnullis male cuncta vertentibus adulandi
causa aliquid de familia tua contra veri fidem commentus,
sciant velim lectores te ex illa editum progenie in qua
multis ante seculis et ab ineunte hac eligendi imperatoris
institutione, unus semper floruit inter non initiatos Romani
imperii electores primarius : multi ex ea non gentilitii
juris fauore, sed virtutis conciliatione (ut in hac dignitate
fieri assolet) ad imperii maiestatem peruenerunt. Possem
innumeros familiae tuae heroas ab antiquo illo usque
Namo (1), summae prudentiae speculo repetitos eorumque
res praeclare gestas in medium afferre, sed vereor tantas
laudes ingenii culpa et epistolae breuitate deterrere ; quas
si quis velit cognoscere, nullam inueniet Germanorum historiam vestrorum titulorum non plenam ; sed ad recentiora
ista animum aduertens non videor sine piaculo omissurus
Ludouicum paternum auum tuum et Fridericum eius fratrem, duos nostri temporis Atridas, quorum Ludouicus
comes Palatinus Rheni et Romani imperii elector : quae
non bella in Germania exhausit et quos non hostes in
ditionem vestram irruentes non defendit modo, verum

(1) *Namus*, c'est le *Naime* de la *Chanson de Roland*, ce duc
de Bavière qui est le meilleur conseiller de Charlemagne et comme
le Nestor de notre épopée (cf. *La Chanson de Roland*, éd. Léon
Gautier, Tours, 1887, p. 529 et *passim*).

etiam fortissime vicit. Quo postea vita perfuncto, Fridericus frater curas totius regni et patris tui adhuc infantis, e
Ludouico et Cypri regina geniti, a regionis optimatibus
suscipiens ne respublica per imbellem pupilli aetatem quidquam sinistri pateretur, non sine Romani pontificis numine
Electorem imperii se dixit. Id aut ne in patris tui detri-
mentum ad quem hereditario iure electoria dignitas perti-
nebat, ambitione aut auaritia fecisse Fridericus videretur,
perpetuum et vouit et obseruauit coelibatum cum tanta
Germanorum principum inuidia ut perpetuis postea odiis
bellisque caeterorum principum internecticiis laborauerit,
donec in Heidelberga, primario ditionis vestrae oppido, a
tribus maximis ducibus triplici exercitu, et eo non vulga-
riter instructo, obsessus, facta eruptione, hostes non sine
magna occidione fudit fugauitque, duces captiuos fecit, quos
in arce, quam poterat honestissime habitos, non prius dimisit quam multa oppida agrosque pro eorum dimissione
receperit. Qua tam pulchra tamque illustri victoria reliqui
principes adducti pacem cum Friderico iniuerunt. Plurima
sunt et maxima huius viri facta, sed quae non possim citra
multorum principum quorum ille patres partim bello
domuit, partim etiam vectigales reddidit, indignationem
enumerare. Et ego nunc non historiam scribere, sed epistolam in qua etsi non nisi vera, non tamen omnia quaecumque dici possent, explanare nec animus est, nec ratio
poscit, sed in tam copiosa materia ea solum deligere per
quae ita laudes vestrae attingantur ut aliorum vulnus, me
auctore, non recrudescat. Moriens deinde Fridericus regnum
patri tuo pacatum reliquit : quod ut in eodem quo accepe-
rat statu princeps optimus conseruaret, veluti alter Numa,
paci primum et religioni studuit. Literas et literatos fouit,
cuius rei signa adhuc exstant, excitatae bibliothecae et preciosa librorum supellectile, et augusta passim templa multis ab eo donariis adornata. Demum (quod virtuti et gloriae
in quas maxime grassatur inuidia, accidit) ab uniuersis

fere Germaniae principibus pristini odii non oblitis bello
petitus, etsi non satis tutam suorum militum et quaestorum
fidem sit expertus, utpote quorum (si vera fateri velimus)
perfidia non paruam eorum quae Fridericus patruus con-
quaesierat, iacturam fecerit, ostendit tam prudentissimus
princeps in seruando contra tot tantosque hostes veteri
patrimonio quantum sibi profuerit literas cum re militari
conjunxisse. Et, quoniam (ut ex Hebraei illius vatum eminentissimi oraculo habemus) priorum hominum uxores ut
fructiferae vites in penetralibus domus, et filii ut oliuarum
germina in ambitu mensae, non mirum igitur si pater
tuus pietati maxime intentus octo genuerit virilis stirpis
et quinque alterius sexus liberos. E quibus Rupertus non
potest sine multis lachrymis commemorari qui in eo bello
de quo paulo ante diximus, cum plura et maiora edidisset
strategemata quam ut ab hostibus ferro et aperto marte
vinceretur, heu pietas, cum uxore et maximo suorum libe-
rorum intra octo plus minus dies veneno creditur esse
sublatus : faciunt tanti sceleris rumori fidem miserrima
mox vita et miserior adhuc mors eorum quos suspicio erat
fuisse tam nefarii facinoris ministros : parabat profecto
fortuna, Ruperte dux fortissime, parabat et Caesar Maxi-
milianus virtuti tuae nescio quod maius praemium, sed
plus acerbae morti licuit quam ut tua et tuorum vota
optatis successibus potirentur. Sed iam ad patrem tuum,
Wolfgange, redeo ; qui pacem tandem regno partam cum
maiore superum pace commutauit ; nec multo secius Bar-
bara, sororum tuarum minima, patrem secuta, numerum
auxit beatorum. At Elisabeth natu maxima, Philippo mar-
chioni Badensi, Amelia Georgio Pomeriae duci, Helena duci
Megalburgensi, tres heroides totidem heroibus maximisque in Germania principibus matrimonio sunt coniunctae.
Catharina vero, et ipsa soror tua, tali nomine dignissima,
Diuae sibi cognominis exemplum imitata, spretis caduca-
rum rerum illecebris, sponsum sibi Christum quaesiuit, et

nunc in coenobio Nuremburgensi quod vestri maiores
erexerunt, diuinis tantum rebus addicta, pietatis et sanctitatis posteris olim erit exemplum. Dicam nunc sed breuibus
(quis enim omnia complecti possit aut condigno stilo tanta
decora se narraturum speret ?) de fulgentissima illa non
septem poetarum, sed totidem heroum fratrum Palatinorum pleiade qui patri superstites etiam num vigent, non
solum in Germania, sed toto fere terrarum orbe celebra-
tissimi. Quorum maximus natu Ludouicus Comes Palatinus, Dux Baioariae et sacri Romani imperii trium non
initiatorum princeps elector idemque unus e quatuor
ducibus quibus veluti quatuor columnis Romanum inni-
titur imperium. Secundus est Fridericus ditionis filiorum
Ruperti gubernator et in omnibus fere nostri temporis
bellis praestita non minus optimi ducis quam strenui mili-
tis opera exercitatus et quod hominis affabilitas raro belli-
cae austeritati coniuncta facit, inter Germaniae proceres
quum omnibus aliis, tum Caesari, maxime carus. Sequuntur
suo ordine Philippus, pontifex Frisingensis, Ioannes, pontifex Ratisponensis, Georgius, praepositus Moguntinus,
Henricus, praepositus Aquisgranensis, et tu, Wolfgange
splendidissime, ut omnium natu minimus, ita caeteris fra-
tribus minime indignus. Quorum laudes si quis vellet
enarrare, M. Tullium aut Demosthenem, vel in huiuscemodi
encomiis maxime versatum Isocratem, et, quoniam de
heroibus sermo est, Vergilium aut Homerum praeconem et
laudatorem merito desideret. Ex his facile unicuique cognoscere licet quale tibi sit maternum genus, quales maio-
rum tuorum cum christianis principibus affinitates, quas
maximi reges vobiscum ineunt et inisse gloriantur. Vidi
ego Christianissimi Francorum regis ad inclytissimum
fratrem tuum litteras, in quibus eum non nisi cognati
nomine salutat : quae ut vera, ita familiae vestrae maxime
honesta praefatio est. Non mirum igitur si ego te tanto
glorior scholastico. Et quum humana condicio est ad glo-

riolae titillationem maxime prona, tantum non immodica
laetitia praegestiens exulto, praesertim ubi mecum reputo
te, quum posses me et alios quotquot velles praelectores
domi habere, malle tamen, juxta sanctissimi Fabii praeceptum, iam a teneris in lumine conuentus honestissimi exci-
tare mentem et attollere quam in tenebris et illa solitaria
vita pallescere. Neque id iniuria ; nosti enim, transactis
adulescentiae annis, esse tibi in splendore tui similium
principum agendum, in quo te presens institutum in tempore adiuuabit, et nunc etiam maximo est ornamento, utpote
quod omnes in admirationem tui concitat eamque spem ut
sibi maxime persuadeant te in virili aetate non fore principem non singularem quem constat in iis annis non magis
quaesitos quam debitos adulescentiae labores et arduum
illum et senticosum virtutis callem non solum non deui-
tare, sed etiam maxime appetere ; quod ut facilius assequa-
ris, non ut plerique alii principes in frequenti familia
tecum helluones, adulatores, histriones et huiuscemodi
pondera telluris inutilia, sed omnes studiosos habes. Habes
oeconomum genere et virtute bellica nobilissimum, eundem
literarum et literatorum perstudiosum, re et nomine Foelicem Heymenhoffenum, alterum paucis literis immutatis
Phoenicem, cuius prudentiae, ut prisco Phoenici Achillis
adulescentia, ita tua tenera aetas merito sit commendata.
Habes praeterea domesticum praeceptorem Iacobum Sym-
lerum apprime doctum et probum virum, et ipsum nostrarum in utraque lingua lectionum auditorem minime poenitendum. Caeteros omnes aulicos non patria modo et familia
claros, verum etiam ut per literas clariores euadant summis viribus contendentes. Dicerem de liberalitate tua in
studiosos, de comitate et humanitate qua, dum te domi viso,
mecum familiarissime agis, de obseruantia qua me publice,
non ut praeceptorem modo, sed ut parentem, prosequeris,
de placidissimis moribus quibus omnes ad te adlicis amandum, colendum, suscipiendum, dicerem praeterea de pie-

17

tate, verecundia, pudicitia, aequitate, de modestissimi vic-
tus norma et voluntaria in tanto opum mensaeque apparatu
continentia, sed meae paruitatis conscius, onus nostris
humeris impar non adsumo, et alioqui praesentis tantum
duximus instituti, laudes tuas non consequi stylo, sed
signare. Illud nequaquam silentio inuoluam, solere te magno (ut par est) famulitio comitatum, non per aliquem
seruorum, sed istis regiis manibus fores meas (si quando,
quod frequenter contingit, me visis) pulsare. Et illud
subinde repetere non erubescendum regibus philosophorum domos accedere, quum vel ipsi philosophari, vel philosophorum consilio regi debeant. Quod propterea dico ut
posthac parcius ut solitarium exemplum iactitet prisca
aetas summissos sapientiae professoris ianuae lictorios
fasces. Quae omnia idcirco repeto ut cognoscant illustrissimi fratres tui, cognoscant reliqui Germaniae principes,
cognoscat denique totus orbis quocumque haec epistola
perferetur (si qui forte, ut inquit doctus poeta, mearum
ineptiarum lectores erunt), te nunc Luteliae non pilis et
tesseris, non canibus et aucupiis, sed litterarum studiis
quorum causa huc venisti, esse deditissimo animo inten-
tum. Cuius ego rei optime gnarus paucula ex innumeris
quae dici possent, scribere ausus sum, non ostentandae
causa facundiae quam in me nullam vel certe perexiguam
sentio, sed fidem omnibus faciendi quae nunc tua institutio,
quis meus in te animus, quae denique omnium de te in
praesentia sit opinio. Qua in re deos immortales testor
meorum quae de te et tuis scripsi, nihil quicquam quod
sciam non solum non fuisse commentum, sed ne fucum
quidem ullum (quod oratoribus peculiare est qui res pro
loco nunc augere, nunc diminuere solent) nudae et simplici
veritati obduxisse. Quin contra vereor ego ne videar iis
qui tua norunt, non magis temporis angustia aut dicendi
ineptia quam culpa aliqua multa quae de te dicenda fuerant, reticuisse. Sed quoniam nondum inuentus est qui

dicendo vel agendo omnium votis responderit, mihi satis
superque factum existimabo si tibi tuisque et paucis aliis
recto iudicio praeditis quae a nobis in te proficiscuntur
non displicuisse cognouero. Cognouero autem si modo
munusculum hoc qualecunque quod tibi offerimus, qua
meipsum soles, hilari fronte suscipias eiusque vilitatem
tibi deuotissimi animi affectu compenses. Et quemadmodum
Phidias ex unguibus amplam leonis molem coniectauit, ita
tu solita ingenii perspicacia immensum amorem et singularem obseruantiam in te meam paruo munere cognoscas.
Macte animi, corporis et fortunae bonis, illustrissime princeps Volfgange, quem dii seruent, sospitem beent, fortuna
et bona perpetuo auctent ope (1).

XVIII

HIERONYMUS ALEANDER MOTTENSIS
GERMANO BRIXIO ARCHIDIACONO ALBIENSI ET FRANCORUM
REGINAE A SECRETIS, S.P.D. (2)

Mirari non satis poteram, dum adhuc in Italia essemus,
versatile tuum ingenium plurimamque graecae juxta et
latinae linguae eruditionem, qua non tuos solum Gallos
praestare, verumetiam Italos ipsos, et eos non vulgares,
sed bonarum proceres literarum provocare posses. Nunc
vero, ubi tuum poema legi quod in conflagrationem rega-
lis navis composuisti, coepi quam primum sic mecum: Hem
miseri homunciones, et conquerimur nunc nobis deesse
ingenium secordiamque nostram in saeculi inuidiam reii-
cimus! Quid hoc poemate gravius, elegantius, exactius?
Quid epistola qua poema Reginae nuncupat, nitidius, pu-
rius, aut latinum magis. Vellem mihi per temporis spa-

(1) Cette épitre n'est pas datée. On peut lui assigner comme date
celle du précédent « avis au lecteur », le 25 décembre 1512.

(2) Lettre-préface mise par Aléandre en tête de la *Chordigerae
navis conflagratio* de Germain Brice. — Cf. plus haut, p. 57-58.

tium et epistolae terminos licere laudes hujus libelli
uberiore stilo exequi. Sed quemadmodum si qui in parua
tabella totum nostris oculis orbem delineant, ita, si quis
velit e breuibus verbis sententiam animi mei cognoscere, quantum ex isto poematio conjecto, sperare ausim
te, modo pergas, et tibi per aulicarum curarum remissio-
nem liceat, si non Ciceronem aut Virgilium, quos, ut
Achillem, semper excipi apud literarum censores in con-
fesso est, ex illis certe fore qui inter veteres possint merito
connumerari. Mihi vero id etiamnum videris adsequutus
quod paucis hactenus novimus contigisse. Omnium enim
nostrorum oratorum Marcus Tullius, poetarum vero P.
Maro facile primas obtinet. Et plerique veterum, non nulli
etiam recentiorum, in una quapiam reclaruerunt : sed illi
iidem, ubi aliud quidquam a sua arte attentare ausi sunt,
Dei boni, quam ex eminenti illa curuli, quodam veluti auto-
mato, repente sibi subrepta in imo subsidunt. Adeo et anti-
quitus rarum fuit et nostris temporibus adhuc rarius
aliquos invenire qui iidem et carmine et soluta oratione
excelluerint. Inter quos si quis te, mi Germane, non repo-
nat, vel non sani iudicii, vel parum defecati in te animi
iure optimo existimabitur. Non immerito igitur tuum munus admirata augustissima Francorum regina Anna te sibi
adsciuit a secretis et multis favoribus multisque gratiis
quarum plenissima est, in dies magis fovere pergit.

Id autem quam prudenter fecerit praestantissima virago,
cognoscunt ii qui tuam in rebus agendis dexteritatem, fidem,
diligentiam, strenuasque operas non ignorant quas in Italia primum Joanni Lascari (1), regis christianissimi ora-

(1) Sur Janus Lascaris, cf. Louis Delaruelle, *Guillaume Budé*,
Paris, Champion, 1907, p. 53, 74-75 et 91 ; Emile Legrand, *Bibliographie hellénique*, t. I, p. CXLI et suiv., et 144-150 ; Dr Louis
Pastor, *Histoire des papes*, trad. fr., Paris, Plon, 1909, t. VIII,
p. 143 ; Muller, *Neue Mittheilungen über Janos Laskaris und
die Mediceische Bibliothek*, dans *Centralblatt für Bibliothek-
wesen*, t. 1 (1884), p. 333.

tori, viro undequaque doctissimo, deinde cardinali Albiensi, postremo in Gallia De Ganeo cancellario, nunquam satis neque a moribus neque a literis laudato, simili quo nunc apud Reginam sanctam, munere, exhibuisti. Proinde gaudere et gloriari non injuria potes, et debes tanto hujus Heroidos patrocinio gaudere ; et gloriari etiam ipsa potest tali suarum laudum praecone eodemque arcanorum fidelissimo et peritissimo ministro ; gaudere denique et gloriari saeculum nostrum, utpote quod per tuum ingenium et doctrinae excellentiam non multum priscis temporibus pateris inuidere. Vale, Lutetiae Parrhisiorum. MDXII, Quarto Calend. Januarias (1).

XIX

Jodocus Badius Ascensius omnibus politioris litteraturae studiosis salutem (1).

Plurimum quidem debes, juventus studiosa, Hieronymo Aleandro, viro, ut nosti, impense docto qui primus Ausonio Burdegalensi, Poetae lepidissimo, non solum nasum, ungues, capillos et id genus membra vetustati obnoxia restituit, verum etiam caput ipsum cum pedibus bonaque reliqui corporis parte temporis edacitate et saeculorum incuria atque(1) injuria absumptum reformavit. Plus tandem eidem debitura, ubi quod olim concepit et jampridem parturit (quod propediem futurum speramus) pariet : luculentas videlicet enarrationes in ejusdem Ausonii tenebras. Interea autem grati animi significationem facies Homedeo qui diligenter ab ipso Aleandro adnotata aut ex ejus prae-

(1) Le 29 décembre 1512. — M. Ph. Renouard (t. II, p. 225-226) n'a pas reproduit cette lettre dédicatoire.

(2) Préface de Josse Badius à l'*Ausone* de 1513, traduite plus haut, p. 117.

(3) M. Ph. Renouard (t. II, p. 64) a oublié : *incuria atque.*

legentis ore excepta aut divini ingenii bonitate a se reperta
sic concinnavit ut Ausonianae integritati parum deesse merito conquerare. Boni itaque consules et, quod praemonui,
gratum lectorem ages. Vale. Kalendis Octobris M.D.XIII.

XX

HIERONYMUS ALEANDER BONARUM LITTERARUM IN URBE
LUTECIA STUDIOSIS, SALUTEM (1).

Quemadmodum ii qui magnum saltum facere nituntur,
aliquando longius retrocedunt : ita et nos per plusculos
jam dies publicas intermisimus lectiones, non profecto ut
veternoso ocio torpesceremus, sed ut, recuperata integra
valetudine, ad pristinum officium vobis rediremus alacrio-
res. Neque tamen interim turpiter cessauimus. Nam praeter cum publica tum priuata negocia quibus non parum
distinemur, non omnino longa litteris salute dicta, aliquid
cottidie nostris contubernalibus et graece et latine praele-
gimus, et utriusque linguae lexicon, necnon et elegantissi-
mam Theodori grammaticam curauimus imprimendam. Et
quoniam non ita omnibus graecarum cupidis litterarum
multum in illis perdiscendis temporis consumere datum
est, quod vobis semper cordi fuisse cognoram, et usui pari-
ter et honori sperabam fore tabellas hasce fidelissimos
litterarum graecarum veluti traduces quas in felicissima et
doctorum optima parente Aurelia excogitaram, succisiuis
horis recognoui, ad normamque Theodoreae grammaticae
quam vobis enarraturi sumus, redegi, et multo quam antea
nitidiores et utiliores vobis primum, deinde et per vos aliis
tradidi publicandas. Debeant igitur Luteciae par est quicumque ubi ubi terrarum per has nostras tabulas proficient

(1) Préface d'Aléandre aux *Tabulae sane quam utiles Graecarum Musarum adyta compendio ingredi cupientibus,* traduite p. 114-116.

cujus videndae gratia et variarum linguarum doctrina pro virili mea condecorandae per tot tamque difficilia viarum spatia huc me contuli. Debeant et Aureliae ubi in Parisinae pestis perturbatione a clarissimis illius Academiae doctoribus jucunde et honorifice habitus vobisque seruatus, hujuscemodi non (ut spero) poenitendum munusculum autore Deo adinueni. Potueram (fateor) majoribus studiis plusque mihi gloriae comparaturis has horas impendere, sed priuato commodo communem praeferendam censui utilitatem. In quo si non strenue aliquid, certe non ignauius fuisse a nobis puto factum quam si, ne animum, dum remitto, prorsus amitterem, dolium susque deque in cranio volutassem, aut lapillos et conchas in littore collegissem. Id autem opusculi, quidquid est, ut a me benigno vobis animo datur, ita et vos libenter suscipiatis velim mihi, charissimi auditores. Itaque persuasum habeatis nullum esse tam obtusi ingenii, tam diversae professionis, tam natu grandem, tam multis denique negotiis impeditum quin possit per nostras tabulas breui in graeca litteratura proficere. Quod et ipsarum ordo, et compendium, et, ut facilius circumferantur, enchiridii forma unicuique facile et ostendere et praestare potest. Valete.

XXI

JODOCUS BADIUS ASCENSIUS HIERONYMO ALEANDRO MOTTENSI, VIRO CLARISSIMO ET LITERARUM ET LITERATORUM RARO ADMODUM DECORI (1).

Quum aut nouitiorum aut recentius impressorum aut exactius emunctorum dicandi nuncupandique causae (ut nosti, Aleander optime, doctissime et disertissime) sint

(1) Préface de Badius à la version latine des *Vies* de Plutarque qu'il publia en 1514, dont la traduction a été donnée, p. 121 et suiv.

quam plurimae, tres tamen praecipuae mihi videntur : una
ejus cui dicatur extollendi ejusque fauorem demerendi (1),
altera operis ipsius protegendi aut laudandi, tertia stre-
nuam castigatoris operam et studium commendandi. Quae
omnes etsi ad haec illustrium virorum monumenta prae-
claraque vitae specimina tuo nomini vel appellatione ipsa
sacro praescribenda concurrunt, quum tu hac nuncupatura
dignissimus, quum opus ipsum etsi saepe multumque lauda-
tum, plus tamen adhuc gratiae te laudatore inveniet, quum
is qui recognouit gloriolam sibi in hac re debitam tibi
acceptam refert, dubitassem tamen, fateor, tibi, summo in
literis viro, haec qualiacunque nostra tumultuario scripta
calamo mittere, nisi multis iam exemplis compertum ha-
buissem isti tuae excellenti doctrinae adnexam esse, et
quasi ingenitam quamdam humanitatem et prudentiam :
qua te munusculum nostrum benigne suscepturum et eius
paruitatem magno animi mei in te affectu compensaturum
speraui, et quanquam per te satis clarus testimonii nostri
nihil eges (quid enim Badianus lituus ad tantarum laudum praeconia ?), hanc tamen hederam tibi inter Apolli-
nares lauros quibus alioquin meritissime donatus fuisti
circum tempora serpere patiaris. Nam quem ego, librariae
professionis homo, iustius aut decentius hoc literario munere visitem aut quem dignius nostra epistola commendem
quam te quem trium primariarum linguarum (2) hebraicae,
graecae et latinae (3) et universi illius doctrinarum orbis
(quam encyclopaediam Graeci vocant) doctissimum bonarum
literarum studiosi suspiciunt, admirantur obseruantque
omnes. Nec immerito quandoquidem primus Gallis et aliis

(1) M. Ph. Renouard (t. III, p. 176) imprime à tort ce solécisme :
ejusque favore demerendi.

(2) M. Ph. Renouard imprime ce barbarisme : trium *primarium*
linguarum.

(3) M. Ph. Renouard imprime, on ne sait pourquoi : « linguarum
hebraicae, *seu* graecae et latinae ».

tam arctois quam occiduis nationibus in Galliam studiorum
gratia confluentibus ad animose et exacte ediscendas graecas literas, non illas elementares modo, quod nonnulli alii
fecerant, sed raras, sed serias, sed consummatis viris debi-
tas, et sine quibus latinae mancae mutilaeque sint, spem
animumque concitasti et dexterrimum compendium osten-
disti. Idem in latina eloquentia Parisinis academicis salis
primus nasum effinxisti, ita ut unus istic vero et publico
elogio compellari merueris procerum nobiliumque iuue-
num institutor et iam sine cortice nantium praeceptor.
Nam quum reliqui qui ante te literas cultiores praelege-
runt nouella dumtaxat plantaria aut nuper insita ad amussim normamque justiorem effingere studuerint, tu proceras
pinus (1) cedrosque grandaeuas et sacras quercus in quin-
cuncem reposuisti et magni nominis, magnae dignationis et
cuiuslibet professionis viros innumero numero ad subsellia
tua Orpheia quadam et Amphionica felicitate et gloria
deuocasti : totamque fere, quamuis populosissimam, Parisinam academiam ex tuo narrantis ore suspensam deti-
nuisti : adeoque tibi omnium animos et gratiam conciliasti
ut haud multo post quam doctoriam liberalium artium lauream summa cum laude adeptus es, mox contra legem annuariam (2) in hac urbe obseruatam (quod paucis concessum
videmus) nulla ambitione, nullo dissidio, nulla armorum vi
(ut plerumque alias accidit), sed summis votis, omnibus
punctis, plenis suffragiis, plausibilibusque acclamationibus
ad illustrissimam Parisiensis academiae recturam sis acci-
tus, summum et maxime expetitum maximeque venerandum magistratum, ut qui, non ut in plurimis aliis minoribus
christiani orbis academiis, bifariam diuisus aut immutatus
sed unicus omnibus doctoribus et discipulis huius immen-
sae academiae praefectus et moderator priscum illum

(1) M. Ph. Renouard imprime à tort : *primo*.

(2) M. Ph. Renouard imprime à tort le barbarisme : *annuariam*.

tenorem et maiestatem qua iam multis saeculis institutus
fuit illesam intemeratamque conseruet. Hunc tu honorem
non in re tantum literaria, verum etiam in iis quae satis
multa et ardua ob christianorum principum motus ad nostram Academiam tractanda consultandaque, te rectore,
deferebantur, ita magnifice splendideque gessisti ut omnium judicio tua strenue gesta admiraturi et imitaturi
potius quam aemulaturi posteri videantur. Omitto reliquas
tuas virtutes quamdamque (1) ingenuitatem et obsequendi
studium quo quum omnes alios qui te norunt, tum acade-
micos nostros tibi mirum in modum deuinxisti quorum gra-
uissimum testimonium mendacii me suspectum haberi non
patietur. Hac (2) probitatis et doctrinae fama ab amplissimo et sapientissimo Parisiensi praesule Stephano Poncherio in augustissimam Ludouici christianissimi Francorum
regis aulam honestissime vocatus multum istic apud eum-
dem antistitem et clarissimum quemque aulicorum gratia
polles et auctoritate. Qui igitur tuarum laudum, quum
possit, non fuerit praedicator, is mihi plane inuidus, nedum
immemor aut negligens censeatur. Sed quod ego de te sin-
gula commemoro ? Quasi idem affectem et Aegei maris
conchas et Libycam harenam (3) et lucentia tacente nocte
sidera enumerare ? Debentur ista maiori tubae, tunc melius ab omnibus cognoscenda quum multi et praeclari tam
graece quam latine iam abs te compositi libri post praes-
criptam criticorum iudicio pressuram in lucem venerint
qui qualis quantusque sis abunde manifestabunt.

At praeclaro hoc opere in quo tot insignium virorum
vitae a Plutarcho Chaeroneo, dii boni, quali auctore, et ab

(1) M. Ph. Renouard imprime : *quantamque.*

(2) M. Ph. Renouard imprime à tort : « *Hoc probitatis et doctrinae fama* ».

(3) M. Ph. Renouard imprime : *Abyssam harenam*, qui est
inintelligible.

aliis laudatis (1) alioqui viris, praesertim Aemylio Probo,
luculentissime descriptae sunt : nihil ego speciosius,
iucundius gratiusque facile contenderim ut in quo tanto-
rum virorum illustrium et dicta et facta e Graecia in uno
exemplari perinde atque in speculari quodam lapide intue-
aris. Neque enim simplici ac rudi ieiunave narratione
annalium more quae quisque gesserit adnotasse satis visum
est, praecipue Plutarcho : nisi insuper et quo consilio et quo
euentu gesta sint abunde nobis, citra tamen fastidium, expli-
caret. Ita ut addubites num in alio quouis opere tot praeclara dictorum factorumque lectitentur exempla (2): quae
omnia etsi per se magnifica sunt et majora quam quae nostris praeconiolis (3) aequiparare valeam, non dubito tamen
quin plus commendationis et fauoris (ut initio dixeram)
apud lectores sint habitura si per te laudentur : qui quum
sis utriusque linguae maximum decus, merito de hoc libro,
in Graecia quidem nato, sed per latinos homines nobis tra-
dito, optimum iudicium et suffragium, ut aiunt, Colophonium ferre potes : ut vel hanc unam ob rem haec nostra
dicatura tibi quodam iure tuo deberi videatur.

Porro ut de recognitionis castigationisque non oscitanti
vigilantia aliquid dicam, huius sane quam exiguam mihi
partem vendico. Nihil est enim quod hac re glorier, at plurimum quod Gerardus noster Vercellanus, tuus, inquam,
ille discipulus et indefessus buccinator, meus autem amicus
et intus et in cute notus. Quem si quis modo aut graece aut
latine aliquid dictitantem audiat, statim e tua officina hominem prodiisse cognoscat. Is Gerardus collatis plusculis
exemplaribus additaque non vulgari diligentia quam plurima post Piladae Brixiani curam longe melius reposuit,

(1) M. Ph. Renouard imprime : *de ab aliis laudatis* qui est
sans aucun sens.

(2) M. Ph. Renouard imprime : *exemplaria*.

(3) M. Ph. Renouard imprime : *nostri praeconialis*. Ces mots
n'ont aucun sens.

repositurus multo plura et, ut spero, omnia, si graeci codicis copiam habuisset Nam quod nonnullos non librariorum, sed interpretum errores consulto incastigatos reliquit, id propterea ipse fecit ne improbe (1) in alieno libro ingeniosus esse, et, ut in prouerbio est, falcem in alienam messem immittere videretur : in reliquis vero eo studio et iudicio usus est ut quamuis (2) graeco (ut dixi) exemplari defectus, multa tamen ita restituerit ut cum graecis codicibus collata nullus non statim putet. Qua in re tametsi vir doctissimus Vercellanus non paruam sibi gloriam meruerit, eam tamen tibi donat et dicat, tum quia sub tua incude se conformatum non fatetur solum, verum etiam gloriatur, tum quia labores suos contra maleuolorum obtrectationes te vindice facile tutos fore confidit (3). Opus ergo hoc non minus sua et castigatoris quam tua causa dicatum sub tuo patrocinio gratiosissimum et fauorabilissimum feliciter e praelo nostro prodibit in publicum. Expertus certusque loquor ut qui in aliis impressionibus meis quibus nomen tuum praescriptum fuerit, saepe felix faustumque fecerim periculum. Hae mihi amplae iustaeque causae visae sunt impressionis huius nostrae tibi nuncupandae, quibus et illa neutiquam fortasse inferior adcedit. Ne scilicet ingratitudinis non minus mihi ac Persis olim inuisa detestataque nota fronti meae vel merito inuratur. Quum etenim tua unius urbanissima comitate, gratia, charitate, quibus quum ob mores iucundos, tum ob literarum miracula, quam plurimum in Regia (4) potes : magnificentissima christianissimi regis maiestas, Parisiensi praesule in tuam gratiam humanissime

(1) M. Ph. Renouard imprime : *non improbe*, ce qui détruit le sens de cette fin de phrase.

(2) M. Ph. Renouard imprime : *quis*, ce qui n'a aucun sens.

(3) M. Ph. Renouard a passé : *tuum quia labores suos contra maleuolorum obtrectationes te vindice facile tutos fore confidit.*

(4) M. Ph. Renouard imprime : *in regio*, ce qui n'a aucun sens.

intercedente, mihi pro hoc opere et aliis quibusdam mox
emittendis (1) priuilegium immunitatemque in triennium
proximum ne quis in toto regno rursus imprimere attentet,
indulserit, essem vel Laomedonte ingratior si nusquam in
eo tui nominis et huius beneficii honorificam facerem men-
tionem. Sed quid haec ad ista merita? Profecto minimum.
Verum, ut inquit ille, mola tantum litant qui tura non
habent. Boni igitur consule, ac vale. E chalcographia
nostra ad Kalen. Decemb. M.D.XIII.

---

(1) M. Ph. Renouard imprime : *more mittere*. ce qui n'a pas
l'ombre d'une signification. — On peut voir par ces quelques
observations sur ce seul texte donné par M. Ph. Renouard quel
immense errata il conviendrait de joindre à cet ouvrage sur
lequel la critique s'est extasiée.

III

NOTES AUTOGRAPHES D'ALÉANDRE
relatives à son second séjour à Paris
(19 juin 1511 — 29 novembre 1514)

———

Nous reproduisons ici les notes autobiographiques d'Aléandre relatives à son second séjour à Paris, du 19 juin 1511 au 29 novembre 1514, d'après le *Journal autobiographique* qu'a publié M. Omont (1). Ces notes proviennent, pour la plupart, du carnet de voyage conservé à la bibliothèque archiépiscopale d'Udine.

1511

MDXI, die Jouis XIX junii, ingressus sum collegium Marchiae ea conditione ut primarius mihi det cubicula expensasque aureorum 30, et famulo aureorum 16, ut significaui D. Cypriano me velle. Et Antonius Robinus mihi retulit Aureliae, unde fuerat a me, dedita opera, Lutetiam missus, primarium Marchianum consensisse.

Item portionem Bracheti aureorum 30, et ejus paedagogi aureorum 16, quemadmodum Robinus testatur primarium

———

(1) *Journal autobiographique du Cardinal Jérôme Aléandre (1480-1530)*, publié d'après les manuscrits de Paris et d'Udine, Imprimerie nationale, 1895.

promisisse ; sed primarius postea negavit se promisisse dictos 16 aureos. Ego, vero, quia per multa tempora in ejus collegio, tum propter multitudinem scholasticorum qui ab aula Marchiana non capiebantur, tum postea propter meam sinistram valetudinem non legeram, non difficile acquievi ut 30 aureis portionis Brillach contentus essem, et nescio quibus aliis commodis praeter expensas meas 30 aureorum et 16 pro famulo, et quotquot cubicula vellem pro portionistis mihi commendatis, sed tamen accipientibus portionem a primario. Et sciendum quod re vera primarius promiserat mihi per Robinum portionem paedagogi Brachet, quia putabat fore aureorum 20, et illam Bracheti aureorum 30, de qua tamen non fuit controversia, modo duxissem mecum 4 portionistas, quod et feci, imo 6, vel septem duxi principio, deinde propter me numerum contubernalium a 25 ad numerum 140 brevi auctus fuit, augendus ad 400 et amplius si potuissem in praelegendo perseverare, utcunque collegium, quod ante peste fuerat desolatum, favente Deo, per me restitutum fuit, ut omnes sciunt. Laus Deo.

MDXI, XIX junii, D. Robertus de Magnavilla venit mecum ad habitandum in collegio Marchiae in portione aureorum 30 et pro mercede institutionis aurei unius in mense — (Suit son compte aux fol. 19 v° et 20).

1511, 19 junii, Joannes Robinus mecum ad collegium Marchiae in portione sc. 20. Dixit tamen mihi ejus primarium illi promisisse victum gratuitum ad usque calendas novembris — (Suit son compte aux fol 20 v° et 21).

1511, 19 junii, Nicolaus Grossier mecum ad collegium Marchiae in portione aur. 20.

Debet mihi pro mercede institutionis pro mensibus..., fr..., s...

Debet pro *Ausonio* et pro *Camaldulensibus*, s. 7.

Nota quod nihil ab eo peto, nisi ejus cognati, vel fratres,

vel cognati mihi aliquid benigne darent ; ego vero nequaquam cogerem, idque propter dominum secretarium Geduinum, ejus avunculum, qui postea factus est summus amicus meus in regia.

Item quod pauper hic juvenis Aureliae, dum se abluit in Ligerim submersus est, ut ejus cadaver nusquam inventum fuerit — (Fol. 22. Note de compte).

1511, die 19 junii, D Franciscus Brachetus, thesaurarius, misit Carolum portionis scut. 30, Petrum ejus paedagogum scut. 15 ; pro mercede mea conveneramus jam Aureliae ut daret mihi quotannis aureos 30.

Dominus suprascriptus misit Joannem filium futurum portionis aureorum 20, de quo infra.

1511, die lunae 23 junii, R.D. Christophorus de Brillac, episcopus Aurelianensis, misit Claudium, ex fratre nepotem, in portione scut. 30, et pro camera sol. sex. — (Suit son compte, aux fol. 23 v° et 24).

1511, die 6 julii, D. Julianus, advocatus in parlamento, misit Stephanum filium cum paedagogo. — (Suit son compte à la fin duquel, fol. 25 :) — Discessit autem ejus filius, die 6 junii 1513, praeclaro ingenio et qui satis bene proficiebat, sed factiosissimus mortalium et alter Catilina, in quo gubernando mihi maximae semper molestiae fuerunt, et quem utinam, ut saepe decreveram, ejecissem.

1511. die dominica X augusti, magister Michael Boudry ... Cessavit capere portionem die 15 januarii 1513, more Romano.

1512, die 27 martii, hora 19, minutis 25, Romano more, hoc est hora 1, minutis 46, post meridiem, Romae natus est filius D. Pauli Canevaccii, cujus pueri nativitatem astrologi obstupescunt et felicissimam praedicant.

1512, die 18 junii, Franciscus Frambergus...., die 21 junii, Randulphus et Jacobus Spifamii....; — die 2 junii Joannes et Ægidius de La Haie, filii domini praesidis requestarum, cum paedagogo.... Et sequenti anno, me rectore, per delationes nebulonis paedagogi discesserunt. — (Suit leur compte au fol. 26).

MDXII, die 3 augusti, S^ti Stephani, Jacobus filius Joannis Petri.... (Suit son compte au fol. 27).

Dominus rector generalis Rouze misit Ludovicum et Gallardum liberos, et Jo. Brachet nepotem, quibus ego composui rudimenta per totum tempus usque fere post Pascha, et examinavi ipsos saepissime, imo fere quotidie in hyeme et saepe in aestate. — (Suit son compte au fol. 28).

1512, die prima septembris, recepi a Petro Barbachon, nomine domini Thesaurarii, scut. triginta in carol[enis], pro mercede anni praeteriti, qui finitus est die 19 junii ; feci chirographon fr. 52, s. 10.

Recepi a domino Thesaurario, quos mihi numeravit D. de Rondeau, aureos quinquaginta, pro quibus sum redditurus bonam rationem dicto domino Thesaurario, et ultra mercedem mihi debitam quidquid supererit me satisfacturum ; feci chirographon fr. 87, s. 10.

1513

Mart. 18. — Electus fui in rectorem Academiae Parisiensis, ducentis annis postquam Marsilius de Sta Sophia tale munus obierat, et nullus interim Italus, quantum e rectoriis libris contigit videre (1).

(1) Le registre 85 des archives de l'Université, à la Sorbonne, fournit les renseignements suivants sur Aléandre :
Anno 1508, 20 sept. — *Sequuntur nomina baccalariorum admissorum anno MDVIII. —*... Dominus Hieronimus Aleander, diocesis Aquiliensis, cujus bursa valet 6 s. paris.... 3 lib. 10 s. paris. (Fol. 98).
Nomina licenciatorum. —... Dominus Hieronimus Aliander,

MDXIII, die lunae 2 maii, D. advocatus Breslay misit Guidonem filium suum. — (Suit son compte aux fol. 28 v° et 29).

Compte de « Desiderius Pellicearius » (1513-1514).

Compte de l' « Aromatarius contra sanctum Benedictum, Parisiis » (1513).

Comptes du « Primarius Marchianus de Wassebourg. — Suivent des comptes divers de fournisseurs, mais sans grand détail (habits, souliers, chapeaux, etc.), et comptes du domestique d'Aléandre ».

1513, die Mercurii 27 julii, Carolus Brachetus, optimus et carissimus mihi discipulorum, magno sui desiderio relicto, discessit legum causa addiscendarum. Doleo autem, non lucri tantum caussa, quod profecto fuit non mediocre, quam quia optimis moribus et litteris fuit, et mihi maximum honorem publice graecas litteras profitendo comparavit flos juventutis Gallicae delibutus.

diocesis Aquiliensis, cujus bursa valet 6 s. parisiens.... 1 lib. 10 s. paris. (Fol 101).
Nomina incipientium. — ... Dominus Hieronimus Aliander, diocesis Aquiliensis, cujus bursa valet 6 s. paris.... 1 lib. 10 s. paris.
Pro cappa rectoris jocundoque adventu,. . 2 lib. paris.
Pro primo voto... 4 s. paris. (Fol. 102).
Anno 1511. — *Expensa in festo divae virginis Catharinae.* — Pro electione et continuatione procuratoris magistri Hieronymi Aleandri, comitis Palatini, poetae laureati, utramque linguam publice frequenti auditorio profitenti. .. VIII s. paris. (Fol. 123).
A ces mentions il faut ajouter les deux suivantes rapportées par Du Boulay, *Hist. univ. Paris*, t. VI, p 940, que nous avons déjà rappelées et que nous rappelons encore ici :
Item, in duabus processionibus rectoris illustrissimi ac meritissimi D. Hieronymi Aleandri, poetae laureati, sacrae aulae Palatinae comitis, ac publici utriusque linguae ad maximum nostrae nat[ionis] Ger[manicae] ornamentum interpretis, 25 lib. paris.
Item, pro sumptibus factis apud S. Dionysium in comitatu ejusdem nobilissimi rectoris nostri, 2 lib. 6 s. paris (H. Omont, *Journal autobiographique du Cardinal Jérôme Aléandre*, Paris, Imprimerie Nationale, 1895, p. 15).

In mense augusto misi ad Carolum tralationem ad verbum cum adnotationibus Ἰλιάδος γ', ut per me etiam absens proficiat.

MDXIII, die dominica 4 decembris coepi habitare cum reverendissimo domino meo D. Stephano Poncherio, episcopo Parisiensi et procancellario Franciae, viro medius fidius probissimo et doctissimo, sed prae ceteris modestissimo, quicum mihi concedat Deus diu et feliciter vivere.

Is obtulerat mihi Parisiis salarium, sed ego prorsus recusavi, fretus una hominis benignitate, qui omneis homines anteit. Deus, quam me benigne, humane et liberaliter tractat ! Mandat semper omnibus ut mei non minorem quam ipsius curam gerant, et, ut vera fatear, si primis novissima respondeant, non dominum, sed benignissimum patrem inveni. Et Deus optimus hanc bonam sortem non mutet, cui quidquid boni mihi contigit uni adscribo, nec hoc in jactantiam scripsi, sed in Dei gloriam.

MDXIII, die Mercurii 21 decembris, hora XI, R^{mus} D. meus misit mihi per Renatum, tonsorem et cubicularium, aureos solatos viginti, quos ego abominatus sum. Et quum nuntius referre nollet, ego in vespera ipse retuli : ubi post multas recusationes tandem fui coactus, nisi vellem ipsius amorem perdere, dictos XX aureos recipere, visusque est mihi dominus multo benignius dare quam quis etiam indigens reciperet, imo nunquam vidi dominum alioqui verborum paucorum tam anxium in persuadendo bonis et dulcibus verbis, ac tunc mihi fuit ut ego hanc pecuniam reciperem. Deus det illi quidquid mihi ipse vellem. Scut 20.

1514

1514, die lunae nona januarii, Anna Britannica, christianissima duorum Galliae regum uxor, obiit Blesis, hora...

Jan. 9. — Anna, Franciae regina, Caroli 8^i prius, mox Ludovici XII regum uxor, Brittanniae citerioris paterna haereditate ducissa, obiit Blesis, in quo oppido tunc ego habitabam, regiis negociis sub Parisiensi praesule, qui cancellariam regni agebat, in parte exercitatus.

Catalogus librorum relictorum Blesis, in camera
nova magna
In cophino magno ligneo, cujus clavis est apud
D. hospitam R^mi D. Parisiensis.

1. Epistolae Plinii cum commentariis.
2-3. Mare historiarum, lingua gallica, duobus volumini-
     bus.
4-6. Froesardi (1) chronica, tribus voluminibus.
7. Pentateuchum hebraicum cum commentariis.
8. Herodotus graecus.
9. Thucydides graecus et Xenophon simul.
10. Practica Herculani cum ejus commentario de febri-
    bus simul.
11. Textus Sententiarum magnus.
12. Quintilianus cum commentario Regii.
13. Quintilianus cum commentario Pompeii et Laurentii,
    ut aiunt.
14. Julius Firmicus.
15. Rhetorica Cicéronis et de oratore cum commento
    simul.
16. Opera Pici patrui.
17. Opera Pici junioris.
18. Apuleius cum commento.
19. Vocabularius graecus, impressionis Parisinae (2).
20. Chrysoloras.
21. Parvus Lucianus.
22. Tullius de officiis.

(1) Froissard.

(2) C'est le dictionnaire grec-latin publié par Aléandre.

23. Prudentius.

24. Sedulius.

25. Philippicae Ciceronis cum commento.

26. Constantini (1) grammatica graeca.

27-28. Opera Politiani duobus voluminibus.

29. Marsilii de religione christiana cum quibusdam simul.

30. Æmylius Probus et quidam alii simul.

31. Jamblichus cum aliis et Bessarion simul.

32. Strabonis geographia.

33. Festus Pompeius.

34. Problemata Regii in Quintilianum.

35. Mathemata Fabri.

36. Dantes.

37. Tragoediae Euripidis per Erasmum.

38. Sallustius picturatus.

39. Quintilianus auratus.

40. Augurelli poemata.

41. Statius.

42. Lucanus.

43. Valerius Flaccus.

44. Logica Bricot (2).

In eodem cophino libri domini mei

45-46. Opera Ciceronis Badiana impressione, 2 voluminibus.

(1) C'est la grammaire grecque de Constantin Lascaris qui parut tout d'abord à Milan en 1476. Elle fut souvent réimprimée, en particulier, à Venise, par Alde Manuce en 1494-1495. Elle a beaucoup servi aux travaux d'Aléandre.

(2) Thomas Bricot, philosophe scolastique dont s'est moqué Rabelais. Il cite ironiquement de lui, au catalogue de la librairie de Saint-Victor (II, 7) un *de differentiis soupparum* (cf. Louis Delaruelle, *Guillaume Budé*, p. 37-38 ; Renouard, t. II, p. 438 ; M. de Wulf, *Histoire de la philosophie médiévale*, p. 415 ; G. Knod, *Aus der Bibliothek des Beatus Rhenanus,* Leipzig, 1889, nᵒˢ 55, 71 et 99).

47-48. Opera Origenis, duobus voluminibus.

49. Gregorius Turonensis (1).

50. Plinius de naturali historia.

51. Moralia Fabri.

52. Politica ejusdem.

53. Appianus.

54. De animi tranquillitate Fernandi (2) libellus.

55. Gregorii dialogus Petri.

56. Platina de honesta voluptate.

57. Quidam tractatus concilii.

53. Historia ecclesiastica.

59. Propositiones Aristotelis.

60. Liber de concilio Constantiensi.

61. Vesperie de Grandval (3).

62. Rhetores graeci ; qui liber est Coppi, regii medici, sed ipse habet mea duo Homeri volumina in membrana, super quibus debeo illi octo francos, ut alibi adnotavi.

1514, die Martis 7 martii, Blaesis, generosissimus dominus Joannes ; praepositus Turonensis, nepos reverendissimi D. Parisiensis, dono mihi dedit annulum aureum cum signo sculpto in iaspide (4).

---

(1) Badius avait donné une édition de Grégoire de Tours en 1512 (Ph. Renouard, t. II, p. 477).

(2) Carolus Fernandus, de Bruges, musicien du roi, chanoine, avait fait paraître chez Badius : *De animi tranquillitate libri duo* (Ph. Renouard, t. II, p. 439; Alphonse Roersch, *L'humanisme belge à l'époque de la Renaissance*, Bruxelles, 1910, p. 31).

(3) Marc de Grandval, augustin, chanoine de Saint-Victor, prieur d'Athis, avait fait imprimer tout récemment, chez Badius, ce livre où il réfutait le célèbre Thomas de Vio : *Codex Vesperiarum de optima politia tam ecclesiastica quam civili. In quo subinde Thomae de Vio assertiones de impunitate Romani pontificis refelluntur.*

(4) *Jaspis, idis,* jaspe, agate.

Notes diverses parmi lesquelles : « Hi sunt nobiles quos cognovi Blaesis exules: D. Varnerius de Guascis, P. Ludovicus ejus frater, D. Franciscus de Guascis, D. Jo. Paulus de Vottis, Alexandrini ».

MDXIIII, die dominico XI junii, glacies visa ab aliquibus Lutetiae, eadem die vi frigoris concreta.

Die lunae 19 junii 1514, item die Martis 20, tantus aestus Lutetiae quantum unquam senserim in Italia. Noctes duae deinceps, et praesertim lunae, adeo plerisque insomnis, mihi vero maxime noxia, ut qui in aestus expans[ione] detectisque per lectum membris ita male valu[i], ut dubitarim prae do[lo]re tibiarum me podagras pati ; nec ad[huc] valeo, sed in dies pejus me hab[eo], die dominico 25 junii scripsi.

Die Jovis 22 junii, maximum et quale in hyeme frigus Lutetiae.

1514, die S. Laurentii, decima augusti, hora fere decima vespertina, dum redirem e S^{to} Germano a domino Parisiensi essemque prope Stagnum pagum, aliqui domestici nostri, delitescentes larvati sub arboribus, strictis ensibus aggressi sunt me. Quod licet ipsi jocando facerent, tamen quia ego homines non cognoscebam, neque id in joco fieret sciebam, tantum concepi timorem ut jam 9 dies aegrotaverim, nec adhuc recte valeam. Laudetur Deus et ignoscat nescientibus quid faciant.

Aug. 23. Rediimus Lutetiam ex S. Germano, ubi fueramus cum rege Ludovico, VI hebdomadas.

1514, die 16 octobris, hora 3 pomeridiana, Abbatis Villa, coelo nubilo et subpluvio repente auditus fuit tonitrus, ictaque fuit turris Sancti Petri ejusdem oppidi, parvumque et unicum postea tonitru auditum fuit. Nunquam magis inopinum aut intempestivum fulmen memoria nostra visum fuit et prasertim in locis maritimis. Praeterea duravit pluvia 22 et amplius dies, grandunculae praeterea, ut vix quatuor 5ᵛᵉ horae sine pluvia praeteri[erint] (1).

Discessit regina ex Abbatis Villa, die lunae 23 ; ego vero Ambianos petii, ubi pulcerrima urbs, pulcerrimum templum et sanctorum multae reliquiae, praesertimque caro et cutis frontis divi Joannis Baptistae dentium tenus. Item crucis Domini lignum in capsula ex opere graeco cum litteris graecis nominibus multorum sanctorum quae omnia thesaurarius loci per me interpretata scripto excepit. Ego vero aureum divi Joannis caput cudendum curavi, precii aureorum c[irca] duorum, quo et supradictas et multas [alias] reliquias aliis in locis tetigi.

— Dans des comptes divers (1513-1516) à propos d'emprunts d'argent, comptes de fournisseurs, etc., il est plusieurs fois fait mention de l'évêque de Paris, Etienne Poncher. On y peut noter, à la date de 1514 :

Recepi ab argentario Rᵐⁱ domini mei :

Pro emendis duobus *Commentariis Caesaris*
 Aldinis, ...fr. 3, »»
Pro *Josepho* et *Addagiis Erasmi*................ 2, s. 12
Pro ligaturis pulcris auratis et serico eisdem
 Commentariis Caesaris....................... 2, »»
Pro *operibus divi Ambrosii* et pulchra ligatura. 2, s. 10

1514, septembre à novembre, autres dons de l'évêque de Paris de 40, 14, 45 et 20 écus.

MDXIIII, die 27 octobris, ad occasum solis, apud Belloacos mecum agitans noluisse me stipendiis merere sub D. Parisiensi, quo citius ille mihi vel sacerdotia, vel provisionem regiam procuraret; quemadmodum saepe fuerat pollicitus, sed prae nimia verecundia qua ille homo, alioqui nunquam satis laudatus, plus quam par est, afficitur, vel, ut nonnulli interpretantur, quia omnem regiam gratiam

______

(1) Sur les orages et la grêle en Picardie, cf. Albert Demangeon, *la Picardie et les régions voisines*, p. 106-109.

sibi et suis reservat, vel (quod facilius crediderim) quia
idem ingenium principis, ut non libenter eos videat qui ab
ipso quidpiam petunt. Ego vero considerans D. Parisiensem, quum potuerit, noluisse tamen mihi de suo providere,
dubitans etiam me non tantum ab homine amari, quantum
postea cognovi, pressus item aere alieno, et memor hones-
tarum conditionum quas mihi R^{mus} D. Leodiensis, apud
S. Germanum, aestate praeterita obtulerat, quasque alioqui semper recusaveram, nequaquam etiam accepturus si
dominus Parisiensis mihi vel mediocriter providisset ;
omnibus his motus, oravi d[ominum] F[ranciscum] M[edul-
lam] (1) ut scitaretur animum R^{mi} D. Leodiensis, an adhuc
in me recipiendo esset qualis antea fuerat. Qui vir prudentissimus, auditis rationibus quibus movebar, non omnino
recusavit se facturum, sed tempus adhuc mihi ad conside-
randum dedit. Deinde postridie mane, sic oblata occasione,
in episcopali aede Belloacensi, dum ociosum videret D.
Leodiensem, contra quod decreverat ab eo percontatur,
velletne me ad se honestis, et quas alias obtulerat, condi-
tionibus recipere ? At ille, velletne (inquit) Aleander et ipse
mihi servire ? Respondit Franciscus ignorare se, tentatu-
rum tamen. Quod et inter ipsos convenit. Quum tamen
illud prius Leodiensis addidisset : « Obtuli alias Aleandro
conditiones et percupivi saepe talem virum apud me esse ;
Aleander contempsit, quaeret Leodiensem et non inveniet ».
Eadem die, in vespera, Franciscus apud Bellum Montem
mihi rem aperuit, petivit ex jussu Leodiensis quibus stipendiis contentus essem ; offerebat tamen ipse 20 francos
singulis mensibus et expensas mihi et famulo duobusque

---

(1) On ne sait ce qu'était François Medulla. Il paraît avoir été
un agent diplomatique, en sous-ordre, de la cour de France,
puisqu'Aléandre, dans une lettre à Bonomo (Mss. Vat. 8075, f° 232, v°)
dit de lui : « Qui apud invictissimum Caesarem pro christianissimo
Rege oratorem gesturus se confert ». Cf. Paquier, *Jérôme Aléandre*,
p. 45, 91, 105 et *Jérôme Aléandre et la principauté de Liège*,
p. 33 et *passim*.

equis, sed mihi suae mensae expensas honestissimasque
commoditates. Respondi Francisco velle me, invocato
numine Sancti Spiritus auditoque in ejus honorem sacro,
deliberare, quod maxime homini placuit. Postridie, scilicet
die dominico 29 octobris, apud Bellum Montem, non habita
sacerdotis qui sacrum in honorem S. Spiritus celebraret
copia, fusis ad Deum precibus, quum Franciscus me viseret, dedi illi plenissimum jus concludendi negocium in
quingentis francis annuis, et expensis pro me, et duobus
famulis et duobus equis. Id quum apud Sanctum Dionysium
significasset D. Franciscus D. Leodiensi, acquievit ipse
super impensis meis, et equorum et famulorum, nequaquam
tamen dixit se daturum tantum stipendium, ne ab aliis
principibus derideatur, quod si vellem aliorum exemplo
contentus esse, se paratum mihi dare tantum et amplius
quam quispiam, vel cardinalis, vel episcopus Romae, vel
in Gallia uni secretario daret.

Deinde die lunae 13 novembris, hora... matutina, conve-
nerunt hac ratione ut praedictus R^{mus} D. Leodiensis mihi,
et duobus famulis et duobus equis expensas faceret, et
centum aureos primis statim diebus dono daret, et insuper
quotannis trecentorum francorum stipendium exhiberet.
Quod cum laude Dei et numine conclusum sit. Stipendium
autem hoc tamdiu se daturum promisit donec mihi CCCC
francorum portatorum sacerdotia contulisset. Quod ego
pollicitum ea conditione me admittere dixi, quatenus a
sacris canonibus non dissentiret. Quod si me sua benignitate sacerdotiis praedictis donaret, tunc aliud nos de stipendiis deliberaturos.

[A la suite se trouve la note du payement des cent ducats
d'or promis par l'évêque de Liège, payement fait par l'intermédiaire de « Godifridus de Bernay, in episcopatu Car-
notensi pro R^{mo} D. Leodiensi vicarius », à la date du 25
novembre 1514].

Notes diverses d'achats et dépenses à l'occasion de son

départ pour Liège (cheval, chaussures, etc). Comptes divers avec l'évêque de Liège.

1514, die... novembris, in vespera, quum commendassem negocia mea reverendissimo D. Parisiensi, videreturque, sive serio seu simulate, multo frigidior solito, eoque tempore quo et ego et omnes sperabamus aliquid boni mihi eventurum, decrevi omnino ab ipso discedere. Procuravi itaque rem meam apud reverendissimum D. episcopum Leodiensem, qui alias me frustra tentaverat. Decreveram enim nullo quolibet magno precio deserere D. Parisiensem, si saltem bonis verbis me pavisset. Mox, die Martis 14 novembris, hora pomeridiana fere 2, in aula S^{tae} Catharinae, aperte significavi D. Parisiensi me velle discedere, repetitis prius quae in Gallia per fere septennium fecerim, quae passus fuerim, quam mihi perierint longi tempora servitii.

Principio, existimans D. Parisiensis me non serio agere, dixit se nolle me detinere, si mihi melior alibi conditio esset. Ubi vero bonis itaque ego auspiciis R^{mi} patris crastino die colligere incipiam sarcinulas meas, ast ille jam totus mutatus, titubans et anceps, monere ne tam praeceps essem, se nunquam non putasse se daturum mihi optimum salarium, donec contingeret sacerdotia. Quae tamen potuisset mihi et de suo et de regiis comparare, nisi semper tam frigidus fuisset. Sed tunc, superveniente Bailleto praeside, sermo direptus fuit. Die deinde 16 novembris, in vespera, rursus aggressus sum hominem bonis verbis, qui interim monuerat magistrum domus ut me perinde ac ipsum tractandum curaret, et multa promiserat, centum scutatos et XX aureos praeter expensas quotannis. Ast ego praedicta vespera oravi hominem, ut liceret mihi cum bona ejus venia et pace totius domus discedere, qui mihi solum tempus ad consideradum dedit. Ea nocte, ut ipsemet postea Medullae nostro retulit, nunquam dormivit; postridie, summo mane, accersito archidiacono nepoti injunxit ut omni via et quo

mihi liberet proposito salario me detineret. Obtulit ille XX
francos singulis mensibus, et quidquid ulterius ipse vellem,
et praeterea nescio quid, quod ipse reservabat secretum
postea revelandum, quia animum meum aperuissem, id
autem erat (ut puto) secretariatus Parisiensis qui CCCC
valet quotannis francos. Qui cum nequaquam proficeret, et
die dominico quodam modo rescivisset fere me fidem
dedisse D. Leodiensi, tum, resumptis fracti animi viribus et confirmatis sui (1), retulit Medullae se velle jam
et molestia mei desiderandi carere, se noctibus prae-
teritis nequaquam ob hanc curam dormivisse, ut fassus
ipsemet est Medullae, et magister domus mihi etiam dixerat.
Proinde licere mihi quo vellem ire, orare praeterea ut bonus
ipsius amicus essem quandoquidem esset futurus meus.
Illud ingenue fateri se nihil posse de me conqueri, me vero
de ipsius amore et de desiderio me promovendi nequaquam, sed potius de quadam negligentia, quam partim per
se, partim ob varias et ingentes curas incurrerat. Paratum
se praeterea (modo sic vellem) et honorificum testimonium
de me, quum apud omnes alios, tum apud Leodiensem facturum, et me homini commendaturum laudaturumque ejus
consilium, quod et fecit postea, sicuti mihi retulit idem
R^{us} D. Leodiensis. Deinde, lunae die vesperi XXI novembris,
mihi tandem concessit liberam veniam discedendi, cum
sancta benedictione. Caeterum, quia non tam cito res meas
parare potui, ad 29 usque diem novembris apud praedictum
D. Parisiensem in bona ejus gratia mansi. Qua in re laudetur Deus. Non confessus est D. Parisiensis, et omnes
ejus famuli, se molestissime ferre meum discessum ; ego
vero, ingenue fateor, nunquam ab eo discessissem si mihi
vel regia stipendia procurasset, ut saepe promiserat, vel
sacerdotia ex quibus honeste viverem adtulisset, quod et
hoc pollicitus fuerat, vel saltem si ea stipendia quae,

(1) M. Omont (p. 25) imprime : *resumptis fracti animi viribus et confirmatu as suis,* ce qui est totalement inintelligible.

postquam domino Leodiensi fidem dederam, mihi obtulit, antea declarasset.

1514, die 27 novembris, nota quod vendidi magistro Carolo, sacellano R^mi D. Parisiensis, lecticam meam pulcram, lectum, celum et cortinas pulcerrinas, item tegmina duo, aureis decem ....fr. 17, s. 10
Item eidem mea pulcerrima armaria, francis
octo...fr. 8, s. »»
Item eidem mea sustentacula lignorum ad ignem
....fr. 4, s. »»
Dono dedi R^mo domino Parisiensi *Opera M. Tulli* magna, valoris.......................fr. 10, s. 10
Item eidem *Adnotationes Budaei* cum *Hegesippo.* Item *Adnotationes illustrium.* Item *Laurentii Elegantias,* cum *Dialectica.* Item mappam mundi magnam, item mappam Europae ....fr. —, s. —

1514. Dedi Domino Parisiensi *Opera Ciceronis* egregie parata.

Dono dedi R^mo D. Parisiensi libros et duas mappas, alteram mundi, alteram Europae, valoris.........f. —, s. —

1514. Joannes Parvus vendidit mihi libros varios, quum essem discessurus Parisiis Leodium, francis novem, die 27 novembris 1514.

1514. — Antea vendiderat *Polycralicum, Quaestiones Tusculanas, Aulum Gellium* parvum, *Historiam ecclesiasticam* et *Tripartitam* parvas, *Illustrationes Galliae, Pomponium Melam, Boussardi canonem, Sermones Raulini,* 3 vol., *Terentianum* Paris., textum parvum *Sententiarum, Bibliam* parvam Paris.

[Debeo illi pro libris quos vendidit fratri meo nomine meo dum essem Leodii].

Autres notes relatives à son départ de Paris et à son arrivée à Liège, parmi lesquelles on peut relever les suivantes :

1514, die 27 novembris, dum pararem me ad discessum :

Panni nigri pro parte sol .... sc. 8, d. —
Libris .... sc. 4, d. 26
Pellibus vulpinis.................... sc. 5, d.7,6
Tribus birris.................... sc. 2, d. —
Etymologico et *Homero*.................... sc. 7, d. —
Forficibus .... sc. —, d. 15
Equo albo .... sc. 16, d. 18
Equo rubro sarcinario .... sc. 20, d. —
Thecis pectinum et aliarum rerum .... sc. —, d. 28
Equo gradario Meldis.................... sc. 7, d. 5

Donavi Parisiis : Haleno, s. 4 ; uxori, 4 ; Huguetae, 4 ; Guillerminae, 2; Vincentio coquo, 5; Groiano, 2; famulo M. Caroli, 3 ; famulo de Fossatis, 3 ; Dionysio, 10 ; Renato stabulario, 4; parvo stabulario, 2; Petro, olim famulo meo, 3; eidem antea, 15... sc. 1, d. 26

Discessi Lutetia Leodium (1) die Mercurii penultima novembris, hora fere quarta pomeridiana, 1514, et in itinere expendi, primum :

Noviani, prope nemus Vitae Sanae, propter penuriam feni, paleae et avenae, cauponi, s. 14 ; sacerdoti s. 2, ob. 6; Ductori et adjutori s. 1.................... f.—, s, 17, ob. 6
Meldis, pro nocte et paucis horis praecedentibus et jentaculo matutino, f. 1, s. — , ob 6 ;

Equo gradario....................f. 12, s. 10
Famulis et pauperibus... ....f. —, s. 2
Lisiaci (2), pro reficiendis equis et prandio famuli 4 1/2, famulo ob. 3, fabro ferrario s. 1, ob. 3 ....f. —, s. 5

(1) Nous avons donné dans leur ordre chronologique les notes autobiographiques d'Aléandre relatives à son second séjour à Paris, tandis que M. Omont les a publiées d'après l'ordre, ou le désordre, du manuscrit.
C'est ici que nous devrions arrêter la reproduction de ces notes. Mais les impressions d'Aléandre sur son itinéraire de Paris à Liège sont si intéressantes que nous l'accompagnerons, avec ses notes, jusqu'à Liège.
(2) Lizy-sur-Ourcq, chef lieu de canton, arrondissement de Meaux.

Apud Gandelu (1), pro cœna et nocte sacro et famulis, die prima decembris, f.—, s. 12.

Nota quod Meldis luseram ad oblias, comedique multas, quae mihi adeo nocuerunt, ut nondum valeam die 2 decembris, qua scribo, hora 3 pomeridiana.

Item Meldis panno griseo pro tegendis equis f. 1. s. —

Item nota quod apud dictas Meldas terribilis quaedam hospita crudeliter mihi multam pecuniam pro parva merendula (2) et duobus ovis in jentaculo, et uno tantum capone in cœna extorsit, nam vini non nisi pintas duas habuimus, quia dominus minister Maturinorum mihi lagenam magnam quartalem munere misit, et M. Nicolaus Lesueur quartas 2, item cuniculum et perdricem, cœnavitque mecum dictus Sueur, electus Meldensis.

Item nota quod prima die, Noviani, non comedimus nisi duo ova et duo frustula carpae, at bibimus, tum nos, tum ductor, tres copinas vini in cœna et jentaculo, sed foeno, paleae et avenae, tantum pro nocte, expendimus, voluerimus noluerimus, duodenarios 8, quum tamen equi non debitam avenam in nocte habuerint et mane nihil. Laus Deo.

1514, die 2ª decembris, in pago Crucis (3). pro nocte et sequenti jentaculo s. 9; fabro ferrerio ob. 9; famulis et ancillis ob. 9; sacerdoti, pro sacro die dominico 3 decembris, albos sex, summa ....f. —, s. 13
Eadem die in prandio Ecoani (4)..............f. —, s. 4
In cœna apud Trameriacum (5) ....f. —, s. 10

(1) Gandelu, canton de Neuilly-Saint-Front, arrondissement de Château-Thierry (Aisne).

(2) *Merenda*, collation (*merendula*, petite collation). Ce mot est resté en Italien. Le mot champenois et lorrain *marander*, le mot franc-comtois *mérendai*, qui tous deux signifient : *goûter*, viennent de là.

(3) La Croix, canton de Neuilly-Saint-Front (Aisne).

(4) Cohan, canton de Fère-en-Tardenois (Aisne).

(5) Tramery, canton de Ville-en-Tardenois (Marne).

Die dominica, 3ª decembris, Remis (1), a merenda usque ad diem lunae, hora prima, expensi fuerunt pro merenda pro me, et pro coena cum doctore Entio, et prandio die lunae, duod. 30, sed ipse satisfecit hospiti quod ego nolui..f.   —,   s. —

In eadem urbe Remensi expendi aromatis et 4 unciis reubarbari ....f.   1,   s.   9

Pelliciario et sutori pro hostada.........f.   —,   s.   9

Ferraturae equi ....f.   —,   s.   3

Unguento equi ....f.   —,   s.   4

Cingulo ante sellam ....f.   —,   s.   1

Vectori sarcinae.........................f.   —,   s.   2

Famulis et ancillis ....f.   —,   s.   1, ob. 6

Cuidam famulo ex familia, ut dicebat, domini Leodiensis.........................f.   —,   s.   2

Sericeae chondulae pro sago.............f.   —,   s.   2

Apud Insulam, (2) in coena, et nocte pro tribus equitibus, s. 15; pro ductore, s. 1 ....f.   —,   s. 16

Die 6, Retelii (3), in sacro albos 6; in prandio, pro tribus equitibus, s. 10, ob. 6; famulis ob. 6; pauperi ob. 3; fabro, ob. 3 ....f.   —,   s. 14

Eadem die, vesperi, apud Altas Domos in Deserto, omnibus computatis, pro tribus equitibus et uno pedite.............................f.   —,   s. 18, ob. 9

Apud Macerias (4) pro prandio, die 7 decembris, pro tribus equitibus et uno pedite.................f.   —,   s.   9

Emi lanceam..........................f.   —,   s.   2

Dedi pediti ductori ....f.   —,   s.   8

Famulo doctoris Entii pro reditu.....f.   —,   s. 10

(1) Reims.

(2) Isles-sur-Suippes, canton de Bourgogne, arrondissement de Reims.

(3) Rethel, chef-lieu d'arrondissement (Ardennes).

(4) Mézières, chef-lieu d'arrondissement et du département des Ardennes.

Die 7 decembris, reliqui duos equos in diversorio ad signum Rotundi, apud Macerias, cum frenis, capistris, sellis et tegminibus griseis, nutricios, precio trium duod. unumquemque quotidie, ita quod habeat major equus 4 picotinos avenae quotidie et parvus tres, utrique foenum et paleam, et pro stramine omnia rationa-

biliter . . . . f.   —, s. —

    Eadem die in cœna . . . . f.   —, s. 5

    Sequenti die, scilicet die octava, pro

sacro . . . . f.   —, s. 2, ob. 6

    Pro prandio et cœna . . . . f.   —, s. 8

    Pro vectura cimbae . . . . f.   —, s. 8

    Die 9a, sabbati, apud Dionantum (1), quo pervenimus hora paulo ante 8am matutinam, in prandio, et ei qui tulit res meas superius in castrum, et pro tonsore f.   —,   s.   4, ob. 6

    Et nota quod, hora inter 12 et primam, ego ibam ad reverendissimum dominum meum D. Leodiensem ; et ipse, quum intellexisset me advenisse, misit obviam secretarium qui procuraret mihi mulam optimam ; itaque factum fuit. Et ascendi in munitissimum et pulcerrimum castellum Dionantum, ubi reverendissimus dominus multis claris viris comitatus me plausibili jucunditate excepit, et mihi cubiculum in castello parandum curavit, quum reliquum famulitium in oppido hospitaretur. Itidem fecit postea in oppido Huio (2), quo pervenimus die Jovis 14 decembris, hora inter 2am et 3am, quum discessimus multis comitati militibus, eadem die, hora inter Xam et XIam. Laus Deo.

    Die dominico 18 decembris, dedi ei qui pro me excubias

in arce fecerat . . . . f.   —, s.   2

    Lixivio apud Dionanthum . . . . f.   —, s.   —

    Lixivio apud Huium . . . . f.   —, s.   1, ob. 9

    Tonsori . . . . f.   —, s.   1

    Tonsori apud Leodium, in vigilia Natalis. f.   —, s.   2

(1) Dinant, dans la province de Namur (Belgique).
(2) Huy, dans la province de Liège (Belgique).

19

Nota quod discessimus Huio, hora......., die sabbati 23 decembris, et pervenimus Leodium (1), pessimo itinere et semper pluvio cœlo, hora 2. Ego uero propterea serius aliquanto quam dominus, quia nebulones stabularii non mihi miserant tempestive mulam, dum famulus praeivisset in cymba, ideo ego, et honustus vestibus et non parum ira concitus, tum propter id quod dixi, tum quia dum ad dominum adcederem, qui apud religiosas quasdam suburbanas pransurus erat, et me habiturus secum cubiculum ibidem parandum jusserat, multi invidi, qui ex comitando domino mihi facti sunt obviam, dixerunt dominum jussisse ne quis ipsum viseret, propterea esse mihi redeundum. Ego igitur omnia imparata nactus, fame concitus, liberius comedi et cibos salsiores quam stomacho meo conveniret ; itaque vomui et postridie male habens a stomacho, quum cœnare cum domino necesse esset in ejus parvo et calidissimo cubiculo, tantum aestuavi, ut ad ·rimam hostii semiaperti captare ventum cogerer. Omnibus igitur his mutationibus affectus, in nocte Natalis Domini experrectus, hora prima, maxima vi catarrhi in gutture opprimebar, neque adhuc valeo, die 25 decembris 1514. Deus laudetur et bene vertat. Illud mihi solatio est quod dominus reverendissimus misit mihi duos honestissimos nuncios qui mihi referrent fuisse sibi molestissimum quod non ad se iverim, et postridie maxime iratus est in eos qui prohibuerant ne ego dominum convenirem.

Nocte natalis Domini, pro gargarismis ab aromatario.........................f. —, s. 9

Magis mihi molestum est quod, quum decrevissem hodie corpus Salvatoris recipere (ut sperabam), ne interesse quidem de more sacris valuerim.

Janitori Huiensi.......................f. —, s. 2
Diadragis frigidis ....f. —, s. 1
Ovis, pomis, pani.....................f. —, s. 2

(1) Liège.

Calceis famuli Roberti ....f.   —, s. 5

Papyro.................................f.   —, s. 1

Pomis et clavis ....f.   —, s. — ob. 6

Pro vectura equorum a Maceriis Dinan-
tum, et vectore.....................f.   —, s. 15

Pro expensis factis apud Macerias .....f.   —, s. 9

Pro expensis eorundem in itinere ex Dio-
nantho Leodium usque s. 9 et pro vec-
tore s. 4 ; summa.....................f.   —, s. 13

Pro vulpibus et agninis pellibus sagi mei
postulatos 13 s. 4....................f.   —, s. 8

Pro veste grisea postul., 8 cum dimidio ;
pro factura, s. 8 ; summa............f.   5, s. 7

Pro factura sagi suffulturae...........f.   1, s. 8

Dedi magistro Lodovico, hospiti nostro
Leodii, pro lignis, s. 25 ; pro candellis,
s. 9 ; pro aliis rebus praeterquam pro
camera, s. 8 ....f.   2, s. 2 (1)

---

(1) La « savante école de Port-Royal », selon l'expression d'un trop habituel cliché, a voulu dire son mot sur Aléandre. Comme le plus souvent, elle s'est trompée. Lancelot, dans la *Préface* de la *Nouvelle méthode pour apprendre facilement la langue grecque* (nouvelle édition par MM. B., professeur de rhétorique, et O.N. de Smyrne, Paris, Delalain, 1819, p. V.) écrit : « Ce fut l'Université de Paris qui releva la première le mérite de *Hier. Alexandre*. L'ayant vu enseigner le grec quelques années dans ses écoles, elle le jugea digne de la conduite d'un de ses collèges .. » 1° Il est faux que l'Université de Paris ait relevé la première le mérite d'Aléandre. 2° Au lieu d'*Alexandre*, il faut lire *Aléandre*. 3° Il est faux que l'Université, après avoir vu Aléandre enseigner le grec quelques années dans ses écoles, l'ait jugé digne de la conduite d'un de ses collèges. Ces détails exceptés, ce que dit l'excellent janséniste est bon. *Rideamus !*

— M. Omont (p. 28) imprime à propos du passage d'Aléandre à Meaux, que Nicolas Le Sueur lui offrit *cuniculum*, « un lapin », *et testricem*. Nous avons remplacé cette *testricem* inintelligible, par *perdricem*, « une perdrix », en supposant une forme, gallicisée par l'intercalation de l'*r*, de *perdicem*.

IV

DOCUMENTS COMPLÉMENTAIRES[1]

———

I

Alberto Carporum principi S. P. D. (2)

Adeo me delectat et in admirationem trahit ista tua
omnifaria eruditio qua non Principes modo nostri temporis omnes, verum etiam privatos homines, qui in umbratili
vita perpetuam musis operam navant, longo superas inter-
vallo, ut nullus mihi sese offerat liber, vel nunc primum in
lucem editus, vel novo aliquo corollario auctus, quem tibi
elabi e manibus pati possim, modo is sit per quem eruditio
et virtutum tuarum opinio non dicam augeri (nequaquam
summa augeri possunt) sed conservari posse videatur, qualis iste sit Plutarchus, Parisiis nuper diligentius quam
antea impressus, et optimo indice quasi aureola quadam

———

(1) Nous rassemblons ici quelques documents sur Aléandre, posté-
rieurs à son second séjour en France. Ils concernent surtout
l'Aléandre qui garde, tout le reste de sa vie, le goût des lettres et
de l'humanisme, même au milieu de ses occupations diplomatiques et de ses préoccupations religieuses.

(2) Vat. 8075, f° 13. — Cette lettre à Carpi paraît avoir été écrite
de Liège à la fin de 1514 ou au commencement de 1515. L'édition
de Plutarque que Jérôme Aléandre adresse à Alberto Pio, prince
de Carpi, est celle que Josse Badius avait publiée à Paris, aux
calendes de décembre 1514, au moment même où Aléandre quittait
Paris pour Liège.

coronide decoratus. In quo etsi aliqui ad perfectam castigationem ob graeci codicis cum quo conferretur defectus
desiderantur, ne dubites tamen quin sit hic liber vel qua-
druplo caeteris antea excusis castigatior. Hujus auctoris
lectio, si cui alii, tibi in primis convenit, non solum quia
nulli non principum, aut eorum qui res arduas tractant,
debere esse hanc lectionem vel unguibus magis familiarem
censeam, verum etiam quia tanta inter te et Plutarchum
intercedit similitudo, ut si reviviscat Agathias, qui Plutarchi nullam fuisse vitam similem scripsit, facile eum muta-
turum sententiam putem. Fuit Plutarchus, duce virtute,
Caesaribus perquam gratus, tu non Caesaribus modo, et
magnis Regibus, sed et summis Pontificibus hac de causa
acceptissimus. Fuit ille opibus magnus, vir consularis, et
toti Illyrio dum vixit ita praefectus ut nullus inferiorum
magistratuum posset absque ipsius nutu aliquid decernere,
quod ratum et firmum foret ; tu, generose Princeps, es
maximis totius Europae negotiis pertractandis a Summis
Pontificibus adeo expetitus ut sententia tua colophonium
suffragium existimetur. Fuit Plutarchus multiscius et, ut
felicius Graeci dicunt, πολυμαθέστατος. At quodnam est studiorum genus in quo non tu, quamvis alias occupatissimus,
vel maxime excellas! Utinam ea essem facundia praeditus
qua laudes tuas non indigne complecti possem ; profecto
huic libro aliquid de tuis virtutibus addidissem, quo
cognosceretur Plutarchus ille, qui aliorum vitas parallelas
conscripsit, et ipse suae vitae parallelam habere, sed nostrum est, quas veremur culpa ingenii laudes deterere, eas
tantummodo silentio quodam sacris debito admirari.
Vale (1).

(1) Cette lettre a été publiée par M. Paquier dans les *Annales
de Saint-Louis des Français*, Rome, 2e année, 2e fascicule, janvier
1898, p. 216. M. Paquier nous paraît la dater à tort de 1517, « parce
qu'il n'a trouvé, dit-il, à ce moment qu'une édition des *Vies
parallèles* imprimée à Florence par P. Junta en 1517 ». Le *Parisiis
nuper impressus* se rapporte bien à l'édition de Josse Badius.

II

Theodebaldus (1) Pigenatus Hieronymo Aleandro
summo viro sal (2).

Quod tecum nunc longiore non utor epistola, ὦ φίλτατ᾽ ἀνδρῶν προσπόλων, facit discessus Gormontii (3) viri honesti istuc, et ob id importune meas ad te literas flagitantis, tam repentinus quam inopinatus. Nec est in hac angustia temporis quod mihi placeat, eo quod si παῦρα μὲν, ἀλλὰ μὴ μάλα λιγέως (4) subsequetur, sin tumultuosa, nihil accuratum erit. In quo tam stulte quam improbe splendorem tuae eruditionis, quem super omnia semper admiratus sum, etiam oculorum nostrorum aciem perstringentem, offendere videbor. Utcumque tamen ex officio oblata occasione talis nuntii, et qui te unice diligit, sive λακωνικῶς, sive aliter, aliquid mihi scribendum fuit, quo planius intelligas tuo Pigenato, ex discipulis etiam tibi accepta referentibus omnia neminem tuae dignitatis juxta et amplitudinis amantiorem. Summa autem eorum quæ te scire velim fuerit. Nos hic

(1) M. Paquier a imprimé deux fois à tort : *Theobadus* dans les *Annales de Saint-Louis des Français*, 2ᵉ année, 2ᵉ fascicule, janvier 1898, p. 210.

(2) Vat., 6199, fᵒ 36, orig. Theobald Pigenat qui avait été l'élève d'Aléandre, écrit à son ancien maître, alors chancelier de l'église de Liège. Il lui demande, de Paris, le 3 mars, probablement de 1516, de lui envoyer quelques unes de ses observations sur la langue et la grammaire grecque. Il lui donne en même temps quelques renseignements sur l'état des études à Paris. On peut voir ce que nous avons dit, p. 36-40 et p. 97 du 2ᵉ fascicule de ce travail, de Théobald Pigenat, éditeur d'une version latine de Strabon dédiée à Aléandre.

(3) Gourmont avait une maison de librairie à Louvain.

(4) *Iliade*, ch. III, v. 214 (Cf. sur ce passage la note de Brach, *Iliade*, Paris, Belin, p. 85).

Dei clementia commode satis vivere, si aestu curarum
opprimi perpetuisque laboribus et didascalicis obrui vivere
sit, non vita valere vel potius vitam trahere. Sed hoc
Catone contenti simus oportet, dum nobis dii meliora offe-
rant. Caeterum studia nostra adeo elanguerunt aruerunt-
que, ut nisi aliunde fons irriguus nobis decurrat, pro
derelictis jaceant et emoriantur. Audimus tamen Vercella-
num nostrum Mediolani esse et illic, ut est laboriosus, et
plus satis diligens, dare operam Demetrio Chalcondylae,
amplius et multa et magna sibi subsidia petere ex commercio Lascaris ; quae omnia me delectant, et mirum in modum
excitant, si tam occasio quam voluntas se nobis insinua-
ret ; καὶ γὰρ ἐν τοῖσι δεινοῖσι θυμὸν οὐκ ἀπώλεσα, ἀλλ' ὥσπερ ἵππος εὐγενὴς
ὀρθὸν οὖς ἵστημι, si qua in re, quod a tua humanitate non fuerit alienum, nostra studia velis juvare, quod facillime
potes et paucis amplissime ; parva quaedam, sed quae sunt
hujusmodi ut sine illis non sit majoribus locus, fideliter
abs te benigne erogando cum jam tibi nec sunt ullo nec
futura sunt usui posthac, nobis autem maximo esse possunt
adjumento , et ut ad majora conscendamus gradu facere.
Quod si videbor importunus et fortasse impudens, in iis
tuis laboribus efflagitandis, ecce tu ipse in culpa es, qui in
tuo discessu ex hac urbe eam nobis legem, imo necessita-
tem imposueris, ut de his scriberem nec esses mei immemor. Curabis me ἑλληνικῇ πίστει id dixisse videaris ; in quo
τοσοῦτον μοι χαριτθῃσῃ ὅσον καὶ οἱ τοῖς διψῶσι καθηγούμενοί τὰς πηγάς. Si
Vatablus factus est certior de accessu hujus nuntii ad te,
haud dubie scripsit. Vale. Ex Parisiis, 5⁰ nonas martias.
Tuus tui studiosissimus Pigenatus (1).

(1) Cette lettre a été publiée par M. Paquier dans les *Annales
de Saint-Louis des Français*, 2e année, 2e fascicule, janvier 1898,
p. 210-212.

III

Adrianus Suessionensis Domino Hieronymo Aleandro praeceptori meo semper observando S. P. (1)

Solent nonnulli, praeceptor doctissime, tantisper suos magistros colere, dum eorum vel praesentia vel emolumento aliquo frui liceat, quo genere hominum nullum detestabilius ingratitudinisque magis obnoxium semper esse duxi, quod vitium, quanquam per se quidem gravissimum, tanto tamen gravius quanto majora sunt eorum qui contulerunt beneficia existimari solet. Ne igitur veteribus Graecorum sententiis, Ἀχάριστος ὅστις εὖ παθὼν ἀμνημονεῖ. Ἐπιλανθάνονται πάντες οἱ παθόντες εὖ, locum darem, epistolium hoc ad te scripsi, ut cujus faciem coram non vides, animum tamen tibi quam deditissimum beneficiorumque tuorum perpetuo memorem agnoscas. At quaenam (inquies) haec tam splendida beneficia, ob quae tam ingentes gratias habere videris ? Nempe graecarum literarum (ut de caeteris taceam) eruditio, quarum prima rudimenta tibi uni debeo; nam cum abhinc tres circiter annos praeclarissimam Parisien-

(1) Vat 6199, f° 37, orig. Au dos : « Ornatissimo viro D⁰⁰ Hieronymo Aleandro Leodii in curia episcopi Leodiensis ». M. Paquier date cette lettre du 17 mai 1515. Le *cum abhinc tres circiter annos praeclarissimam Parisiensem universitatem decorares* nous paraît la dater de 1517. Cette lettre est d'Adrien Amaury ou Amerot, dit aussi Quennevelle, de Soissons, qui avait été l'élève d'Aléandre à Paris. Il lui demande quelques explications sur les règles d'accentuation que donne Théodore Gaza, au 3° livre de sa grammaire grecque, Sur Adrien Amerot, cf. Alphonse Roersch, *L'humanisme belge à l'époque de la Renaissance*, Bruxelles, Van Oest, 1910, p. 53 ; J. van den Ghein, *Le discours d'ouverture des leçons d'Adrien Amerot*, retrouvé dans le mscr. II, 4644 de la Bibliothèque royale de Belgique *(Musée Belge*, t. XIII, 1909, p. 57-64) ; F. Nève, *Mémoire historique et littéraire sur le collège des Trois Langues à l'Université de Louvain*, Bruxelles, 1856, in-8°, p. 207-210.

sem universitatem tua praesentia decorares, ad tuas lectiones audiendas protinus me contuli. In quibus id sumus consecuti ut jam totos decem menses elapsos graecam grammaticam (quod citra jactantiam dico) interpretati simus. Haec sunt, colendissime praeceptor, ob quae perpetuo sum tibi devinctus officio ; haec sunt quae me ut ad te scriberem impulerunt, haec sunt propter quae immortales tibi gratias debeo quas etsi rependere non datur, eas tamen sempiternas nunquamque perituras et habeo et habiturus sum quoad vivam.

Verum cum me ad caeteros Graecos grammaticos legendos conferrem, inter legendum animadverti nonnulla super quibus tuam humanitatem consulere decrevi, et praesertim in tertio Theodori Gazae, doctissimi viri (cujus primum librum grammatices introductorium te interpretante didicimus), in quo de voculationum accentuumque ratione tractatum fecit ; id autem de nominibus δευτεροκλίτοις sic habet : πᾶν θηλυκὸν εἰς α λῆγον ὀξυνόμενον μὲν ἐκτείνει τὸ α· ἀρὰ χαρά. Atqui nusquam videtur noster Theodorus tradidisse quanam ratione hoc nomen χαρά syllabam ultimam acuat, quo tamen accentu illius quantitatem metiri videtur. Item paulo post de nominibus τριτοκλίτοις· Παροξύνεται δὲ τὰ πολλὰ τῶν δισυλλάβων προσηγορικῶν· λόγος· ὥσπερ ἄρα ὀξύτονα τὰ πολλὰ τῶν δισυλλάβων ἐπιθέτων· χρηστός· δεινός. Hoc in loco rursus ancipitem determinationem reliquit cum multa constet esse disyllaba appellativa ultimam acuentia syllabam, quemadmodum multa adjectiva penultimam. Haec igitur atque iis longe plura cum mecum perpendissem multasque sententias hinc inde volutassem (1), in hanc potissimum animum induxi noluisse Theodorum hanc rem examussim absolvere, sed quamdam veluti isagogen ad eos qui accuratius exactiusque eam conscripserint parare. Quocirca, praeceptor optime vitaque dignissime, tuam benevolentiam qua in omnes uti

(1) M. Paquier imprime à tort : *valutassem*.

soles obsecro atque obtestor ut de hac re me certiorem
facias ; quod si feceris, mihi profecto rem gratissimam
facturus es et officio me tibi nunquam intermorituro devinc-
turus. Vale, doctissime magister, Adriani tui memor. Ex
florentissimo Lilianorum apud Lovanios collegio (1), postridie ascensionis dominicae (2).

IV

DANIELI GALLICINO (3)

Nosti Theocritum esse delicias meas, eum hoc tempore
quo pauci inveniuntur fideles amici pro amico habeo, eo
aegritudines fallo, eo pello fastidia, solicitudines fugo, curas
solor, quid plura ? In eo quum careo, altero oculo carere
mihi videor : proinde semota paulisper abs te ista in comparandis libris torpedine (ne avaritiam dicam), Theocritum
qui satis vili prostat, tibi eme, et meum mihi remitte ;
absurdum enim est te qui Romae fixisti sedem, et bibliothecam instructam habere debes, libros a me qui temporarius
hic dego, mutuo accipere, eosque qui passim venales haben-
tur. Vale, mi Daniel. Romae, Martinalibus MDXVII.

(1) Le Collège du Lys, à Louvain, où Adrien Amerot devint le
suppléant de Rutger Rescius.

(2) Cette lettre a été publiée par M. Paquier dans les *Annales
de Saint-Louis des Français*, 2ᵉ année, 2ᵉ fascicule, janvier 1898,
p. 206-208.

(3) Vat., 8075, fᵒ 71 rᵒ. — On a vu que Théocrite était l'un des poètes
favoris d'Aléandre et avait été l'un des principaux objets de son
enseignement. Ce billet à Daniel Gallicinus pour réclamer l'exemplaire de ce poète qu'il lui a prêté, confirme son goût pour la
lecture et l'étude de ce poète.

V

EXTRAIT DE LA *Préface générale* D'ASSÉMANI
AU *Catalogue des manuscrits de la Bibliothèque apostolique du Vatican* (1).

Hieronymus Aleander de Motta, Dioec. Cenetensis in
Carnia, Canonicus Leodiensis, tum Archiepiscopus Brundusinus, ac demum S. R. E. Presbyter Cardinalis, anno
Domini 1519, ipso die 27 Julii, quo Zenobius Acciaiolus ex-
cesserat, Bibliothecarius a Leone creatus, obiit Kalendis
Februarii 1542. Id tamen munus ad Cardinalatus honorem
Aleander adsumtus deponere jussus fuit a Paulo III anno
1538 ut ex Chirographo ejusdem Pontificis a nobis mox
infra proferendo, quo Augustinus Steuchus in Aleandri
locum substituitur, perspicuum est. Porro Diploma Pontificium a praelaudato Jacobo Sadoleto conscriptum, quo
Hieronymus Aleander Bibliothecarius constitutus fuit, et
unde Aleandri ejusdem laudes atque promerita adsequi
licet, hujusmodi est :

« LEO, &c. Dilecto Filio Hieronymo Aleandro de Motta,
Canonico Leodiensi, Magistro in Theologia, ac Palatii
nostri Bibliothecario, Famiīliari nostro, salutem, &c. Cum
vita hominum brevis et fragilis sit, rerumque gestarum
memoria, plurimum humano usui necessaria, in librorum
thesauris conservetur ; nihilque magis bonis moribus, et
optimis legibus quam litterarum scientia conferre videatur : idcirco magno studio, magnoque sumptu et industria
consuevere prisci Reges, et rerum publicarum Praesides,
inprimisque Romani pontifices Praedecessores nostri, con-
quisitis undique eximiis in variis linguis et omni scientia-

(1) Assemani, *Bibliothecae apostolicae Vaticanae codicum
manuscriptorum catalogus*, t. I (1re partie), Romae, 1756,
Praefatio generalis, p. LXII-LXIII. Cet extrait reproduit le
diplôme pontifical qui nomme Aléandre bibliothécaire du Vatican,
et le rescrit de Paul III qui appela Agostino Steuco à le remplacer.

rum genere libris, amplissimas Bibliothecas constituere, et illis Viros in hujusmodi linguis et scientiis excellentes, magno etiam exhibito illis praemio, praeficere ; quorum ingenio, eruditione, et prudentia Bibliothecae ipsae non modo conservationem, verum etiam majus in dies et incrementum reciperent et ornamentum. Horum igitur Praedecessorum nostrorum vestigiis insistentes, cum officium Bibliothecarii Palatii nostri Apostolici, quod quondam Zenobius Acciaiolus Ordinis Fratrum Praedicatorum de Observantia Professor, dum viveret, obtinebat, per obitum ejusdem Zenobii, qui apud Sedem Apostolicam diem clausit extremum, vacaverit, et vacet ad praesens, Nos volentes te qui es Magister in Artibus, ac Hebraicam, Graecamque, et Latinam linguam in nostra Parisiensi Universitate et aliis locis diu professus ; nec non filii nostri Julii Tit. S. Laurentii in Damaso Presbyteri Cardinalis S.R.E.Vicecancellarii servitiis insistendo, et familiaris continuus commensalis noster existis, ob singularem doctrinam, ac fidem et probitatem tuam favore prosequi generoso, teque a quibusvis, etc, te in nostrum, et dicti Palatii Apostolici Bibliothecarium quoad vixeris, auctoritate Apostolica, tenore praesentium recipimus, facimus, etc. Non obstantibus, etc. Nulli ergo, etc. Si quis, etc. Datum Romae apud S. Petrum Anno Incarnat. Dom. 1519, VI Kal. Augusti, Pontif. nostri anno septimo. (Ex Leonis X. lib. 2. Secr. n. 1122, p. 230)

Augustinus Steuchus, Eugubinus, Congregationis S.S. Salvatoris Bononiensis alumnus, Episcopus Chisamensis, creatus Bibliothecarius a Paulo III anno 1538 die 24 Octobris, obiit ann. 1548. Is non per Diploma aut Breve, ut alias fieri consuerit, sed per Chirographum Pontificium Bibliothecarii munus a laudato Paulo III obtinuit, quod est hujusmodi :

Concessio Officii Bibliothecarii Palatii Apostolici, vacantis per assumptionem ad Cardinalatus honorem Card. Brundusini. Motu proprio, &c. Cum Officium Bibliothecarii

Palatii Apostolici, quod nuper dilectus filius noster Hieronymus Aleander Tit. S. Chrysogoni Presbyter Cardinalis Brundusinus nuncupatus, tunc in minoribus constitutus obtinebat, et exercebat, per assumptionem ejusdem ad Cardinalatus honorem vacet ad praesens, prout nos officium ipsum per eandem assumptionem vacare decernimus. Et cupientes eidem Officio de persona idonea providere. Motu simili Officium praedictum, sive ut praemittitur, sive alias quovis modo vacans, dilecto filio Augustino de Steuchis, electo Chisamensi, in omnibus, et singulis honoribus, oneribus, salariis et emolumentis consuetis, per eum, quoad vixerit, etiam postquam munus consecrationis susceperit, una cum Ecclesia Chisamensi, tenendum et exercendum, concedimus et assignamus, et eum in locum Hieronymi Card. quoad hujusmodi officium, ejusque liberum exercitium, ac honores et onera, salaria et emolumenta praedicta recipiendum et admittendum, ac de salariis et emolumentis praedictis sibi respondendum fore decernimus. Mandantes dilectis filiis Guidoni Ascanio Sfortiae SS. Viti et Modesti in Macello Martyrum Diacono Card. Camerario nostro, ac Praesidentibus et Clericis dictae Camerae, nec non Datario nostro, et Domus nostrae Magistro, ac aliis, ad quos pertinet, ut ipsum Augustinum electum ex nunc ad hujusmodi officium ejusque liberum exercitium, nec non honores, onera, salaria, et emolumenta praedicta in locum dicti Hieronymi Cardinalis recipiant, et admittant, ac sibi de emolumentis ac salariis praedictis respondeant, et responderi faciant cum effectu. Non obstantibus Constitutionibus, et Ordinationibus Apostolicis, statutis, etc, etiam juramento, etc, roboratis, nec non quibusvis Privilegiis et Indultis Apostolicis, quomodocunque, et sub quibuscumque tenoribus et formis, et cum quibusvis clausulis, et decretis ex quibusvis causis concessis, approbatis et innovatis. Quibus omnibus, si opus fuerit, latissime extenden. tenorem illorum pro sufficienter expressis haberi placeat, specialiter et expresse derogamus, etc. Fiat motu proprio A. et cum absolutione a censuris ad effectum, etc, et cum decreto, constitutione, deputatione, concessione, assignatione, substitutione, subrogatione, mandato, decreto et derogatione de ac pro omnibus et singulis praedictis extenden. ad vitam, ut supra, et quod praesentis supplicationis sola signatura sufficiat in judicio et extra, et juxta illius tenorem judicari debeat, regula quacumque contraria non obstan. vel si videbitur per Breve S.V. et cum deputatione executorum, si opus fuerit, expediri possint. Fiat A. Dat. Romae apud S. Petrum Nono Kal. Novembris Anno Quarto. Collat. cum Originali concordat per me Alexandrum Cam. Apost. Notarium die 27 Octobris 1538 (Ex Pauli III divers. lib. 2 f. 181).

Atque heic corrigendus Angelus Maria Cardinalis Quirinus qui in Conspectu Bibliothecae Vaticanae post insignem Aulae adcessionem a Clemente XII ei factam quem adfabre delineatum, aerique incisum, una cum Summorum Pontificum qui eandem Bibliothecam insignioribus beneficiis exornarunt, nec non S.R.E. Cardinalium Bibliothecariorum serie ac numismatibus, Romae anno 1735 unico folio vulgavit, Hieronymum Aleandrum, quem Cardinalem creatum, Bibliothecarii Officium, ac titulum abdicasse, ex laudato Pauli III Chirographo ostendimus, primum Cardinalium S.R.E. Bibliothecariorum incautus constituit.

Porro autem Augustino Steucho e vivis erepto, *Bibliothecarii Palatii Apostolici*, seu *Vaticanae Bibliothecae* nomen ex Diplomatibus Pontificiis abrogatum fuit, eique substitutus amplissimus primum titulus Bibliothecae Vaticanae Protectoris; deinde vero S.R.E. Bibliothecarii, addita clausula, *seu Vaticanae Bibliothecae Protectoris*, quo quidem titulo atque munere nonnisi S.R.E. Cardinales fuerunt deinceps insigniti, quorum primus *Marcellus Cervinus*.

VI

ARCHIEPISCOPO SENONENSI (1)

Non eam ob causam nihil ad Amplitudinem tuam scripsi tribus iam mensibus, quia perpetuam virtutum tuarum observantiam, nominis memoriam et sacratissimi vultus tui imaginem non semper cordi meo infixam geram, sed quia nihil foret novi quod te scire, tua multum interesse existimarem, nolui, plurimum occupatus ipse, occupatiori tibi meas nugas legendi negocium facessere. Nunc vero quum ad me tua manu scriptas, et eo iucundissimas dederis litteras, quia inhumanum, imo verius iniquum esset, non respondere, id saltem te volui scire secretarium hic tuum (quantum videri licet) perfungi semper suo solicitandi et satagendi munere, meam vero fidem, diligentiam et studium neque hactenus rebus tuis defuisse neque posthac defuturum. Id autem eo etiam confidentius faciam et lubentius, quia Pontifex nuper me honestissima Palatinae Bibliothecae praefectura dignatus est, qui locus primariis hactenus in re litteraria viris semper dari solitus, tanto mihi charior est, quantum Pontifex (per Deum) sponte sua, repulso plurimorum et magnorum candidatorum grege, mihi neque ambeunti neque profecto talia cogitanti hunc honorem detulit. Habet Bibliothecae praefectus duos sub se custodes (2) viros neque indoctos neque viles, et totidem custodum famulos, qui Bibliothecam a pulvere et situ purgent et claudant reserentve. Habet item honestam et com-

(1) Vat. 8075, f⁰ 116, v⁰, copie. — Aléandre, dans cette lettre, annonce sa nomination comme bibliothécaire du Vatican à Etienne Poncher qui avait été transféré du siège épiscopal de Paris au siège archiépiscopal de Sens le 14 mars 1519. Aléandre fut nommé bibliothécaire le 27 juillet de cette même année. Cette lettre a été certainement écrite dans les derniers mois de 1519.

(2) Voir plus haut, p. 163-164. Cf. aussi E. Müntz, *La Bibliothèque du Vatican au seizième siècle*, Paris, 1886, *passim* ; Dʳ Louis Pastor, *Histoire des Papes depuis la fin du moyen âge*, Paris, Plon, p. 146.

modam in Palatio domum, expensas convictus et annuos
CXX. ducatos aureos. Sed quod ego longe pluris facio, patet
ei liber ad Pontificem accessus ; apud quem (si quid modo
mea lingua poterit) talem me tibi nauaturum operam reci-
pio *(sic)*, ut sperem, nisi tibi e Gallia favor cesset, vos
omnino voti compotes futuros. Vale, felix, Amplissime et
R^me pater. — Ex Palatio Apostolico (1).

VII

Une lettre de Valentin de Teutleben à Albert, évêque et électeur de Mayence, sur Aléandre.

On lit dans Gerdes (2), *Introductio in historiam Evan-*

---

(1) Nous avons déjà remarqué les rapports fréquents qu'Etienne
Poncher avait dû soutenir avec l'Italie et les Italiens. En voici
une preuve nouvelle qui a été signalée par M. Léon Dorez. Dans
la préface d'une collection d'auteurs grammaticaux latins, publiée
à Milan le 2 décembre 1504 chez « Joannes Angelus Seizenzeler,
impensis Joannis Jacobi et fratrum de Lignano », Janus Parrhasius
s'exprime ainsi : «... Eapropter accuratissimi grammatici Probi
instituta artium (sic enim libro titulum fecit) quaeque Maximus
Victorinus et alii quorum subieci nomina, paris argumenti commentaria scripserunt, ad te misi, cum Caii Bassi de Metris Hora-
tianis opusculo vetustatis iniuria mutilato ; quod accidere necesse
fuit, et eorum (quos dixi) plaerisque. Quippe quorum vix e media
Bibliothecarum strage quam Geticus dedit furor, unicum quod
extabat exemplar erutum sit auxilio Patris amplissimi Stephani
Poncherii Luteciae Parisiorum pontificis indulgentissimique mei
patroni. Quem quum nulla remotior lateat disciplina bonasque
foveat artes ut qui maxime, non dubito quin tot aureas lucubrationes eius auspiciis ab interitu vindicatas, omnibus prodesse velit,
et potissimum tibi, quem diu noctuque scit ad arduum virtutis
iter anhelare... »

(2) Daniel Gerdes, théologien allemand, né à Brême en 1698, mort
en 1765, non à Utrecht, comme le dit la *Nouvelle biographie
générale* (t. XX, p. 206), mais à Groningue où il avait professé la
théologie et l'histoire ecclésiastique. On lui doit un grand nombre
d'ouvrages parmi lesquels nous citerons : *Specimen Italiae reformatae, seu observata quaedam ad historiam renati in Italia,
tempore reformationis, Evangelii*, Leyde, 1765, in-4°.

gelii saeculo XVI° passim per Europam renovati doc-
trinaeque reformatae, Groningae, t. I, p. 101, cette note :

Est mihi in mss. epistola Valent. a Teteleben data ad
Alb. Moguntinum d. V Julii 1520, qua is Hieronymum
Aleandrum commendat, tanquam qui in causa Hutteni cum
ipso Electore acturus esset. Eam, quod hactenus edita non
est, ex autographo huic operi subjungimus inter documenta
num. XV.

Dans les documents annexés à ce premier volume,
p. 146-147, on trouve, en effet, le texte de cette lettre
qui se rapporte uniquement à l'histoire diplomatique
d'Aléandre. Nous la reproduisons cependant ici parce
qu'elle se trouve perdue dans un ouvrage peu consulté :

VALENTINI A TETELEBEN (1) EPISTOLA AD ALBERTUM
EPISCOPUM ET ELECTOREM MOGUNTINUM

Reverendissime et Illustrissime in Christo Pater ac
Domine observandissime, humillimam commendationem.
Clarissimus vir dominus Hieronymus Aleander, natione
Italus, patria Teruisatus, moderni Leodiensis olim et nunc
Rmi et Illmi Dni Cardinalis de Medices secretarius ac summi
Pontificis bibliothecarius, hebraice, graece, latine apprime
doctus, qui Rmae et Illmae Dignitati vestrae has litteras
reddit, Sedis Apostolicae per Pontificem ad Sacram Caesa-
ream et Catholicam Maiestatem nuntius mittitur. Eum, tum

(1) Valentin de Teutleben, c'est l'orthographe de Janssen et de
Gams, fut évêque, et un très vertueux évêque, d'Hildesheim de
1537 à 1551 (Gams, *Series episcoporum*, p. 282). Il eut beaucoup
à souffrir de la part des Réformés. Il mourut de douleur en assis-
tant à la ruine par les luthériens de l'abbaye d'Hildesheim (Jean
Janssen, *L'Allemagne et la Réforme,* trad. fr., t. VII, p. 546 et
passim ; t. VIII, p, 414).

quod mihi semper fuerit cognitus, tum quod nomine Pontificis apud R^{mam} et Ill^{mam} D.V. de plerisque negotiis, ut ab ipso factus sum certior, acturus esset, vacuum meis literis abire non sum arbitratus. Habet multa de Fratris Martini Lutheri novitate et Ulrici Hutten temeritate ob editos in publicum in Sedem Apostolicam et personam Pontificis famosos libellos; cum R^{mae} et Ill^{mae} D.V. semper curiam dicitur secutus et locus in quo libelli impressioni dati fuerunt, civitas scilicet Moguntina, nonnullis in Urbe non levem contra R^{mam} et Ill^{mam} D.V. suspitionem pepererint. Apud eundem Dominum Hieronymum in excusationem R^{mae} et Ill^{mae} D.V. multis verbis egi, primum quod Huttenus curiam R^{mae} et Ill^{mae} D.V. non sequeretur, neque pro familiari ab eadem habitus fuerit, deinde quod libellus ille Moguntiae praeter voluntatem R^{mae} et Ill^{mae} D.V. formis expressus fuerit : vel eo maxime conjici possit quod R^{ma} et Illma D.V. in tota Germania unicus semper Sedis Apostolicae clypeus fuerit ejusque libertatem, dignitatem, honorem atque commodum fortiter et constantissime semper asseruerit, tutataque fuerit et, ut mihi videbatur, satis sibi excusatio ejusmodi probabilis et rationabilis pro R^{ma} et Illma D.V. videbatur. Quamobrem operae pretium fore sum ratus, posteaquam tempore aliquo ipse apud R^{mam} et Ill^{mam} D.V. fuerit commoratus, ut etiam ad Pontificem pro uberiori Sanctitatis Suae satisfactione et mitigatione et R^{mae} et Ill^{mae} D.V. excusatione, literas perscribat. De qua re R^{mam} et Ill^{mam} D.V. admonuisse sat erit, cui me humillime et officiosissime commendo. Dat. Romae, die quinta mensis julii, anno 1520.

E. R^{mae} et Ill^{mae}

D. V.

humilis capellanus,
Valentinus de Teteleben, Doctor.

R^{mo} in Christo Patri et Illmo principi et D^{no} D^{no} Alberto, tituli Sancti Grisogoni S. Ro. Eccl. Cardinali, Germaniae primati et Sacri Romani Imperii Principi Electori et Domino meo obseruandissimo.

Il s'agissait, comme on voit, d'empêcher Albert de Brandebourg (1), Cardinal-Archevêque de Mayence et Archichancelier de l'Empire, de se laisser aller sur la pente de la Réforme et de se montrer si indulgent pour Hutten qui avait déjà publié plusieurs de ses plus violents pamphlets contre la papauté.

VIII

Voici le texte d'un billet inédit d'Aléandre à l'Electeur de Mayence, de 1521, qui se rapporte encore à sa carrière politique (2). Nous le reproduisons d'après une copie qu'en a bien voulu prendre jadis pour nous, au

(1) Albert de Brandebourg, promu en 1518, fut d'abord Cardinal du titre de Saint-Chrysogone, plus tard il fut Cardinal du titre de Saint-Pierre aux liens. Cf. sur ce prélat assez singulier, Jean Janssen, *L'Allemagne et la Réforme*, trad. fr., Paris, Plon, *passim* ; J.-H. Hennes, *Albrecht von Brandeburg, Erzbischof von Mainz und von Magdeburg*, Mayence, 1858. Dans Geiger, *Renaissance und Humanismus in Italien und Deutschland*, Berlin, 1882, p. 357, on trouvera un beau portrait de l'archevêque, d'après Albert Dürer, avec ces mots : *Sic oculos, sic ille manus, sic ora ferebat.*

(2) Parmi les lettres politiques d'Aléandre signalons dans le recueil des lettres adressées à Frédéric Nauséa publié en 1550, à Bâle, peu après la mort de Nauséa, quatre lettres d'Aléandre *(Epistolarum miscellanearum ad Fridericum Nauseam Blancicampianum, Episcopum Viennensem, etc, singularium personarum libri X*, Basileae, MDL, mense martio, p. 98-99, 123, 152 et 167). Ces lettres ont été écrites de 1532 à 1536. Nauséa était alors prédicateur de la cour impériale, à Vienne. Ce fut seulement en 1544 qu'il fut promu à l'évêché de cette ville. — Cf. sur Nausea, Jean Janssen, *L'Allemagne et la Réforme*, trad. fr., t. III, p. 89 et 501 ; t. IV, p. 103 et 162.

Musée britannique, Pietro Orsi, aujourd'hui l'un des historiens les plus connus de l'Italie contemporaine :

Reverendissime Pater, Illustrissime Princeps et Domine D. mi Colendissime, humillime commendo ut omnis calumniandi ansa penitus tollatur ; loco illius clausulae quam et Illustrissima D.V. suspectam habebat, posset haec alia (si placeret) reponi. Et sic mandatum sub data diei XXIX Decembris (qua Caesar consilio praefuit) vel alicuius alterius interim diei, commodissime, et pro rei veritate expediretur. Pro suo tamen arbitratu statuat et agendum iubeat Illustrissima D.V. cuius sacratissimas manus deosculor et me humillime commendo.

Illustrissimae et Reverendissimae D.V.

humillimus servitor,

Hier. Aleander.

Reverendissimo Patri, Illustrissimo Principi et Domino D. Car. Moguntino Electori et Domino meo colendissimo (British Museum, Mss. add. 21524, autographs of reformers, divines and others).

IX

LETTRE D'ALÉANDRE A CLÉMENT VII
AU SUJET DE SA PREMIÈRE ENTREVUE AVEC FRANÇOIS Ier
(NOVEMBRE 1524) (1)

.... Non molto da poi S. M. sola si ritiro verso noi due, e mi comincio tutto allegro a dimandare degli huomini dotti del suo regno, come de' nostri, e degli Alemanni, e di Lutero, il qual disse sempre haverlo stimato per un tristo,

(1) Cf. plus haut, p. 172-173. Cette lettre a été publiée par Omont, d'après une copie de Fontanini, à la suite du *Journal autobiographique*, p. 113.

e la dottrina sua esser perniciosissima e per niente evan-
gelica, quando bene havesse detto cose che paressero buo-
ne, ed allegava assai belli argomenti, donde S. M. si
moveva, del che io per grande contentezza quasi ne lagri-
mava. Poi parlo delle opere di Gregorio Nazianzeno, e se
io le haveva lette in greco, le quali intendeva che non
cedevano alla facondia di Demostene, e che se le facea tra-
durre in francese, insieme co' libri di Giuseppe contra
Appionem grammaticum, per un suo monaco, e mille altre
belle cose, come è huomo di celebre ingegno, di natural
facondia, e copiosissima e tenacissima memoria. A questa
parte il povero Aleandro si struggeva di non haver stu-
diato greco, ne haver letto Nazianzeno, ne Giuseppe, e
manco haver lette le ribalderie di Lutero....

X

Andreas Asulanus (1) reverendissimo
Antistiti Brundusino, optimo
et doctissimo Hieronymo Aleandro (2), felicitatem

Quantum literae honestaeque disciplinae dignitatis et
usus afferant uitae hominum quantoque studio illae ipsae
mortalibus expetendae, si uetera desint exempla, tu certe
unus esse argumento poteris, nihil illis aut honestius et
fructuosius, aut a nobis expetendum magis. Nam cum ab
ineunte aetate tua, id quod de te praedicantes accepi doctissimos uiros, omne tuum studium et operam in his adipis-

(1) Nous avons donné plus haut, p. 169-172, la traduction de cette
dédicace par André d'Asola du tome IV de son édition de Galien
à Aléandre.

(2) Cf. Gams *Series episcoporum*, p. 862. Dans Cappelletti,
Chiese d'Italia, Venezia, 1870, p. 120, quelques mots sur Aléandre,
archevêque de Brindes ; p. 148, quelques mots sur l'église d'Oria,
mais rien sur Aléandre.

cendis collocasses, sic breui profecisti in omni literarum
genere, ut iam tum pene adolescens dignus amplissima
quaque laude uiderere. Nec tu diuino quodam ingenio per-
tinacique studio eorum frustratus es opinionem, quippe qui
latinis non contentus et graecis, in quibus maxime iam
excelleres, adiecisti animum ad hebraea quoque perdiscen-
da, ut, si fieri posset, Christianae rei quandoque ex hoc tuo
studio aliquid adiumenti et opis accederet. Et quoniam
excellens uirtus terrarum finibus includi non potest, felici
sane auspicio de Galliis adeundis consilia inisti : qua sane
profectione tua non multo post fama illustrior et celebrior
apud exteros etiam est tibi comparata. Sic enim existimes
uelim, quod ipsos Gallos libentissime praedicantes audire
soleo, quicquid bonarum literarum hodie apud Celtas efflo-
rescat, quicquid illis in nostratibus literis nitoris et elegan-
tiae quaesitum hac tempestate sit, id ipsum tibi acceptum
ferre, ut nihil hodie apud illos Aleandri nomine clarius
aut amantius habeatur. Et sane, ut est genus hominum
uirtutis amans et artium, sic in te honestando certarunt
omnes, ut non solum authoritatem et famam immortalem
tibi apud eos compararis, uerum etiam uirtutis amplissima
merita consecutus sis tuae. Quare cum apud illos honestissime complures annos effloresceres, repetente Italia suo
quodam jure quod ipsa tibi dederat ueluti τὰ θρεπτήρια,
Romam profectus Principis Leodiensis orator, Leoni Pontifici Decimo sic ab initio probatus es, ut ille sua ueluti
praerogatiua te nihil minus quam tale quid expectantem,
inter primos familiares allegerit. Qua laude non uideo
quid tibi illustrius aut gloriosius accidere potuisset : si
quidem Pontifex ipse Maximus hoc iudicio, hac rerum
experientia, hac augusta dignitate, ultro te in amicitiam
inuitarit, acceperit interque familiarissimos statim asciue-
rit. Sed cur ille non asciaceret? qui parem a se tibi inuen-
tum esse fateretur neminem : ut naturae ingeniique dotes
admiratus tui omniumque rerum peritiam, iure pluri-

mum tibi detulisse hoc nomine uideri possit Pontifex
omnium, quos aetas nostra viderit, uere maximus et sa-
pientissimus. Qui sane si diutius uixisset, te, quod perli-
benter pollicebatur, amplissimis honestasset honoribus.
Successit mox illi Adrianus atque ab eo Clemens VII, quorum alter in ipso imperii sui limine consumptus, nullum
de se posteris indicium virtutis, aut iudicii majoris appro-
bare potuit, alter vero sic ab initio te complexus est, ut
ultro tibi Brundusinam Pontificiam dignitatem obtulerit.
Quod sapientissimi Pontificis judicium eo tibi gratius et
jucundius esse debet, quod hac ipsa aetate etiam qui
ambiant per summam gratiam, non facile hac ipsa conse-
quantur. Sed quid ego haec mirer ? aut longius exequar ?
cum excellens haec virtus tua non aliis certe aut testimo-
niis aut praemiis ornari debuerit. Fruere igitur hac ipsa
tua meritissima gloria ; fruere tot Principum uirorum suffragiis ; fruere tot doctrinae praestantissimae tuae muneribus, et posteritati testimonium hoc de te praebe etiam
iniquissimis temporibus virtutem alicujus excellentem pro-
bari clarescereque posse. Nos interim ut tuos esse perpetuo
memineris, opto : qui cum in Aldi nomen, haereditariam
excudendi libros industriam ucnerim sciremque ab Aldo
te, et uicissim abs te Aldum, ut uirum optimum, et de literis optime meritum, summa pietate cultum, non potui hanc
ipsam ejus in te animi propensionem non retinere. Quod
uti tibi posterisque testatum relinquerem, προσεφώνησα tibi
Galeni medici omnium clarissimi monimenta non pauca,
quartum scilicet ejus medicae artis τόμον : ut cum alia Clementi Pontifici uere clementissimo, alia Mathaeo Giberto
antistiti omnium qui hodie sunt, quique unquam fuere, et
fortasse qui futuri sunt, optimo sanctissimoque ; alia
Alberto Carporum principi nobilissimo et doctissimo deque
nobis optime merito dicata leges, te quoque in hoc ipso
albo adscriptum esse delecter. Nam Galenus ipse, certo
scio, si quis est manium sensus, voluptatem hanc multo

maximam capiet : non solum quia a situ temporisque
obliuione nostra opera ueluti uindiciis liberalibus est ad-
sertus, sed quia et sub uestro patrocinio ueluti nunquam
intermorituris Geniis in lucem prodeat. Vale, Asulanorum
tuorum memor (1).

XI

Une lettre de Nicolas Clénard à Aléandre

M. Victor Chauvin, professeur à l'Université de Liège,
et M. Alphonse Roersch, professeur à l'Université de
Gand, ont publié en 1902 (2) une très intéressante lettre,
jusqu'alors inédite, de l'illustre humaniste belge Nicolas
Clénard dont la grammaire grecque eut une si mer-
veilleuse fortune. Clénard se déclarait l'élève indirect
d'Aléandre, parce qu'il avait suivi, au Collège des Trois-
Langues de Louvain, les cours de Rutger Rescius
qui avait été le disciple d'Aléandre. Clénard enseigna
l'hébreu (3) et le grec (4) à Louvain, puis à Salamanque,

(1) Galeni librorum pars quarta, Venetiis, in aedibus Aldi et
Andreae Asulani soceri, mense augusto MDXXV.

(2) Victor Chauvin et Alphonse Roersch, *Une lettre inédite de
Nicolas Clénard*, Louvain, Charles Peeters, 1902. Cette précieuse
brochure contient une introduction critique à la lecture de cette
lettre et de savantes notes qui élucident toutes les difficultés du
texte. On trouvera ce travail aussi important qu'intéressant dans
le *Musée belge*, revue de philologie classique, publiée sous la
direction de F. Collard et J.-P. Waltzing, t. VI.

(3) Clénard a publié une *Tabula ad grammaticam hebraeam*,
Louvain, 1529, in-8°, réimprimée avec des notes de Cinq-Arbres,
Paris, 1564.

(4) Clénard publia ses *Institutiones linguae graecae* à Louvain
en 1530. Elles ont été souvent réimprimées : « 1541, in-8° ; cum scho-
liis et praxi P. Antesignani, Parisiis, 1572, in-4° ; Francofurti,

Jean III, roi de Portugal, lui confia l'éducation de son frère, don Henri. C'est pendant ce préceptorat, à Évora, que Clénard écrivit à Aléandre. L'éducation qu'il dirigeait allait se terminer. Il aurait désiré obtenir un bénéfice ecclésiastique, avec dispense de dire les offices qui y seraient attachés, afin de pouvoir se livrer tout entier à l'étude de l'arabe. Il n'obtint rien. Ses projets d'étude étaient sérieux. Pour se perfectionner dans la connaissance des divers dialectes arabes, il alla à Fez et y fit de rapides progrès. Il avait commencé une traduction du Coran qu'il se proposait de réfuter en arabe, et il aurait voulu répandre cette réfutation dans tout l'Orient, afin d'attirer beaucoup de musulmans au christianisme (1).

1580 ; Lugduni Batavorum, 1594, in-4°. L'addition des notes de Sylburg leur donne plus de prix (Francofurti, 1583, in-4°) » (Aug. Matthiae, *Grammaire raisonnée de la langue grecque*, trad. fr., Paris, 1831, t. I. p. 19). Nous possédons une édition de ces *Institutiones*, avec les suppléments d'Antésignan, datée de 1580, *excudebat Jeremias Des Planches*. La « savante école de Port-Royal » n'a pu s'empêcher de commettre quelques erreurs sur Clénard : « Clénard s'acquit beaucoup de réputation, écrit Lancelot, par le petit abrégé de grammaire qu'il publia en Flandre dès 1536 ; mais il ne put le revoir, parce qu'il alla en Espagne, où il fut précepteur du frère du roi de Portugal... » (*Nouvelle méthode pour apprendre facilement la langue grecque*, Paris, Delalain, 1819, Préface, p. vj). La première édition des *Institutiones* est de 1530, et non de 1536. Clenard fut précepteur en Espagne du frère du roi de Portugal ! *Iterum rideamus !*

(1) Callenberg, professeur à l'université de Halle, qui donna, au XVIII° siècle, une si forte impulsion aux missions protestantes en Orient, surtout à celles qui avaient pour but la conversion des juifs et des mahométans, a écrit : *Nicolai Clenardi circa Muhammedanorum ad Christum conversionem conatus*, Halle, 1742, in-8°.

Ornatissimo viro et trium linguarum callentissimo
Reverendissimo Domino, domino
Hieronymo Aleandro
Archiepiscopo Brundusino Nicolaus Clenardus S. P. D.

Si antehac, eruditissime Praesul, te litteris meis inter-
pellassem, credo apud aequum judicem audaciae meae sua
constitisset ratio licuissetque impune summam ei tribuere
humanitatem qui humanitatis disciplinas et ipse pulchre
coluisset et eas in bonam Europae partem princeps intu-
lisset. Cum enim ingenue fatear quod olim ad Graecitatis
candidatos scripsisti ad me quoque cum caeteris pertinere
primaque ejus linguae incunabula tibi merito accepta
feram, non modo libris adjutus quos opera industriaque
tua primum nacti sumus, sed praeceptore etiam Aleandrino
partim usus, Rutgero Rescio nimirum, in optimam partem,
ut puto, accepisses si, tanquam unus e candidis lectoribus
ad epistolas illas tuas respondissem et, alio etiam nomine
devinctus, ob id praeterea gratias egissem, quod tuus mihi
discipulus vicem praeceptoris praestitisset.

Ejus ego Lovani, non vulgari quadam ratione, multum
doctrina usus sum ; sed, unde firmior proficisci solet amicitia, sic communicandis studiis cum homine mutua bene-
volentia conjunctus sum, ut inter Belgas propiorem amicum non reliquerim. Narrabat ille nonnunquam de Aleandro, quem audisset Lutetiae ; sed unum, velut apophthegma,
sibi a prudentissimo consilio datum libenter usurpabat.
« Consultissimum est, inquit, quod mihi inculcavit inter
consolandum D. Aleander : *bene fac et neminem metue* ».
Et, nisi fallit memoria, res gesta est cum paternitas tua
proxime esset Lovanii. Tuum est hoc oraculum, nec Del-
phicus vates unquam tam respondit commode ad vitae hujus
stadium bene beateque decurrendum. Certe mihi tam arrisit, ut quicquid postea instituissem facere, id universum ad
Aleandrinam regulam exigerem. Evenit mihi posteaquam

in stadio theologico tanquam rudem sumpsissem ut in
publicum proderem, primum hebraicae, deinde graecae
linguae professor : propositum collaudavit magister meus
Latomus (vir tibi quoque non incognitus) et ut est fautor
cum videt recta studia recte tradi, perpetuo currentem
amice confirmavit ; neque enim deerant quibus hebraica
lingua, me docente, felicius praebebat quae suis rationibus
suspicarentur expedire. Verum, nisi conatum mihi indixis-
set tuum elogium, frustra succenturiatus fuisset Latomus.
Itaque postea, illo jam absente, cum graecas literas docere
cepissem, tum vero nimium etiam plerique me desipere
censuerunt qui non animadverterem scilicet quantuum
dedecorarem titulum theologicum descendendo ad alpha-
betum graecum. Sed de gradu pellere hunc animum jam
non erat integrum. Pungebat me salutaribus stimulis
Aleander, « *bene fac,* inquiens, *el neminem melue* ».
Quocirca hoc mihi jam deinceps contra stulta hominum
judicia prora et puppis fuit et sic illam ingeneravit Clenardo
παρρησίαν ut nusquam uti lingua pudeat ubicumque spes fructus in instituenda juventute sit proposita. Testis fuerit
locupletissimus Castellus noster qui causam meam humanitati tuae commendavit, ad quam jam tempus esset orationem deflectere nisi quod ab apophthegmate divelli non
licet, ut magis perspicias quare non queam oblivionem
capere tam fructuosae tamque prudentis admonitionis.

Biennium hic egi convictor Archidiaconi Eborensis, viri
Catonis annos longe transgressi et tamen plane νεανικῶς
in hebraicis bibliis desudantis, in quibus multos jam menses
nat sine cortice, ut Flaccus ait. Diversabatur interea apud
nos morbi occasione sculptor insignis Nicolaus Cantaranus.
Is ubi convaluisset et in mensa communi adesset, clam
insciis nobis, utriusque expressit effigiem, forte ut periculum
faceret quam scite faciem exprimeret et vultum theologicum. Ubi furtum rescivimus, quid nisi rideremus et nobis
etiam gratularemur qui adeo crederemur formosi ut sta-

tuariis negotium exhiberemus. Quid fit ? Ajebat artifex extremam adhuc manum deesse ideoque jubebat ut veste pileoque honoratiore semel atque iterum indutus ita venirem ad cœnam. « Nugas, inquam, agis. Mene in vulgo fieri fabulam et videri inanis gloriae stultissimum aucupem ? » Ne multa ! Morem gero et exoror. Postea ille : « Excogitanda est, inquit, sententia aliqua praeclara, quam margini insculpamus aut si quo gaudes dicto peculiariter. Jussi Archidiacono tribueret illud : « ut sementem feceris ita et metes », siquidem mihi in mentem veniebat quam belle nunc meteret aurum lusitanicum qui Parisiis antea seminasset in collegiis. Nomen est M. Johannes Parvus, examinatoris illic officio quandoque functus nec ignarus nominis Aleandri. Ad me venio cui tuum oraculum ita blanditur ut in circuli morem Clenardum ambire debuerit, haud alia profecto de causa quam ut intus animus tam generoso praecepto velut cancellis cohibitus, foris quoque authorem propositi sui utcumque testatum relinqueret mihique sese omni modo Aleandri memoria ingereret. Hanc ego, vir doctissime, non puto temere gestam esse historiam nec me unquam casu in illam veluti tesseram et symbolum incidisse, sed, ut latentibus fatis mortalium vita regitur, magni aliquando in me conferendi beneficii libet interpretari fuisse auspicia. Ingentium enim rerum momenta non raro in exiguis consistunt initiis.

Memini ante annos quindecim levi quodam verbo, nescio quid honoris ad senem unum deferre ; is non ita multo post, quod ne per somnium quidem speraveram, industria favoreque suo decemnale meis literis otium peperit. Spem bonam nunc quoque Castellus meus annunciavit, ut omnino confidam fore, non solum Aleandrinum mihi oraculum eximium, verum et ipsum quoque Aleandrum egregium prae caeteris istic patronum, quamquam, quod ad laudis rationem virtutisque vim attinet. pulchre cumulateque ostensis quae mihi contigerunt, jam respondisti.

Unus exstitisti inter innumeros γνωμογράφους cujus admonitionem mihi vendicarem, et in reliquum degendae vitae ducem facerem. Solus nunc Romae, reliquis omnibus vota mea repellentibus, propitius adjutor affulsisti ociique mei augendi causam ad te suscepisti; et quamvis, ut audio, nihil hactenus confectum est, eas tamen bonitati tuae gratias habeo, ac dum vivam, habiturus sum, ut, negocio transacto, magis obnoxius esse non possim. Animum enim arbitror spectare nos convenit, non eventum, neque malignum successum, propterea quod voluntatem cogimur praestare, fortunam non facere, sed tolerare. Tibi vero fidem abrogare et promptitudinem hominibus studiosis consulendi retroacta vita et plerisque perspecti mores non permittunt. Itaque plane futurum auguror, ut propediem rebus peractis insigne testimonium sim habiturus quam ego merito gratitudinem animi significaverim, quando vehementia prorsus argumenta gravem conjecturam conciliant. « Non ignara mali miseris succurrere disco », inquit apud poetam Dido ; nec te clam est, optime praesul, quanta semper temporis cupidine ducamur οἱ τοῖς βιβλίοις ἐπικεκυρότες καὶ ὡς σχολῆς μᾶλλον εὐπορεῖν βουλόμεθα ἢ βασιλικῶς πλουτεῖν.

Jam et illud liquido vides quam sint cum pietate conjuncta postulata quamque nihil ad summam praecepti receptaeque consuetudinis pertineat unum hunc homuncionem in studiorum gratiam eximi. Sunt sane et alii quibus labor desudatur in disciplinis magis seriis quam hae vulgo putentur linguae nec tamen solvuntur legibus. At contra, tametsi plus ocii nactus sim quam eorum plerique, tamen quando in tot linguarum farraginem me Deus conjecit et e singulis fructum aliquem pietatis carpere gestio, nimis quam exiguum judico quod datum est ocii. Aliorum alia est ratio, qui non necesse habent ex evanidis marcidisque paginis syllabas apicesque venari : quod mihi non semel obventum est in pistrino arabico.

Huc etiam illud accedit quod magis forsitan privilegii

favorem apud quosdam emereatur : proventus isti sacerdotiorum partim ita me fugiunt partim hinc ita fugantur
quasi, multis bene ditescentibus, solus ego, privato quodam
jure τὴν πενίαν in matrimonium ducere debeam. Beneficium
dari propter officium est in canone nec puto primitus ullos
pensum hoc horarium solitos solvere nisi quibus Ecclesia
stipem penderet. Nam morem illum veterem qui jam diu
obtinuerat non adeo fuisse sacrosanctum quin magna ex
parte tolli posset re ipsa declaravit Clemens Septimus piae
memoriae ; nec obstabat novitas quin piorum hominum
rationibus consuleret. Quod si preces meae non minus cum
religione conjunguntur et ad pia studia provehenda faciunt
magis nec ullum offendere possint, valde dolendum mihi
Paulum qui omnibus omnia fiebat ob id solum mihi clementem non esse quia novam clementiae causam adferam
cum tamen prorsus novo exemplo Clementi subscripserit.
Sed facessant istae argutiae et tua unius nitamur prudentia et authoritate cui, posteaquam bonam causam in tutelam recepisti, supervacuum est verborum ambitu clientem
commendare. Exoro prudentiam humanitatemque tuam ne
ignoto homini irascatur quod tam libere et tamquam familiariter effatus sit. Nam piaculum credidi non testari gratum animum et malui more meo hoc est rustico, etiam
cum magno viro agere ut me penitus cognosceres quam
fucata aliqua et elaborata epistola grandiorem mentiri
personam. Nos quanto simus abjectiores tanto magis
splendescet quod in humiles contuleris. Quod si non dubitarem Romae tam humanum virum ultro salutare et coram
colloquium de linguarum studiis exponere, alienum puto
facerem qui epistolam vellem erubescere hanc. Vale, praesul dignissime. Eborae postridie natalis Christi anno 1536.

⁂

Voici la traduction de cette lettre que nous empruntons á MM. Chauvin et Roersch :

Très savant Prélat,

Si autrefois déjà je t'avais envoyé une lettre, je crois qu'aux yeux d'un juge équitable, la liberté prise eût paru toute naturelle et je pense que j'aurais pu sans inconvénient attribuer la plus grande urbanité à l'homme qui cultive lui-même brillamment les sciences des humanités et qui, le premier, les introduisit dans une bonne partie de l'Europe. Je l'avoue franchement : les conseils que tu adressas naguère aux aspirants hellénistes (1) s'adressaient à moi-même aussi bien qu'à tout autre et je te dois en réalité les premiers éléments du grec ; non seulement parce que j'y ai été aidé par les livres que nous ont valus tes peines et ton activité, mais aussi parce que j'ai eu, dans une certaine mesure, un maître aléandrin, je veux dire Rutger Rescius. Aussi aurais-tu pris, certes, de très bonne part que, en qualité de l'un de tes « chers lecteurs » j'eusse répondu à tes épîtres et que déjà lié à ta personne à un autre titre, je t'eusse, en outre, exprimé ma reconnaissance du fait que ton élève avait rempli à mon égard le rôle de précepteur.

De sa science, j'ai beaucoup profité à Louvain, et non d'une façon banale ; et même en travaillant avec lui — c'est de là que partent généralement les amitiés solides — j'ai contracté avec lui de si bons rapports que je n'ai pas laissé en Belgique un ami plus intime.

Il me parlait souvent d'Aléandre qu'il avait entendu à Paris ; il se plaisait surtout à citer une parole, un apophthegme qu'il tenait de ce conseiller si prudent : « Très sage, me dit Rescius, cette phrase qu'Aléandre m'inculqua quand il me consolait : Fais bien et ne crains personne ».

(1) Allusion à la préface de la grammaire grecque d'Aléandre dont une édition parut à Louvain, chez Th. Martens, d'Alost. On pourra lire plus haut le texte de cette préface dont nous avons donné la traduction, p. 114, et l'on trouvera, p. 208, la description bibliographique de cette grammaire.

Si je ne me trompe, cela s'est passé lors du dernier séjour
de ta paternité à Louvain (1). C'est à toi qu'appartient cet
oracle et jamais la prêtresse de Delphes n'a donné réponse
plus convenable pour faire parcourir bien et heureusement
le stade de cette vie. Oui, il m'a été si agréable que, quoi
que j'entreprisse de faire par la suite, je le réglais toujours
d'après le précepte aléandrin.

Il m'est arrivé, après avoir quitté le stade théologique,
de me produire en public, d'abord comme professeur d'hébreu, puis, de grec. Mon maître Latomus (2), — un homme
qui ne t'est pas inconnu, — loua mon entreprise et comme
il accueillait avec faveur ceux qu'il voyait bien enseigner
les bonnes études, il m'encouragea toujours amicalement
dans ma carrière ; et il ne manquait pas de gens auxquels
l'hébreu, sous mon enseignement, offrait ce qu'ils pensaient
être utile à leurs desseins. Mais vraiment, si ta sentence
ne m'avait inspiré ma tentative, Latomus serait inutilement venu à mon secours Car, plus tard, alors qu'il était
déjà absent (3), lorsque j'eus commencé à enseigner le
grec, la plupart des gens crurent que je déraisonnais en
ne voyant pas combien je deshonorais ma dignité de théologien en descendant jusqu'à l'alphabet grec. Mais il ne
m'était plus possible de revenir sur cette résolution. Aléandre me piquait de ses salutaires aiguillons, en me disant :
« Fais bien et ne crains personne ». Aussi, dès lors, ce m'a

(1) Aléandre arriva à Louvain avec la cour de Charles V dans les
premiers jours d'octobre 1520. Il y retourna en juin 1521 et y fit
imprimer le texte latin de l'édit de Worms. — Cf. Victor Chauvin
et Alphonse Roersch, *Une lettre inédite de Nicolas Clénard*,
p. 12.

(2) Il s'agit, d'après MM. Chauvin et Roersch, de Jacques Latomus. — Cf. F. van der Haeghen, *Bibliotheca Belgica*, *sub verbo*
Jacques Latomus.

(3) « Le 6 décembre 1521, Jacques Latomus fut nommé inquisi-
teur de l'évêché de Cambrai par son ancien élève Robert de Croy,
devenu évêque de Cambrai ». — Cf. Chauvin et Roersch, *Une
lettre inédite de Nicolas Clénard*, p. 12.

été contre les sots jugements des hommes « proue et poupe »,
et cette parole a fait naître en Clénard une franchise telle
que, nulle part, il n'a honte de parler partout où il y a
quelque espoir de progrès à réaliser en instruisant la jeunesse. Que notre Castellus en soit le meilleur témoin, lui
qui a recommandé ma cause à ta bienveillance ; — c'est un
sujet dont il serait déjà temps de parler, s'il ne m'était
défendu de m'écarter de ton apophthegme, afin que tu voies
mieux pourquoi je ne puis oublier cet avertissement si
fructueux et si sage.

Depuis deux ans, je suis ici le commensal de l'archidia-
dre d'Evora. C'est un homme déjà beaucoup plus âgé que
Caton et qui, cependant, comme un vrai jeune homme,
peine à la Bible hébraïque, dans laquelle depuis bien des
mois, il nage sans le secours du liège, comme dit Flaccus.
Dans l'intervalle vivait chez nous, à la suite d'une maladie,
un excellent sculpteur : Nicolas Cantaranus (1). Cet artiste,
revenu à la santé et partageant nos repas, reproduisit
notre image à tous deux, à notre insu, pour essayer sans
doute avec quelle habileté il rendrait une figure et une
expression théologique. Quand nous nous aperçûmes du
larcin, qu'aurions-nous pu faire si ce n'est rire et nous
congratuler de ce que nous passions pour être si beaux
que nous pussions donner de l'ouvrage aux statuaires. Et
après ? — L'artiste disait que la dernière main y manquait
encore et, par conséquent, me demandait de venir, de
temps à autre, à table, revêtu de mon meilleur habit et de
mon plus beau bonnet. « Bagatelles, disais-je ! Veux-tu que
je devienne la fable du vulgaire et que j'aie l'air d'un très
sot chasseur de vaine gloire ? » — Bref ! j'obéis et me laisse
persuader. Et lui, de dire alors : « Il faut imaginer quelque

(1) Le nom de Nicolas Cantaranus qui était sans doute un
sculpteur de talent, reparaît assez souvent dans la correspondance
de Clénard. — Cf. V. Chauvin et A. Roersch, *Etude sur la vie et
les travaux de Nicolas Clénard*, Bruxelles, 1900, p. 179.

sentence magnifique que nous puissions sculpter sur le rebord. Ou bien affectionnes-tu spécialement quelque devise ? » Nous lui ordonnâmes d'attribuer ceci à l'archidiacre : « Comme tu auras semé, ainsi tu récolteras ». Car il me venait à l'esprit comme il récoltait bien l'or portugais pour avoir, à Paris, auparavant, semé dans les collèges. Il a nom Maître Jean Petit (1) et a été là-bas examinanateur. Le nom d'Aléandre ne lui est pas inconnu. J'en viens à moi auquel ta devise plaît tellement qu'elle a dû entourer Clénard comme une ceinture ; et cela pour que mon esprit, maintenu intérieurement par ce beau précepte comme par une grille, fasse connaître aussi extérieurement, en quelque façon, quel est l'auteur de sa conduite, et pour que, de toute manière, le souvenir d'Aléandre s'impose à moi.

Cette histoire, très savant prélat, je ne la crois pas l'œuvre du hasard et je ne pense pas que ce soit une simple circonstance fortuite qui m'ait jeté sur cette devise, ce symbole. Mais de même que la vie des hommes est régie par des destins secrets, j'aime à interpréter l'aventure comme l'annonce d'un grand bienfait. Les causes décisives de grands résultats résident souvent dans de modestes débuts. Je me rappelle avoir, il y a quinze ans, par un seul petit mot, rendu je ne sais quel honneur à un vieillard. Et lui, bientôt après — ce que je n'avais espéré, pas même en songe — a procuré par son zèle et par sa protection dix ans de loisir à mes études.

Une bonne nouvelle vient de m'être apportée maintenant

(1) Jean Petit, *Johannes Parvus*, chez qui Clénard demeura à Evora, fut archidiacre d'Evora et plus tard évêque de Santiago de Cabo Verde (Saint-Jacques du Cap Vert) de 1538 à 1546, date de sa mort. — Cf. V. Chauvin et A. Roersch, *Une lettre inédite de Nicolas Clénard*, p. 12 ; *Etude sur la vie et les travaux de Nicolas Clénard*, Bruxelles, 1900, p. 31 ; Gams, *Series episcoporum*, Ratisbonae, 1873, p. 472, où il est appelé par erreur *Joannes Pravi*.

aussi par mon ami Castellus, si bien que je crois ferme-
ment que non seulement l'oracle aléandrin me sera excellent, mais qu'aussi Aléandre en personne sera pour moi,
là-bas, un patron meilleur que tous les autres ; bien que,
en ce qui concerne ma réputation et ma vertu, tu aies déjà
répondu en exposant mes mérites exactement et en détail.

Tu es le seul des innombrables gnomographes dont je
revendique pour moi l'avertissement et dont je fasse mon
guide pour le reste de mes jours. Seul, maintenant, à
Rome, quand tout le monde repousse mes demandes, tu
t'es montré un auxiliaire propice et tu as pris en main ma
cause, la cause de l'augmentation de mon loisir. Et bien
que, comme je l'apprends, rien ne soit encore fait, je dois
à ta bonté — et je te devrai toute ma vie, — une reconnaissance telle que, même l'affaire terminée, je ne pourrais
pas t'être plus obligé. Car c'est l'intention, je pense, qu'il
nous faut considérer, et non le résultat heureux ou l'issue
fâcheuse. On ne peut, en effet, nous obliger qu'à une chose :
montrer de la bonne volonté, supporter la fortune, et non
pas la faire.

Mais douter de toi et de ton empressement à venir en
aide aux travailleurs, c'est ce que ta vie passée et ton
caractère bien connu ne me permettent pas. J'augure donc
absolument que, sous peu, l'affaire terminée, j'aurai la
preuve éclatante que j'eus raison de t'exprimer par avance
ma reconnaissance, parce que des motifs très puissants me
permettent de faire une sérieuse conjecture.

« N'ignorant pas le malheur, j'ai appris à secourir les
malheureux », s'écrie Didon chez le poète. Et tu sais bien,
excellent prélat, combien nous sommes toujours guidés
par le désir d'avoir du temps, nous qui sommes courbés
sur les livres et combien nous préférons être riches en
loisir plutôt qu'en trésors royaux.

Déjà tu vois clairement combien nos demandes concor-
dent avec la piété et combien peu cela porte atteinte au

principe même et à l'usage, que d'accorder dispense de l'office, dans l'intérêt de ses études, au seul petit homme que je suis. Certes il en est d'autres qui suent aussi en travaillant à des sciences plus sérieuses que ne le parait la connaissance des langues, et qui, cependant, ne sont pas dispensés des lois. Mais, par contre, quoique j'aie trouvé plus de loisir que la plupart d'entre eux, pourtant, puisque Dieu m'a jeté au milieu de tant de langues et que je désire retirer de chacune d'elles quelque profit pour la foi, je juge encore trop exigu le loisir qui m'a été départi. Tout autre est le cas de ceux qui ne doivent pas, dans des pages effacées et ternes, aller à la chasse de syllabes et d'accents : labeur qui, plus d'une fois, m'a été imposé dans le pétrin arabe.

A cela s'ajoute une circonstance qui le plus souvent, peut-être, vaut à d'autres la faveur d'un bénéfice : ici ces revenus sacerdotaux m'échappent en partie et, en partie, me sont enlevés : de telle sorte que, tandis que bien des prêtres s'enrichissent, moi seul, en vertu d'un droit qui m'est propre, je dois épouser Dame Pauvreté (1). Il est bien vrai que le droit canon dit que le bénéfice est donné à cause de l'office, et je crois que, dans le principe, nul ne s'acquittait de cette tâche des heures sans que l'Eglise lui payât des honoraires. Mais cette ancienne coutume, maintenue pendant longtemps, n'était pas si sacrosainte qu'elle ne pût être abolie en grande partie : c'est ce qu'a prouvé, par le fait même, Clément VII, de pieuse mémoire. Et cette nouveauté n'empêchait pas de sauvegarder les intérêts des fidèles. Que si mes prières ne sont pas moins d'accord avec la religion, si elles sont plus utiles pour avancer les études

______

(1) « M. Paquier ne voyant pas que Clénard plaisante, résume fort malheureusement le passage comme suit : Ensuite le bon Clénard se hasarde à demander un service : parce qu'il *est marié*, on lui refuse tout bénéfice, et il faut qu'il soit pauvre » (V. Chauvin et A. Roersch, *Une lettre inédite de Nicolas Clénard*, p. 15)·

si pieuses, elles ne peuvent faire tort à qui que ce soit : je dois vivement regretter que Paul qui était tout pour tous ne me soit pas clément, pour la seule raison que j'apportais une cause nouvelle de clémence ; alors surtout qu'il a donné raison à Clément par un exemple nouveau (1). Mais laissons ces arguties et ne nous appuyons que sur ta prudence et ton autorité, car du moment que tu as pris la bonne cause sous ton patronage, il est superflu de te recommander le client par des circonlocutions.

Je supplie ta prudence et ton humanité de ne pas s'irriter contre un homme que tu ne connais pas, parce qu'il s'est permis de te parler si librement et, pour ainsi dire, familièrement. J'aurais considéré comme une faute de ne pas te montrer un cœur reconnaissant et j'ai préféré parler à ma manière — c'est celle d'un campagnard (2) — même avec un grand homme, pour que tu me connaisses à fond, plutôt que de chercher à me faire passer faussement, par une lettre fardée et recherchée, pour un personnage plus important. Pour nous, plus nous sommes humbles, plus resplendira ce que tu feras pour des humbles. Que si, à Rome, je n'hésiterais pas à aller spontanément saluer un personnage si plein d'humanité et à lui exposer en face mes idées sur l'étude des langues, il me semble que j'aurais tort maintenant de vouloir que ma lettre rougisse. Salut, très digne Prélat. Evora, le 26 décembre 1536.

(1) « On voit que Clénard fait allusion au verset 22 du chapitre de la 1ʳᵉ Epitre aux Corinthiens et qu'il joue sur les noms de Paul et de Clément » *(Note de V. Chauvin et A. Roersch)*.

(2) Clénard aimait à plaisanter sur sa rusticité.

XII

AD JULIUM ET NEAERAM

Haec specula, hoc ebur, haec auratis retia nodis,
  Caste, tibi, Juli, casta Neaera, tibi.
Ille patris vestri quondam fidissimus hospes,
  Mitto Paraetoniis munus abusque plagis.
His primum strophiis, quando ruet Oceano nox,
  Conde, puer, roseas, conde, puella, comas.
Verum his pectinibus, cum sol caput exerit undis,
  Pecte, puer, roseas, pecte, puella, comas.
At duplex speculorum usus, nam si quid in illis
  Apparet vestri corporis egregium,
Reddere dignam animam forma hac contendite contra :
  Turpe quid in facie est ? corrigat hoc anima.
Non opus, heu ! monitis foret his, si viveret ille :
  Quaecumque spes vestra est, spesque sepulta mea.
Fata mihi geminos rapuerunt saeva parentes :
  Addita mors vestri est, tertia tela, patris.
Qui quoniam periit, vos nunc mihi sitis uterque,
  Illi quod, donec viveret, ipse fui.
Nunc ego retribuam natis, quod jure parenti
  Debueram ; vellem reddere posse tribus.
At precor, hoc saltem mihi dent pia numina gratum
  Officium vestri manibus esse patris.

(Jo. Matthaeus Toscanus, *Carmina illustrium poeta-rum italorum*, Lutetiae, 1576) (1).

---

(1) Nous avons signalé plus haut, p. 49, cette pièce d'Aléandre dont on trouve une copie au cod. CLXXVI (Lat. Cl. XII) de la Bibliothèque Saint-Marc de Venise. Nous en reproduisons le texte, d'après le recueil des *Carmina illustrium poetarum italorum* que Matteo Toscano a publié à Paris en 1576. Le Dr Louis Pastor (*Histoire des Papes*, t. VIII, p. 108) a fortement critiqué ce recueil. .

XIII

DE HIERONYMI ALEANDRI DICTO

Praeceptor mihi erat primis Aleander in annis,
 Sequana Parisios qua sinuosus adit.
Ille domus iactans et censum et stemma paternae
 Aiebat multum ditibus esse parem.
Ter tria at esse suo locupleti pignora patri,
 Confertim aggestas ducum onus inter opes.
Nam si tot natos Rex, inquit, Francus haberet,
 Non careat multis sollicitudinibus.
Quid faciet tenues sint si cui forte domi res
 Et natos habeat quot Sipilaea parens ?

(Salmonii Macrini Juliodunensis cubicularii Regii *Epigrammatum libri duo*, ad Franciscum Mommorantium, Pictavii, ex officina Marnefiorum fratrum sub Pelicano, MDXLVIII, p. 24, non numérotée) (1).

XIV

AD HIERONYMUM ALEANDRUM,
NE SIT IN SCRIPTIS TANTUS OBSCURITATIS AMATOR (2)

Qua placidus claram lambit Liquentia Motam
 Laetaque foecundam iugera pascit humum,
Stant ueteris monumenta domus, uestigia tantum
 Magni operis, thermas, siue theatra putes.
Non oleae, non glandis erat, non fertilis uvae,
 Glarea, odoratis nec satis apta rosis.

(1) Cette poesie de Macrin nous apporte la preuve que l'« Horace français » a bien été l'élève d'Aléandre.

(2) Valeriano engage Aléandre à ne point se montrer si réservé pour publier ses écrits.

Lentiscus tantum tophis innata tenebat
    Lumina, perpetuis laeta uirens foliis.
Esse diu molem agricola indignatus inertem,
    Quem bene uersati gloria tangit agri,
Hanc ruit, et sulcum saxis infindit apertis,
    Asperaque assiduo tesqua labore polit ;
Dumque opus urget agens ualidum per rudus aratrum,
    Affulxit moto gemma reperta loco,
Gemma antiqua, suo longe preciosa nitore,
    Pluribus in uario scalpta colore notis.
Quem dedit alma parens, ars ingeniosa nitorem
    Auxit, mirandum tam bene fecit opus,
Talem aiunt celebrem Pyrrhi senioris achatem,
    Esseue opus Chromii, Pyrgotelisue manum.
Sculptor at inuidit uenturo Aegyptius aeuo ;
    Qui super inducto uelo amiciuit opus.
Cernere uti nequeant insint quae signa lapillo
    Qui numerant siculo punica uela iugo.
Ars tamen artificis non intellecta probatur ;
    Quidque amet ignarus quisque opus illud amat.
At dolor affligit multorum pectora acerbus,
    Qui ueterum docto lumine signa legunt,
Cum nequeant monumenta manus tam rara peritae
    Cernere, et aspectu liberiore frui.
Ille solum damnat, quo gemma effossa refulxit,
    Ingenium hic rigidi deuouet artificis.
Ecce tui quae sunt generis dispendia uatis,
    Detrahat ut patriae gemma ita pulcra tuae.
Quare age, summoto culti uelamine signi,
    Fer patriae optatam, docte Aleander, opem.

(Pierii Valeriani *Amorum libri V*, Venise, imprimé chez
Gabriel Giolito de Ferrarii, MDXLIX, p. 256. Bibl. Nat.,
Y. 1872).

XV

VANUM ESSE FUTURORUM METUM.
AD HIE. ALEANDRUM MOTENSEM, AMICUM
PRAECIPUUM

Frustra minacum, docte Hieronyme,
Aduersa plorat fulgura siderum,
Qui pondus humanum subivit
Lapsus ab aethereo recessu.

Vitare si quid non datur a Deo,
Id ferre saltem fortis opus uiri :
Non uoce singultuque tristi
Exanimare grauis amicos.

Quanto uidetur Thrax sapientius
Sperare, quicquid sidera iusserint
In fronte scribi nascituris,
Mente manet placida futurum.

Idcirco nulla corda cupidine
Rerum trucidat : contigerit bonum,
Plaudet modeste : sin sinistrum
Acciderit, faciet nec assis.

Exponet ipsam casibus omnibus
Vitam, premit seu mœnia Chalcidos,
Seu Marte pernix, heu ! cruento
Aggreditur miseram Methonam,

Seu Juli amoenum depopulat forum,
Seu tot tumultus mittit in Apuli
Daunique campos, quos Iapyx
Laude facit celebres vetusta.

In bella fortes, in Venerem, in iocos
Molles, ad omnem se faciles dabunt
Ii semper euentum paratos,
Saeviciae et Genii ministri.

Dum nulla curant funera, dum maris
Iram furentis, fulminis impetus
Spernunt et instantes cateruas
Excipiunt animosiores.

Mox laeta iugi pectora leniunt
Cantu et cachinnis : hinc crapula in dies
Producta quinos hos retentat,
Deliciis uariis fruentes.

Solamen ingens, ponere sub pede
Spemque et timorem : sit tamen ut comes
Intaminatis iuncta uirtus
Moribus. En placet, hos sequamur,

Qua parte callent : saepe olitoribus
Natura ueri simplicibus uiam
Ostendit : omnes numquam haberent
Omnia : habent tamen omnia omnes.

Centusse curto non licear magos,
Seu Mars Lacaenos sollicitet meos,
Stilbonaque obnixus benignum
Excipiat radiis malignis,

Quamuis Nepali (1) cuspide concitus,
Quamuis fatiget uim placidi Iouis,
Cum fronte Saturni feroci,
Quem trepido irradiet trigono.

Inspector aethrae quis mihi crastinam
Mortem minetur, non aliter genae
Mutem colorem quam ut serenum
Dixerit, aut pluuiam futuram.

(Ioannis Pierii Valeriani poemata, Basileae, mars 1588,
page 64-66, Bibl. Nat. Yc 12613).

(1) *Nepalis;* cet adjectif, dérivé de *Nepas* ou *nepa, ae,* le signe
du Scorpion, ne se rencontre pas dans les dictionnaires classiques.

XVI

Un élève et ami d'Aléandre

Beatus Rhenanus Ioan. Heruagio suo S. D. P (1)

Scribit M. Tullius in aureolo illo dialogo, cui Laelii nomen inditum, tanto honore, memoria, desiderio superstitum amicorum coli solere uita functos, ut, quod difficile dictu sit, etiam mortui uiuant. Id quod mihi quum in aliis usuuenit, tum praecipue in Michaele Humelbergio Rauenspurgensi uetere sodali meo, quem sic uiuentem amaui, ut fratrem germanum non potuerim uehementius, mortuum adhuc amare non desino, cuius apud me memoria nullo unquam tempore extinguetur, non minus in animo meo durans, et nescio an praesentius quam quum aduiueret. Quantum autem ab illo sim redamatus quid attinet dicere ? Plurimum certe mihi deferebat non merenti. Porro ob uirtutes hominis mihi perspectas ad amandum eum sum impulsus. Ex domestico haud exigui temporis contubernio coaluit amicitia, quum utrique Lutetiae Parisiorum operam philosophiae daremus et mox simul Graecae linguae rudimentis imbueremur sub Hieronymo Spartiata parum candido praeceptore, qui in emungenda pecunia strenuus erat, in docendo malignus.

Non falsa praedico ; norunt omnes, quibus aliquando cum Graeculo res fuit. Sed postea me in patriam reuerso, Michaël meus eruditiores candidioresque doctores nactus est : primo Tissardum, deinde Hieronymum Aleandrum Mottensem, sub quo magnos in Graecis literis progressus fecit : cui etiam propter morum dexteritatem et acre linguarum studium extitit charissimus. Nam alioquin insigniter eruditorum nullus erat Lutetiae qui Michaelem non diligeret.

(1) Nous reproduisons cette lettre de Beatus Rhenanus qui contient un assez long éloge de Michel Hummelberger.

In primis Jacobus Faber Stapulensis, qui tum propter emergentia studia meliora, quibus pro virili succurrebat, tantum non deus quispiam uidebatur, Jodocus Clichtoueus theologus, Badius Ascensius, R. Fortunatus et similes. Hoc merebatur candor hominis, in cuius moribus nihil erat asperum, praefractum nihil, nihil superbum; ad obsequium autem bonorum uidebatur natus. Mihi fidem habe, mi Heruagi, τῶν ἁλῶν μέδιμνον ἀποφαγόντι iuxta prouerbium, talem comperi ipsum, ut nihil sanctius usquam uiderim. Studiis optimarum disciplinarum erat deditus, obloquebatur nemini, de nullo non bene mereri laborabat. Jam bonis literis Pontificii quoque iuris peritiam ueluti colophonem, quod aiunt, coniunxit, in quo titulum etiam designationis adeptus est a Doctorali fastigio proximum, nam in animo habebat a sacris initiari.

Relicta Lutetia quum aliquandiu in patria uixisset, Romam adiit, ubi non tam literis quam usu rerum doctior factus est. Ibi cum optimo quoque ex Germanis et Italis contraxit amicitiam. Denique postquam euoluto biennio Rauenspurgum est reuersus, haudquaquam sacerdotiis opulentioribus comparandis inhians, qui multis mos, suo patrimoniolo uixit contentus etiamdum uiuente patre uiro humanissimo, et quem ex filio aestimare potes, cum quo habitabat matre pridem defuncta, sed in cuius locum successerant sorores nondum elocatae.

Uide uero, mi Heruagi, quam misera sit mortalium conditio: hunc uirum tam inculpate uiuentem paralysis subito oppressit quadragenario non multo maiorem. Quale uulnus inflictum fuisse credis optimo parenti, in cuius ille expirauit sinu? Nam coram fortassis caput morbo correpti gemebundus tenuit. De hoc casu non minus doloris accepit Gabriel frater, homo doctus et syncerus, qui in Italia diu medicinae dedit operam. Nunc apud Feldekirchium artem non sine lucro nec sine laude exercet. Etenim curae fuit Michaeli cum primis, ut Gabriel frater et Joachimus Egellius affinis, optimis studiis dicarentur. Unde et hic lauream medicinae Doctoralem consequutus, apud Rauenspurgenseis hodie est in precio. Cupio audire, quid in literis elucubrarit ? A scribendo commentandoque non prorsus feriatus est. Sed mihi inter ceteras lucubrationes praecipue placuit Enchiridium Grammaticum, quo rudimenta Graecae linguae tanta breuitate arteque tanta complexus est, ut uix sciam, an quicquam utilius pueris proponi possit. Nec me fugit in hoc genere quanta praecipientium extet uulgo turba, quorum illi bene longis commentariis docent, hi compendium etiam sequuntur.

At si industriam Humelbergii contemplere, qua obscura lucide, expedite intricata, prolixa breuiter ueluti in tabella legentium oculis ingerit, non ultimam laudem commeritum dices. Equidem mireris si referam quot hinc Graecanicae eruditionis studiosi pauculis diebus in perdiscendis rudimentis sint adjuti, qui libellum thesauri loco semper habuerunt. Nunc euulgandus ut pluribus prosit istuc missus est, quem officina tua neutiquam indignum censeo, optime Heruagi. Bene vale. Ex Selestadio, sexto Cal. Septembreis. An MD.XXXI (1).

E. JOVY.

---

(1) Cette lettre de Beatus Rhenanus, adressée en 1531 au libraire Heerwagen, de Bâle, se trouve en tête de l'*Epitome grammaticae graecae, Michaele Humelbergio Rauenspurgensi autore*, Basileae, apud Heruagium, 1533. Cet abrégé de grammaire grecque fut publié après la mort d'Hummelberger. Ce livre est très rare : on n'en connaît guère qu'un exemplaire, à la *Bibliotheca Rhenana* de la Mairie de Schlestadt. — Cf. Adalbert Horawitz, *Michael Hummelberger*, Berlin, 1875, p. 16 ; Horawitz et Hartfelder, *Briefwechsel des B. Rhenanus*, Leipzig, Teubner, 1886, p. 405.

TABLE

IMPRIMERIE TAVERNIER, VITRY